아무도 말하지 않는 역사

서민에게 세금폭탄을 안긴 대동법을
백성을 위한 최고의 혁신이라 외치고 있다!
대동법의 역사적 반전이야기

조선을 망친 대동법

저자 오기수

borim
snp
도서출판

머리글

　대동법(大同法)은 우리나라에서 모르는 사람이 없을 정도로 매우 중대한 역사적 사건이다. 때문에 대동법에 대한 평가는 매우 긍정적이며, 이에 대한 연구도 셀 수 없을 정도로 많이 이루어졌다. 이에 조선시대의 영화와 드라마에서도 대동법은 '가난한 백성'을 위한 대표적인 개혁정치의 이미지로 묘사되고 있다. 특히 영화 '광해, 왕이 된 남자'에서 가짜 광해의 다음 이야기는 광해군을 재평가 하게 할 정도였다.

　광해 : 호판, 내 분명 대동법을 실시할 방안을 마련하라 했을 텐데..
　호판 : 전하, 하루아침에 결수대로 세금을 부과한다면 지주들의 피해가
　　　　이루 말할 수가 없사옵니다. 그들 또한 백성이온데 어찌 차별을
　　　　두겠나이까!
　광해 : 땅 열 마지기 가진 이에게 쌀 열 섬을 받고, 땅 한 마지기 가진
　　　　이에게 쌀 한 섬을 받겠다는 게 그게 차별이오? 백성들은 스스로
　　　　노비가 되고 내시가 되는 판에 기껏 지주들의 쌀 한 섬 때문에
　　　　차별 운운한단 말이오!(중략)
　광해 : 그대들에게 명하오. 대동법을 즉각 실천토록 하시오.
　　　　이를 방해하거나 어지럽히는 벼슬아치가 있다면,
　　　　국법으로 엄하게 다스릴 터이니 모두 유념하고 실천하기 바라오!

　위 글에서 역사적 사실은 광해군이 그 당시 경기도에만 대동법을 실시한 것이다. 광해군 즉위년(1609)에 영의정 이원익의 건의로 대동법이 경기도에 처음 시행되었다. 그 후 대동법은 인조 · 효종, 그리고 현종과 숙종 때를 거치며

백년 만에 전국 8도에 시행되었다. 대동법은 논밭을 소유한 자에게 1결당 쌀 16말(1663년 이후 12말)을 납부하게 하여 과세대상을 명확히 하고, 오랫동안 지속된 공물의 폐단인 '방납(防納)'의 문제를 해결함으로써 백성들이 불균등한 과세와 가렴주구로부터 벗어나게 했다는 것이 제도적 가치이다. 그 전에는 논밭을 기준하여 윤회분정(輪回分定) 방식으로 토산물을 납부하게 함으로써 방납의 폐단이 발생하게 하였는데, 대동법은 각종 토산물 대신 일률적으로 쌀이나 베로 납부하게 하여 과세의 불공평을 해소하게 한 것이다.

다시 말해 대동법은 고을별로 복잡 다양한 공물을 모두 쌀로 통일시켜 납부하게 하였다. 그 당시 공물의 종류와 가격은 지역별로 달라 납세자인 농민이 부담해야할 세액이 정확히 얼마인지가 불명확하였다. 특히 해당 지역에서 생산되지도 않는 특정 토산물을 공물로 납부하는 경우에는 그 피해가 더욱 심했다. 따라서 대동법은 다른 지역에서 구입해 오거나 혹은 비싼 방납가를 치르고 대납토록 하는 대신에, 논밭의 소유자로 하여금 쌀 또는 베로써 공물 대가를 일률적으로 납부하게 하였다. 이러한 측면에서 대동법은 지금까지 우리 역사상 가장 위대한 조세개혁으로 평가받고 있다.

더구나 이러한 대동법이 역사상 더 높은 평가를 받는 이유는 백년을 거쳐 전국 8도에 점차적으로 시행되는 동안 이원익을 비롯한 조익과 김육 등의 소수 인물들이 목숨을 걸고 헌신적으로 시행하도록 했기 때문이다. 그 중에서도 충청도와 전라도의 대동법 시행을 관철시킨 영의정 김육은 죽기 십여일 전에, "신의 병이 날로 깊어만 가서 실낱같은 목숨이 얼마 못 버티고 끊어질 것만 같습니다. 신이 만약 죽게 된다면 하루아침에 돕는 자가 없어져 대동법이 중도에 폐지될 것이 두렵습니다."라고 할 정도로 절박하게 대동법의 실시를 주청하였다. 그가 죽자 대동법이 실시되고 있던 충청도 백성들은 서울까지 문상을 왔다고 한다. 상주는 아버지 뜻에 따라 부조금을 받지 않았다. 그러자 충청도 백성들은 그 부조금으로 김육을 기념하는 비를 경기도 평택(현 평택시 소사동)

에 세웠다. 그 비석의 정식 명칭은 「김육대동균역만세불망비(金堉大同均役萬世不亡碑)」이다. 김육으로 인해 시행된 대동법의 은혜를 백성들이 영원히 잊지 않겠다고 할 정도로 칭송한 것이다.

사학자들은 이러한 이유 등으로 대동법을 조선 최고의 개혁으로 높이 평가하고 있으며, 중·고등학생들이 배우는 《한국사》에서도 그 역사적 의의와 가치를 강조하고 있다. 그래서 우리나라 거의 모든 사람들은 대동법을 흠결 없는 '조선 최고의 개혁'으로 알고 있다.

하지만 이제는 바로 알아야 한다!

대동법에 엄청난 불공평이 내포되어 있으며, 이 대동법이 조선후기에 가난한 백성들을 얼마나 많이 소작인으로 내몰고 고향을 떠나게 했는지를 꼭 알아야 한다. 대동법의 가장 최악은 논밭의 세금을 똑같이 쌀로 내게 한 것이다. 세종 때에는 전국 8도의 농지 중 70% 이상이 밭이었으며, 150여년 후 대동법이 시행될 당시에도 그 상황은 크게 변하지 않아 논과 밭의 비율은 4 : 6 정도로 밭이 훨씬 더 많았다. 이러한 상황에서 당연히 물대기 쉬운 비옥한 들판의 논은 부자 양반들이 소유하고 있었으며, 척박한 산속의 비탈진 밭은 가난한 백성들이 더 많이 가지고 있었다.

그래서 세종은 논밭에서 전세(田稅, 토지세)를 거두면서 동일한 결부에서 논은 쌀로 밭은 콩으로 동일한 양의 세금을 징수하게 하였다. 즉 토지 1결당 논은 최고 20말의 쌀을, 밭은 최고 20말의 콩을 징수하게 하였다. 조선시대의 물가는 평균적으로 쌀 1말을 콩 2말과 교환하였다. 한마디로 전세의 경우 밭의 세금이 논의 절반에 해당한 것이다. 그러니 조선시대에는 같은 결부의 논과 밭의 매매가를 비교하면 밭은 논의 3분의 1 정도의 밖에 안 되었다. 세종 26년(1446)에 만든 이러한 세법(공법)은 인조 13년(1635)에 영정법으로 개정되었지만, 1결당 동일한 결부에서 '논은 쌀'로 '밭은 콩'으로 징수하는 법은 조선말까지 계속 실시되었다.

그런데 대동법은 논과 밭을 구분하지 않고 논밭 1결당 무조건 쌀로 16말(후에 12말)을 징수하게 하였다. 수확량과 생산물 및 논밭의 가격을 전혀 고려하지 않은 불공평한 세법을 만든 것이다. 기존의 세금과 비교하여 밭의 세율이 논보다 두 배나 높게 책정된 것이다. 대동법 시행 당시에도 전국 8도의 농지 중 밭이 60% 이상을 차지하고 있었으며, 그 밭의 65%를 가난한 서민이 가지고 있었다. 반대로 논은 부자 양반이 거의 70% 이상을 소유하고 있었다.

대동법은 이러한 현실을 무시하고 1결당 논과 밭의 세금으로 모두 쌀로 16말(후 12말)을 징수하게 한 것이다. 그런데도 역사적 문헌이나 지금까지의 많은 연구에서 이러한 사실에 대해 어떠한 언급이나 비판은 없었다. 이는 분명 가난한 서민이 더 많이 가지고 있는 밭에 세금을 논보다 두 배나 더 올린 것이다. 지금으로 말하면 서민에게 세금폭탄을 안긴 것이다. 백성을 위한다는 미명아래 교활한 속임수를 써서 '양반을 위한 대동법'을 만들었다. 토지(논밭)를 기준하여 공물 대신 쌀로 공평한 세금을 징수하겠다는 대동세의 '균등' 개념은 허울뿐이었다.

더구나 밭의 경우 재해를 당하여도 급재(給災, 재해에 따른 감세)를 주지 않아 논과는 달리 감면을 받을 수 없었다. 그 이유는 밭의 경우 보리와 콩을 이모작하기 때문에 재해를 인정하지 않았다고 하지만, 이모작할 수 있는 비옥한 밭은 전체 10분의 1에도 미치지 못하였다. 또한 대동법이 실시되기 시작한 17세기에는 이앙법의 발달로 논의 경우에도 보리를 이모작하는 경우가 많았다. 그래서 부자들은 논을 훨씬 더 선호하며 집적하였다. 가난한 서민에게 이중삼중으로 세금 부담을 고스란히 떠넘긴 것이다. 밭의 조세부담률이 논의 두세 배 이상이 된 것이다. 그 결과 대동법이 시행된 이후 겨우 한뙈기 밭을 소유한 농민들은 폭증한 세금을 내지 못해, 그나마 가지고 있는 밭을 모두 팔고 소작인으로 전락하다 못해 농토를 잃고 살던 곳을 떠날 수밖에 없었다.

더구나 조정은 논밭에 대한 철저한 양전이나 관리 없이 결세 중 가장 무거운 세금인 대동세(1결에 12~16말)를 왕실과 관서 및 지방관아의 경비를 위해 마구잡이로 거두니, 대동세가 조선후기의 삼정문란 중 전정(田政)의 원인이 될 수밖에 없었다. 때문에 우리가 알고 있는 지금까지의 지식과 평가와는 달리 과격하게 들릴지 모르겠지만 대동법이 조선을 망친 단초가 된 것이 분명하다.

현종 11년에 〈실록〉을 쓴 사관이 "전세 이외에 대동세라는 명분으로 해마다 나가는 쌀이 5, 60만 석이니 근본과 말단이 뒤바뀌고 경영의 제도가 어그러진 것이다. 나라의 힘이 점점 약해지고 백성들의 재산이 날로 줄어드는 것은 단지 이것 때문이었다. 관리들의 녹봉이 적은 것이야 말할 필요가 있겠는가!"라고 한 비판을 우리는 외면하고 있었던 것이다.

이 책을 통해 우리의 역사적 인식과 평가가 얼마나 중요한지를 말하고자 한다. 대동법이 공물을 쌀로 통일시켜 방납의 폐해를 없애 백성의 고통을 줄이고자 한 것은 높이 평가받아야 한다. 하지만 과세의 중립성을 해치는 불공평한 법을 만들어 '부익부 빈익빈' 하게 한 세법, 즉 부자 양반에게는 유리하고 서민에게는 세금폭탄을 안긴 잘못된 법은 철저히 비판을 받아야 한다. 대동법은 이러한 차원에서 재평가되어야 한다. 대동법에 대한 이 책의 비판은 올바른 역사 인식을 통해 지금의 '눈 가리고 아웅하는 세금정치'에 대한 경종을 울리기 위한 것이다. 대동법과 같이 말로만 서민을 위한다는 세법이 지금에도 만들어지고 있기 때문이다. 더 이상 우리 사회에서는 대동법과 같은 불공평하고 차별적인 세법이 제정되지 않게 해야 한다.

2019. 8.

저자 오기수

| 차례 |

제1장

공물가의 서너 배를
징수한 대동법

「황해도 해주가 공물을 내는 방법을 보면 전답 1결(結)마다 쌀 1말을 징수하는데, 관청에서 스스로 비축해 두었던 물건을 서울에 바치기 때문에 백성들은 쌀을 내는 것만 알고 농간하는 폐단은 전혀 모르고 있으니 이것이 참으로 오늘날의 백성을 구제하는 좋은 방법이 될 수 있다. 만약 이 방법을 사방에 반포하면 방납의 폐단이 머지않아 저절로 개혁될 것이다.」

《율곡선생전서》 제15권 잡저(雜著) 동호문답.

「공물을 쌀로 대납하되 1결마다 2말을 상납하게 하여 군수에 보충한다면 한 해에 7만여 석이 확보되고, 백성의 힘도 소생할 것입니다.」

《서애선생문집》 제14권 잡저(雜著) 공물을 쌀로 하자는 의논.

1. 이이 1말 · 유성룡 2말의 대공수미법

실학자 반계 유형원(1622~1673)은 "우리나라의 제도는 전세(田稅)도 있고 공물도 있는데, 전세는 가볍고 공물은 무겁다. 선왕 때에 있어서는 지출의 용도가 간명하고 백성에게 취하는 것이 한도가 있었다. 그러나 연산 중년에 용도가 지나치게 많아져서 일상적인 공물로 그 수요를 충당할 수 없어 임금의 뜻에 따라 더 늘리어 욕심 껏 채웠는데, 그 뒤부터는 그 관례에 따라 공물을 거두고 고치지 아니하였다. 이후 권력과 세력을 가진 간신이 국정을 장악하여 정사가 뇌물로 이루어지고, 이서(吏胥, 서리)가 문서를 기록하니 방납과 조등(刁蹬, 간사한 꾀를 써서 물건의 시세를 오르게 함)의 폐해가 날마다 더하고 달마다 심하여, 상세(常稅, 전세)는 점점 가볍고 공물은 점점 무거워졌다. 무릇 부역하는 일이 있으면 일에 따라 나누어 추가함이 많으니, 이에 공물과 잡역이 많고 무거워서 백성들이 모두 역을 도피하여 그 생활을 보전하지 못하였다. 선조 초년에 영의정 이준경이 그 폐해를 고치기를 의논하였으나 시행되지 못하였고, 그 뒤에 찬성 이이가 여러 번 건의하여 공안(貢案, 공물의 품목과 수량을 기록한 장부)을 개정하려고 하였으나 마침내 시행되지 못하였다. 임진왜란 때에 영의정 유성룡이 건의하여 공물을 폐지하고 쌀로 받아서 서울에서 〈공물로〉 바꾸어 쓰도록 하였는데 오래지 아니하여 도로 폐지되었다."[01]라고 하였다. 유형원은 대동법의 역사를 논하면

---

01) 《증보문헌비고》 제150권 전부고10 조선.

서 이이와 유성룡의 대공수미법(代貢收米法)을 언급하였다. 수미란 공물을 쌀로 징수하는 것이다. 공물을 토산물 등의 현물로 직접 내는 대신에 공물 값에 해당하는 양의 쌀로 내게 한 제도이다. 이 대공수미법은 임진왜란 중 군량미를 마련하는 과정에서 임시적으로 실시되었다. 전란 중 정부가 백성들에게 공물 대신에 쌀을 내도록 했던 것이다.

　하지만 공물의 대가를 쌀과 베로 거두는 형태는 이미 세종 이후부터 종종 실시되고 있었다. 예를 들면 세종 2년에 "지방 각 고을의 공납하는 물건이 만일 그 지방에서 생산되는 것이 아닐 경우에는 백성들은 모두 쌀로 사들이어 상납하는 것이 참으로 한 가지 뿐이 아닙니다."[02] 라고 한 것이라든가, 세조 4년에 "경상도 안동부의 도회(都會, 각 도마다 사람을 모으거나 물건을 만들기 위해 설치하는 곳)에서는 진헌할 용문석과 진상할 돗자리를 직조하는데, 소요되는 왕골의 수량이 너무 많아서 전에는 본부의 가까운 몇몇 읍에 나누어 배정하여 수납하였습니다. (중략) 그러나 여러 읍의 풍토가 몇몇 읍과는 서로 같지 않으며 그 왕골을 재배하는 기술과 표백하는 방법이 달라서, 돗자리를 짜는 것을 견디는 자가 없습니다. 여러 읍에 나누어 배정한 민호(民戶)의 백성 스스로가 마련할 수 없어서 모두 쌀과 베를 거두어 안동으로 가서 사서 납부하였습니다."[03]라는 사실에서 이를 확인할 수 있다. 쌀과 베가 농민들 사이에서 교역의 매개물로 사용된 것은 그것이 농민생활에 있어서 필수품이었기 때문이다.

---

02) 《세종실록》 2년 윤1월 29일.
03) 《세종실록》 4년 1월 17일.

그런데 연산 이후 공물 징수액이 급증하면서 배정된 공물은 그 지방에서 나는 토산물로 부과해야 한다는 임토작공(任土作貢)의 원칙이 깨져 방납에 따른 백성들의 고통은 지옥문이 열린 꼴이 되었다. 중종반정 이후에도 한번 늘어난 공물량과 고질화된 공물의 방납은 개선되기는 커녕 더욱 심해졌다. 이에 선조초 율곡 이이(1536~1584)는 당시의 이러한 나라의 상황을 "만(萬) 칸의 큰 집이 여러 해가 지나도록 손질을 하지 않아 옆으로 기울어지고 빗물이 새어 대들보와 서까래는 좀이 먹고 썩어가며, 단청은 다 벗겨졌는데 임시로 괴어주고 잡아끌고 하여 구차하게 아침저녁을 넘기고 있는 형세"라고 하였다. 임진왜란이 일어나기 전인데도 무너지는 집처럼 나라가 기울어져 가고 있었다.

그래서 선조 2년(1569)에 34세의 젊은 홍문관 교리 이이는 왕도정치의 이상을 주인과 손님의 문답 형식으로 《동호문답》을 저술하여 왕에게 올렸다. 그 글 속에서 손님이 "당신(주인)이 민생을 구제하는 일은 폐단이 있는 법을 개혁하는 데 있다고 하는데, 지금 백성이 곤란을 받는 제일 큰 폐단은 무엇인가?" 하니, 주인이 말하기를, "일족절린(一族切隣, 일족과 이웃)에게 인징하는 폐단이 첫째이고, 진상하는 일이 너무 많은 폐단이 둘째이며, 공물을 방납하는 폐단이 셋째이고, 군역과 요역이 불공평한 폐단이 넷째이며, 아전들이 가렴주구 하는 폐단이 다섯째이다."라고 하였다. 이이가 말한 다섯 가지 폐단 모두가 세금의 문제였다. 이 중에서 방납은 공물과 관련된 것이다.

이이는 방납의 해결 방법으로, 손님이 "방납 폐단을 개혁하려면 어떤 계책을 세워야 할 것인가?" 하고 물으니, 주인은 "황해도 해주에서 공물 내는 방법을 보면 전답 1결(結)[04]마다 쌀 1말을 징수하는데, 관청에서 〈쌀을 사용해〉 스스로 비축해 두었던 물건을 서울에 바치기 때문에 백성들은 쌀을 내는 것만 알고 농간하는 폐단은 전혀 모르고 있으니 이것이 참으로 오늘날의 백성을 구제하는 좋은 방법이 될 수 있다. 만약 이 방법을 사방에 반포하면 방납의 폐단이 머지않아 저절로 개혁될 것이다." 하였다.[05] 그 당시 황해도의 해주와 송화 등의 고을에서는 명종 때부터 자체적으로 대동제역(大同除役)이라 하여, 토지 1결당 쌀 1말씩을 거두어 관아에서 서울에 납부할 각종 공물을 마련함으로써 방납의 횡포를 방비하였다. 일명 사대동(私大同)을 실시하여 공물을 징수하는 대신 1결에 쌀 1말씩을 납부하도록 한 것이다. 사대동이란 국가에서 법으로 제정한 것이 아니고 지방의 각 고을에서 편의

---

04) 우리나라 결부법은 곡식의 수확량을 고려하여 비옥도에 따라 1결의 논밭 면적을 산정하고 동일과세 하는 토지제도이다. 세종은 논밭을 제일 비옥한 1등전부터 가장 척박한 6등전까지 6등급으로 나누는 전분6등을 만들었는데 그 면적은 다음 표와 같다. 세종은 곡물(논·쌀, 밭·콩) 400말을 수확할 수 있는 면적을 1결로 정해 동일한 세금을 내게 했는데, 6등전의 면적은 1등전의 4배에 해당한다. 가장 비옥한 1등전은 한 변의 길이가 각각 약 99m인 정방형의 넓이이며, 2등전은 108m, 3등전은 118m, 4등전은 133m, 5등전은 157m이며, 가장 척박한 6등전은 199m의 정방형 넓이이다. 비옥한 땅은 곡식의 씨앗을 촘촘히 심고, 척박한 땅은 드물게 심기 때문에 척박한 토지 일수록 넓은 면적이 필요하다. 세종이 만든 전분6등법은 조선말까지 시행되었다.

〈전분6등법의 각 등전별 1결 면적과 두락〉

구분	상상년 수확량(말)	평	두락*	㎡ (정방형 한 변의 길이)
1등전	400말	2,986.6	20	9,873.7(99.37)
2등전	400말	3,513.2	23.5	11,614.6(107.77)
3등전	400말	4,259.8	28.5	14,083.0(118.67)
4등전	400말	5,423.0	36.3	17,928.5(133.90)
5등전	400말	7,466.5	50	24,684.2(157.11)
6등전	400말	11,946.4	80	39,494.7(198.73)

* 1등전의 1결은 20두락이며, 6등전의 1결은 4배의 면적이므로 80두락이다.[(역주)《목민심서》권2 제6부 호전 육조1 제1장 참조].
05) 《율곡선생전서》 제15권 잡저(雜著) 동호문답.

에 따라 사사로이 실시한 대동제를 말한다.

그러자 손님이 웃으면서 "그대의 말은 참으로 현실에 어둡다. 우리나라의 고을 치고 해주만큼 충실(풍부)한 곳이 없는데, 어찌 8도의 모든 고을로 해주를 본받게 할 수 있는가?" 하니, 주인이 "만약 지금의 통상 쓰는 법을 바꾸지 않는다면 진실로 그대의 말과 같은 것이다. 그러나 대신과 해당 관서로 하여금 8도의 지도와 호적을 모두 조사하여 그 인구의 많고 적음과 전답의 많고 적음, 토산물의 풍족하고 부족한 것을 고려하여 공물을 다시 산정해야 한다. 그리고 그 경중을 균등하게 하고 국용에 꼭 필요하지 않은 공물의 양을 적절하게 삭감하여, 반드시 8도 각 고을에서 마련하는 방법을 모두 해주처럼 1결당 1말로 조정한 연후에 그 법령을 반포한다면 어찌 시행하지 못할 염려가 있겠는가?" 하였다.

이이는 전국 모든 고을에서 1결에 쌀 1말씩을 징수하여 공물을 마련하는 대공수미법을 시행하면 충분히 공물을 마련할 수 있고, 방납의 폐단을 제거할 수 있다고 보았다. 이이가 공물을 쌀로 거두는 대공수미법의 시행을 건의한 것이다. 이이가 공물 값으로 거두는 세수는 '매 1결에서 쌀 1말를 거두자(每一結收米一斗)'는 것이었다. 대동법을 실시하면서 1결당 16말(후 12말)을 징수한 액수와는 너무나 큰 차이를 보이고 있다. 물론 대동법은 지방 관아에서 백성들에게 부과하는 역(役, 비용)까지 포함된 것이지만, 이이의 공물변통안에는 지방재정은 포함되지 않았다. 대동법이 지방재정의 문제까지 해결하지 않고 단순히 이이의 주장처럼 공물의 대가만을 쌀로 징수하였다면 훨씬 더 효과적이었을 것이라고 본다.

이이는 4년 후인 선조 7년(1574)에 황해도 관찰사로 부임했다. 그는 황해도의 백성들이 겪는 공물의 폐단에 대해, "황해도의 쇠잔한 백성들이 〈공물을 마련하기 위해〉 산으로 사냥하러 가고 물로 고기 잡으러 가므로, 날마다 틈이 없어 밭이 묵어도 풀을 매지 못하고 집이 부서져도 수리하지 못하여 떠돌며 정착해 살지 못합니다. 그 지역에서 생산되지 않는 물건을 모아서 멀리 다른 지역으로 사러 가니 수고로움은 열 갑절이나 됩니다."라고 상소를 하였다. 4년 동안 진상과 공물의 폐단이 더욱 심해진 것이다. 이러한 노력에도 불구하고 이이는 아무런 성과 없이 임진왜란이 일어나기 8년 전인 선조 17년에 세상을 떠났다.

선조 25년(1592) 임진왜란이 일어나자 정부는 군량미의 확보가 다급해졌다. 그러자 공물을 쌀로 바치게 하자는 의논이 시작되었다.[06] 결국 선조 27년 군량미를 마련하기 위해 대공수미법이 실시되었다. 그 때 영의정 유성룡(1542~1607)은, "국가에서 받아들이는 전세는 십일세(십일조)보다 가벼워서 백성들이 무겁게 여기지 않습니다. 다만 전세 이외의 공물 및 진상이나 각 절기 때마다 바치는 방물 등으로 인해 고통당하는 일이 매우 많습니다. 처음 공물을 배정할 때에 전결의 수에 따라 균일하게 부과하지 않아 크고 작은 고을마다 많고 적음이 월

---

06) 《선조수정실록》 27년 1월 1일.

등하게 차이가 납니다. 때문에 1결당 공물 값으로 쌀 1~2말을 내는 경우도 있고, 혹 쌀 7~8말을 내는 경우도 있으며, 심지어 10말을 내는 경우도 있습니다. 이처럼 백성들에게 불공평하게 부과되고 있는데 게다가 길을 왕래하는 운송비까지 추가되고 있습니다. 더구나 각 관서에 납부할 때 간사한 아전들이 조종하고 농간을 부려 비용이 백배나 더 들게 되는데, 관서로 들어가는 것은 겨우 10분의 2, 3에 불과할 뿐 나머지는 모두 사사로이 착복되고 맙니다. (중략) 신은 늘 생각컨대 공물을 배정함에 있어서는 마땅히 도내 공물의 원수(元數)가 얼마인지 전체적으로 계산하고, 그 다음 도내 전결의 수를 계산하여 자세히 고려해서 공평하게 한 다음 많은 곳은 감하고 적은 곳은 더 보태, 크고 작은 고을을 막론하고 모두 한 가지 법으로 마련해야 되리라 여겨집니다. 이를테면 갑읍에서 1결당 쌀 1말을 낸다면 을읍과 병읍에서도 1말을 내고, 2말을 낸다면 도내의 고을에서 모두 2말을 내도록 해야 할 것입니다. 이렇게 한다면 백성의 힘도 균등해지고 내는 것도 공평해질 것입니다." 하면서, "공물을 쌀로 대납하되 1결마다 2말을 상납하게 하여 군수에 보충한다면 한 해에 7만여 석이 확보되고, 백성의 힘도 소생할 것입니다."[07]라고 하였다.

유성룡은 모든 공물 값으로 1결당 쌀 2말씩을 거두자고 하였다. 이이가 1결당 1말씩 거두자는 것보다 배가 늘어난 것이다. 그 이유는 전란으로 하삼도(충청·전라·경상)의 전답이 황폐화되었기 때문이다. 전

---

07) 《서애선생문집》 제14권 잡저(雜著) 공물을 쌀로 하자는 의논.

란 전에는 하삼도의 전답 결수가 97만결(8도 총 150만결)에 달했는데 전란 후에는 겨우 30만결밖에 되지 않았다.[08] 나라의 보고라 할 수 있는 하삼도의 논밭이 전쟁으로 황폐되어 공물 거두는 액수가 1결당 2말로 늘어난 것이다. 세종 때 공물 징수액을 쌀로 계산하면 10만여석(150만말)이 된다고 한 것을 보면, 평상시에는 1결당 1말씩만 징수하여도 부족하지 않다고 볼 수 있다.

그러나 유성룡의 간청으로 시행된 대공수미법은 1년도 못 되어 폐지되고 말았다. 좌의정 김응남 등이 "각읍의 공물을 수미하는 일은 한편으로는 민원을 제거하려는 것이고 한편으로는 군량을 도우려는 것이니 그 뜻이 아름답지 않은 것은 아니지만, 이 법을 시행하는 데는 형편상 불편한 점이 있습니다. 태평 시대에는 혹 시행할 수 있으나 오늘날에는 시행할 수 없습니다. 대개 전지 1결에 쌀 2말씩을 내게 하면 그 내는 것이 적어서 백성에게 편리한 듯합니다. 그러나 전란 이후로 전야가 버려지고 묵어서, 한 장정이 경작하는 바는 겨우 식구의 식량을 얻을 수 있을 뿐이므로 공사(公私)의 빚, 호역의 수용, 전세의 쌀을 마련해 내기도 어렵습니다."[09]라고 반대해 폐지되고 말았다. 평상시에 1결당 2말씩을 부과하는 것은 가볍겠지만 전쟁이 계속되고 있는 시점에서는 무겁다는 주장이다. 좌의정 김응남의 말이 틀리지 않았을 것이다. 전란으로 농사를 짓지 못해 쌀이 몹시 귀해졌기 때문이다.

---

08) 《선조실록》 34년 8월 13일.
09) 《선조실록》 28년 9월 24일.

그러나 영의정 유성룡은 다음해에 다시 한 번 대공수미법을 건의했는데, "병란이 일어난 이후로 경상적으로 쓰는 재정이 부족하여 그 형세가 공물을 쌀로 만들지 아니하면 경비를 감당하기가 어렵습니다. 앞서 각 관아의 작미(作米)로 민간에서 낸 것이 2말의 갑절 이상 다섯 곱절이나 되었는데도 이견이 있음을 듣지 못하였습니다. (중략) 이미 쌀로 낸 것은 쌀로 상납하게 하며, 아직 상납하지 아니하여 쌀로 내야 할 것은 먼저 1말만 받고, 기한을 조금 서둘러 밀과 보리로 대신 바치도록 하여 백성을 편리하게 해야 합니다. 상납할 때에는 수로와 육로의 운송비인 배와 말 삯도 충분히 계산하여 탐욕 많고 교활한 관리로 하여금 그 사이에 손을 쓸 수 없도록 해야 할 것입니다. 만약 민간에서 배와 말 값을 더 내는 것이 어렵다면 징수한 2말 가운데서 배와 말 값을 지출하고, 아울러 작지(作紙, 세금의 수수료인 용지대)와 인정(人情, 선물이나 뇌물)을 없애고 상납하게 하면 백성의 원망이 발생하지 아니할 것입니다."[10] 하였다. 또한 1년 후 유성룡은 "수년 안에 병화가 끝나지 않으면 중국군을 지대(支待)하는 것도 감당할 수 없습니다. 유정(劉綎, 명나라 무장)의 군사와 양호의 군사로 말하면 군량이 아주 없으므로 견제하여 적의 형세를 늦추어 방어하는 계책을 삼고 있을 뿐입니다. 소신이 공물을 쌀로 바꾸어서 양식으로 삼으려 하는데, 사람들이 혹 말하기를 '공물을 쌀로 바꾸면 남는 것이 4만여 석이 된다.'고 하였습니

---

10) 《증보문헌비고》 제152권 전부고12 대동1.

다."[11] 하였다. 이때 유성룡의 대공수미법 목적은 방납의 폐단을 줄이는 것보다 군량미를 확보하는데 더 중점을 두었다고 본다. 하지만 선조는 반대할 수밖에 없었다. 공물은 그야말로 궁궐에서 소요되는 물품을 충당하기 위한 경비의 목적인데, 모두 군량미의 확보에 사용한다면 왕실에서 사용할 비용이 줄어들 수밖에 없었기 때문이다.

2. 조운 비용까지 포함한 공물가는 3말

광해군 즉위년(1608) 5월에 영의정 이원익의 주청으로 경기도에 한하여 선혜법(宣惠法)이란 이름으로 그 해 9월부터 공물 대신에 봄가을에 1결당 각각 쌀 8말(총 16말)씩 징수하는 대동법이 시행되었다. 이에 1년 후 도승지 김상용은 "난리 후 남은 백성이 열에 두셋밖에 되지 않는데, 온갖 비용을 모두 민결(民結)에 책임 지움으로 그 참혹함이 이때보다 더 극심한 적이 없고, 그 침탈 또한 이때보다 더 극심한 적이 없습니다. 그러므로 신음하는 백성의 목숨이 끓는 가마솥 속에 든 것 같더니, 지금은 다행하게도 행운을 만나 대동선혜(大同宣惠)를 건의함으로써 우리 백성이 넓고 큰 은혜를 입어 병들고 지친 자가 모두 일어나 춤추며 소생을 기대하였습니다. 그런데 좋은 법과 아름다운 뜻이 유종의 미를 거두지 못한 채 시행한 지 한 해도 못되어 성급히 혁

11) 《선조실록》 29년 11월 7일.

파의 의논이 일어났습니다. 대동은 백성이 좋아하는 법이요 혁파는 백성이 싫어하는 일이니, 1년 동안 경영하여 백성을 이롭게 한 좋은 법을 의견도 묻지 않은 채 하루아침의 모의로 이를 다시 고치고자 하니, 백성들은 그 원통함이 하늘에 사무쳐 끝이 없습니다."[12]고 하였다. 경기도에 시행된 대동법을 좋게 평가한 것이다.

하지만 조정에서 대동법을 폐지하자는 논란은 계속되었으며, 광해도 부정적으로 생각하였다. 광해 6년 사헌부에서 8도에 대동법의 시행을 주청하자 호조에서는 이를 옹호하며, "전하께서 왕위에 오르던 초기에 상신(相臣, 이원익)에게 자문하여 새로이 선혜청을 설치하고 1년에 단지 쌀 16말을 거두었습니다. 처음에는 대개 경기 지방의 공물 징수에만 적용하려 하였는데, 쌀 16말를 거둔 뒤로는 경기 고을의 요역이 모두 지탱해 나갈 수 있게 되었고 공물 사주인들도 그것을 바탕으로 생활할 수 있었으며, 국가의 경비도 부족하지 않아 경기 고을의 백성들이 그것에 힘입어 조금 숨을 돌릴 수 있었습니다. 모두가 성상의 은혜를 우러러 보았는데 이는 실로 이미 시험해 본 명백한 징험입니다."라고 하며, 대동법을 긍정적으로 평가했다. 하지만 광해는 "우리나라가 토지에 따라 공물을 바치게 한 지 이미 오래되었다. 그런데 경기에서 쌀로 거두는 것이 한갓 선혜청의 하인들이 교활한 짓을 하는 소굴로 변해 구애되는 점이 많으니, 먼 장래를 경영하는 방법이 아닐 것 같다. 8도에는 절대로 경솔하게 동시에 시행할 수 없다."라고 딱 잘

---

12) 《광해군일기》 1년 4월 27일.

라 거절하였다. 때문에 광해 집권 15년 동안 경기도 이외에 대동법은 확대되지 못했다.

인조반정이 성공하자 조정에서는 대동법 시행을 강하게 요청하였다. 인조가 즉위한 지 한 달도 되지 않아 호조에서는, "선혜법을 경기 지방에 실시한 지 지금 20년이 되어 가는데, 백성들이 매우 편하게 여기고 있습니다. 8도 전체에 확대시키면 백성들이 그 혜택을 받을 수 있을 텐데, 폐조(광해군) 때에는 각사의 서리와 이익을 독점하는 세가가 온갖 방법을 동원해 저지시켰으므로, 그 편리한 점을 알면서도 시행하지 못한 지가 오래입니다. 현재 갖가지 부역이 중첩되고 백성들이 도탄에 빠졌으니, 반드시 대대적으로 경장하여 민심을 위안시킬 정책을 시행해야 합니다. 비록 일시에 모든 도에 실시할 수는 없다 하더라도 우선 2~3개 도에 먼저 실시하여 봄가을로 총 1결당 10말씩의 쌀을 거두면 60만석을 마련할 수 있습니다. 여기에서 서·남·북도의 군수용 및 영남 하도의 왜관 비용을 제하더라도 나머지가 40만석은 될 것이니, 이것을 가지고 공물을 충당한다면 부족할 걱정은 없을 듯합니다."[13]라고 건의하였다. 그 결과 인조 2년에 강원도 및 충청도와 전라도에 대동법이 실시되었다. 그러나 조정에서는 대동법을 폐지하자는 여론이 더 많았다.

이때 이조 좌랑(정6품) 조익은 "신이 삼가 생각하건대, 이 대동법이야말로 동방에 훌륭한 정치를 펼치는 근본이라고 여겨집니다. 하지만

---

13) 《인조실록》 1년 4월 4일.

성상의 뜻이 아직도 확고하게 정해지지 않았다면 이 법이 끝까지 시행되리라 보장할 수 없을 듯합니다. 그리하여 혹시라도 중도에 그만두게 된다면 이보다 더 큰 불행이 없겠기에, 감히 어리석은 소견을 진달드려 성상을 번거롭게 해 드리기에 이르렀습니다."라고 하며, 대동법의 폐지를 반대하였다. 조익은 구체적으로 대동법 시행의 타당성에 대해, "신이 도성과 4도(경기 · 강원 · 충청 · 전라)에서 1년에 지출하는 액수를 삼가 요량해 보건대, 아무리 많아도 20만석은 넘지를 않았습니다. 그런데 4도의 35만결에서 납부하는 쌀이 37만여 석이므로, 이 속에 포함된 운송비용을 제외한다 해도 관아에 들어오는 양이 실로 32~33만석이 되었습니다. 그렇다면 1년에 쓰고 남는 것이 응당 12~13만석은 되는데, 이만하면 매우 풍족하다고 말할 수 있으니 이 외에 더 많은 것을 구해서는 안 될 것입니다. 신이 삼가 생각건대, 후일에 양전을 해서 얻은 전결이 비록 50만 결에 이른다 하더라도, 백성들에게 부과하는 총액은 35만이나 36만 석을 넘지 않게 해야 할 것입니다. 그렇게 하면 1결당 납부하는 대동세의 수량을 줄여 줄 수 있을 것이요, 그러면 백성들의 부세도 더욱 가벼워질 수 있을 것입니다.[14]"라고 하였다. 1결당 10말씩을 거두어도 쓰고 남은 쌀이 12만석 이상이 된다는 것이다.

하지만 부제학 정경세는, "신은 늘 선혜청의 공사 절목이 번거로워 간사하게 좀먹는 일이 쉽게 용납되므로, 오래 동안 행할 수 없다고 생

14) 《포저집》 제2권 소(疏) 4수 선혜청(宣惠廳)의 일을 논한 소 계해년(1623, 인조 원년).

각하였습니다. 또 신이 아는 바로 경상도 상주 한 고을을 예로들면 대동세로 1결에 거두는 바가 쌀과 콩 및 기인포(其人布, 화목을 바치는 역) · 쇄마가(刷馬價, 백성들이 소유한 말을 국가기관이 사람이나 물건의 운송을 위해 동원하는 비용) 등 모든 명색을 통틀어 모두 한 해에 면포 2필 남짓한 데 불과하니, 1부(夫, 8결)에서 거두는 바가 대략 17필에 불과합니다. 지금 선혜청에서 거두는 바가 1결에 마땅히 3필을 거두어야 한다면 1부에서 마땅히 24필을 받아야 하니, 보통 해의 거두는 바에 비교하면 거의 3분의 1이 더 추가됩니다. 지방 인민이 조정에서 백성을 이롭게 할 정책을 강구한다는 말을 듣고는 눈을 닦고 귀를 기울이면서 날마다 그 혜택을 바라는데, 지금 3분의 1을 더 증액하는 대동세를 거두면 반드시 장차 떠들썩하고 놀랄 것입니다."[15] 하며 반대하였다. 대동세가 지금 납부하고 있는 공물가보다 더 무겁다는 주장이다.

정경세는 대동세로 1결에 면포 2필이면 적당하다고 했다. 그 당시 지역에 따라 차이가 있었지만 면포 1필 값이 쌀 5말이니 2필에 10말 정도이다. 1결에 쌀 10말이면 공물과 운송비 및 지방 관아의 비용까지 충당할 수 있다고 보았다. 그래서 인조 2년에 강원도와 충청도 및 전라도에 1결당 10말을 징수하는 대동법이 실시되었다. 하지만 강한 반대로 강원도를 제외한 충청도와 전라도의 대동법은 곧 폐지되고 말았다. 이후 조익을 비롯한 몇몇 신료들은 충청도를 비롯한 전라도와 경상도에 대동법 시행을 지속적으로 요청하였다. 하지만 인조가 재위한

---

15) 《증보문헌비고》 제152권 전부고12 대동1.

27년 동안 더 이상의 대동법 확대는 없었다.

효종이 즉위하자 조익과 김육을 주축으로 한 몇몇 신료들은 또 다시 대동법의 실시를 주장하였다. 효종 즉위년에 김육은, "나라에 일이 많다 보니 민역(民役)이 날로 무거워져서 1년에 응당 행해야 할 역으로 매 결당 소용되는 비용이 거의 면포 10여필이나 되고 적어도 7~8필 이하로 밑돌지 않습니다. 뜻밖에 마구 나오는 역은 여기에 들어 있지 않으니 백성들이 어찌 곤궁하지 않겠습니까? 지금 만약 대동법을 시행하면 매 1결마다 봄에 면포 1필과 쌀 2말을 내고 가을에 쌀 3말을 내면 모두 10말이 되는데, 전세 이외의 진상물과 각 도의 잡역 및 각 읍에 납부해야 할 것이 모두 그 안에 있어 한번 납부한 후에는 1년 내내 편안히 지내도 됩니다. 경기도 선혜청에서 봄가을로 8말씩 1년 16말을 바치는 것에 비하면 너무 가볍습니다. 양호의 전결이 모두 27만 결로 거두는 면포가 5,400동(同)이고 쌀이 85,000석이니, 수단이 좋은 사람에게 관리하게 하면 쌀의 수가 남아서 반드시 공적인 저장과 사사로운 저축이 많아져 상하가 모두 충족하여 갑작스런 역에 응할 수가 있습니다."[16] 27년 전에 정경세가 제시한 대동세의 세율을 김육이 그대로 주장한 것이다. 하지만 이 또한 잘못된 계산이다.

경기도에 대동법을 시행한 직후인 광해군 3년(1611)에는 전국의 실결(實結) 수가 불과 54만여 결이었는데, 인조 12년(1634)의 갑술양전 결과 전국의 전결수는 엄청나게 늘어나 거의 임진란 이전의 상태로

16) 《효종실록》 즉위년 11월 5일.

회복되었다. 원장 결수가 134만결로 급증하였다. 그 때의 실결 수는 알 수 없지만 숙종 45년(1719)의 경자양전에서 원장 결수가 140만결이고 실결이 83만결인 것을 감안하면 적어도 80만결은 넘었을 것이다. 광해군 때보다 거의 30만결(대부분 하삼도의 증가분)이 늘어났다. 정경세의 세수 추계액을 고려하면 1결당 쌀 5말만 징수하여도 공물가에는 부족하지 않았다고 보인다. 김육이 양호에 1결당 쌀 10말씩 징수하는 것은 경기도의 1결당 16말보다 가볍다고 한 것은 단순한 비교이다. 인조는 갑술양전으로 결수가 늘자 1결당 2말 2되씩 거둔 삼수미(三手米)를 하삼도 경우 1말을 영구히 감액하여 1말 2되로 정하였다. 결수 증가로 삼수미의 경우 거의 50%를 삭감한 것이다. 따라서 대동세의 경우에도 거의 절반을 감축할 수 있었다고 보인다. 이러한 사실은 효종 1년 비변사의 다음 상소에서도 확인 할 수 있다.

「어제 어전에서 이시방이 양호에서는 어디든지 1결에 쌀 3말씩을 거두어 각사의 공물에 응하도록 하자고 하였습니다. 오늘 신들이 본사 당상, 양사 장관과 서로 상의하여 양호의 결수와 공물값을 산출하였는데, 우의정 조익은 '1결당 쌀 3말씩을 거두어 각사의 공물값으로 삼는다면 꽤 많이 남을 뿐 아니라 백성들에게 거두는 양도 적어질 것이므로, 요역이 무거운 백성이 편리할 뿐만 아니라 역이 가벼운 고을도 내는 양이 줄으면 줄었지 늘지는 않게 될 것이니, 비록 다른 곳으로 옮겨 정해 쓰는 일이 없더라도 역이 절로 균등해지고 상하가 다 만족하게 될 것이다. 지금의 대책으로는 이보다 더 나은 것이 없다.'고 하였습니다. 병조 판서 이시백과 형조 판서 이시방, 대사간 민응형의 뜻도 조익과 같았습니다.」[17]

비변사는 임진왜란 이후 의정부를 대신하여 국정 전반을 총괄한 실질적인 최고의 기관이었다. 호서대동법의 설계자인 조익은 1결당 쌀 3말씩 징수하여 공물을 충당하여도 꽤 많이 남는다고 하였다. 단순히 계산하면 전국 실결 80만결에 쌀 3말씩 거두면 16만석이 되는데, 그 중 10만석으로 공물을 구입하여도 6만석이 남을 수 있다는 말이다.

1년 후 영의정 김육도 "예조 참판 민응형이 진달한 바 양호에서 1결에 쌀 3말씩 징수하는 법을 의논하여 결정하는 것이 좋겠습니다."[18] 김육도 1결에 쌀 3말씩 징수하는 대동법에 찬성을 한 것이다. 이 때 효종이 "호조 신하들의 생각은 어떠한가?"라고 물었다. 형조 판서 이시방은 "신이 선왕 때에 호조 참판으로 있으면서 1결에 3말씩 징수하는 법을 시행할 것을 청하여 공안을 헤아려 정하고, 선왕께서 판서 민성휘에게 하문하여 일이 거의 성사되어 가다가 최명길이 차자를 올려 풍년이 들 때까지 기다리자고 청하여, 일이 끝내 시행되지 않았습니다. 저번에 민응형이 진소하여 3말씩 거두는 법을 시행할 것을 청하였는데, 대체로 온갖 요역은 백성으로부터 나오지 않은 것이 없고 그 중에 공물은 가장 견뎌내기 어려운 역입니다. 만약 이 법을 시행한다면

---

17) 《효종실록》 1년 6월 12일.
18) 《효종실록》 2년 6월 3일.

역이 반드시 고르게 되어 가마솥 속에 놓여있는 듯한 백성이 구제될 가망이 있을 것이니, 신은 시행하는 것이 편의하다고 생각합니다." 하였다. 그러나 호조 판서 원두표는 "이 법은 대동법과 달라서 한번 1결에 3말을 거둔 뒤에 다시 더 거두지 않으면 과연 편의할 듯 하지만, 혹시 부득이하여 더 거둘 일이 생긴다면 백성의 원망이 반드시 갑절로 불어날 것이니, 신은 시행하지 않는 것이 편의하다고 생각합니다."라고 하며 반대하였다. 또한 형조 참판 허적은 "이 의논은 완벽하지 못한 점이 있습니다. 호서는 부역이 유달리 무겁고 호남은 조금 가벼우니 양호의 백성은 똑같이 국가의 백성인데 한쪽은 무겁고 다른 한쪽은 가볍기 때문에 이와 같이 변통하고 옮겨 보내자는 의논이 있는 것입니다."라고 반대하였다.

그때 효종은 "그렇다면 이익을 받는 자는 적고 피해를 보는 자는 많으며, 과거의 원망이 사라지지 않고 새로운 원망이 다시 일어나는 것이다. 3말 이외에 더 이상 징수하지 않는다면 비록 한 때의 원망이 있더라도 시행하는 것이 마땅하지만, 3말의 쌀로 어찌 허다한 역을 충당할 수가 있겠는가? 만일 혹시 더 징수한다면 어찌 불편한 법이 아니겠는가!"[19]라고 하며 반대편의 의견에 동조하였다.

보름 후 비변사는 "호서의 백성에게만 부역이 편중되 이를 변통하여 부역을 고르게 하는 조처를 시급히 하지 않으면 안 되겠는데, 어떤 사람은 3말씩 쌀을 거두어 한 도의 공물 역을 대신하면 민력이 조금

---

19) 《효종실록》 2년 6월 3일.

풀릴 것이라고 하지만, 다른 명목의 역이 많이 남아 있어 이중으로 징수하는 폐단을 면하기 어렵습니다. 이 두 가지 중에 하나를 선택한다면 대동법이 마땅히 선행되어야 할 것인데, 일찍이 이 법을 양호에 병행하려고 했기 때문에 논의가 서로 틀려 쉽게 합의되지 않았습니다. 이번에 한 도에만 시행한다면 이론이 없을 듯합니다."[20] 하였다. 다음 달에 효종은 "대동법의 경우 삼남까지 시행할 수는 없다. 삼두미법(三斗米法)은 이미 호서에 먼저 시행하도록 하였으니, 그 이해를 살펴보고 나서 다른 도에 행해야 할 것이다." [21]라고 하였다. 충청도에만 1결당 3말씩 징수하는 삼두미법을 시행하는 쪽으로 의견이 기운 것이다.

며칠 후 효종이 대신과 비국의 신하들에게, "삼두미법에 대한 사람들의 의논은 어떠한가?" 하고 물으니, 영의정 김육은 "어떤 사람은 '호남과 호서는 처지가 다른데 지금 만일 일률적으로 시행하면 호서의 백성이 반드시 원망할 것이다.' 합니다. 그러나 대동법은 비록 시행하지 않더라도 먼저 이 법을 시행한다면 어찌 편리하고 좋지 않겠습니까." 하였다. 김육은 여전히 삼두미법의 시행을 지지하였다. 그런데 이시방은 "충청도에만 시행한다면 삼두가(三斗價)가 부족할 것입니다." 라고 하며 반대하였다. 논밭이 많은 전라도까지 함께 삼두미법을 시행해야 한다는 것이다. 그 때 호서의 논밭은 14만결이고 호남은 19만결로 전라도가 5만결이나 많았다.

---

20) 《효종실록》 2년 6월 20일.
21) 《효종실록》 2년 7월 9일.

그러자 좌의정 이시백이 "삼두미법을 호남에 시행하여도 본래 불가할 것이 없는데, 이 일을 의논해 정하는데 어찌 뭇 사람의 뜻에 합하기를 구할 필요가 있습니까. 이는 이른바 우유부단한 것입니다."라고 하자, 효종은 "삼두미를 이미 징수한 뒤에 만일 부득이한 역이 있게 된다면, 두 도에 한꺼번에 시행하는 것보다 먼저 한 도에 시행하여 그 편리 여부를 시험하는 것이 나을 것이다."라고 하였다. 이에 영의정 김육 "삼두미법을 이시방과 허적으로 하여금 전적으로 관장하여 임무를 살피게 하소서." 하니, 임금이 허락하였다.[22] 충청도에 삼두미법을 시행하기로 어느 정도 의견이 모아 진 것이다.

그러나 효종 2년 8월에 결정된 충청도의 대동법은 지금까지 논의 된 것과는 달리 효종 즉위년에 김육이 제안한 1결당 10씩이었다. 이때 사관은 "임금이 김육 등 여러 신하들을 인견하고 대동법이 편리한지의 여부를 익히 논의하여 비로소 호서에 먼저 행하기로 결정하였다. '한 도를 통틀어서 1결마다 쌀 10말씩을 징수하되, 봄가을로 등분하여 각각 5말씩을 징수하였다. 그리고 산중에 있는 고을은 매 5말마다 대신 면포 1필씩을 납부하였다. 대읍·중읍·소읍으로 나누어 관청의 수요를 제하여 주고, 또 남은 쌀을 각 고을에 맡겨 헤아려 주어서 한 도의 역에 응하게 하고, 그 나머지는 선혜청에 실어 올려서 각사의 역에 응하게 하였다.'"고 기록 하였다.

호서대동사목(제7조)에 따르면 효종 3년의 대동미 수세총액은

22) 《효종실록》 2년 7월 13일.

83,164석으로 이 중 58.5%에 해당하는 48,280석이 중앙의 경비로 상납되고, 36.8%에 해당하는 30,922석이 본도의 경비로, 4.7%에 해당하는 3,962석이 선마가로 각각 본도에 유치되었다.[23] 계산하면 1결당 쌀 10말씩 거두어 6.3말은 상납하고 나머지 3.7말을 지방재정의 비용으로 사용하게 한 것이다. 결국 1결당 3말이면 되는 공물가를 2배 이상으로 늘려 6.3말을 징수한 것이다. 이는 궁궐과 중앙 관서의 비용 확대를 가져온 것으로 백성을 위한 결정이라 할 수 없다. 눈 가리고 아웅 하는 꼴이 된 것이다.

3. 전세보다 3~4배 무거운 대동세

대동법은 1결당 쌀 16말(후 12말)을 징수하였다. 이 대동법의 특징은 수확량에 관계없이 전답의 결수에 따라 가장 높은 단일세율로 세금이 부가된 것이다. 국가 운영의 경상비를 조달하는 전세는 1결에 4말(논–쌀, 밭–콩), 임진왜란의 임시특별세에서 상시세로 전환된 삼수미도 1결당 2말 2되(논–쌀, 밭–콩)였는데, 대동세는 논밭 구별 없이 1결당 쌀 16말을 징수하였다. 논밭에 부과된 대동세가 매년 곡물의 수확량과 상관없이 다른 세금보다도 제일 높은 세율로 징수되니 불공평을 심화시키는 것은 당연하다. 세종이 공법을 제정할 때에 처음 제안된 풍흉

---

23) 한영국, "호서에 실시된 대동법(하)"《역사학보》 14, 1961, 77~132쪽.

을 고려하지 않은 1결당 12말의 단일세율을 포기하고 9단계의 다단계 세율인 연분9등법을 도입한 이유이다. 논밭에 부과된 결세의 경우 해마다 수확량의 변화가 심하기 때문에 매년 일정하게, 그것도 고율의 단일세율로 세금을 거둔다면 불공평할 수밖에 없기 때문이다.

광해군 즉위년(1608)에 대동법(선혜법)이 경기도에 처음 시행될 때 논밭 1결에서 봄가을로 각 8말씩 합계 16말의 쌀을 징수하도록 하였다. 그리고 54년이 지난 현종 3년(1662)에 경기도를 양전한 이후 세율은 쌀 12말로 감해졌다. 양전으로 그만큼 결수가 늘어나 세율을 낮추어도 세수가 이전과 같이 들어오기 때문이다. 그런데 경기도에 대동법이 처음 시행될 때 왜 1결의 논과 밭에서 쌀 16말을 징수하기로 결정하였을까? 앞에서 살펴보았듯이 이이는 1결에 쌀 1말을, 유성룡은 1결에 2말을, 그리고 김육과 이시방은 1결에 3말(삼두법)을 거두면 공물가로 충분하다고 하였다.

광해군이 즉위하자 호조 참의 한백겸(1552~1615)이 상소하여 공물의 폐단을 논하면서 작미법(作米法)의 시행을 제안하고 영의정 이원익이 이를 재청하여, 1608년 9월부터 경기도에 선혜법이라는 이름으로 대동법이 실시되었다. 이때 한백겸은 "우리나라 공물의 폐단은 진실로 국가의 존망에 관계되므로 상신 유성룡이 그 폐단을 깊이 알아서 공물을 파하고 쌀로 거두어서 각기 쓰는 잡물은 모두 시장 값에 따라 사서 쓰게 하였는데, 그 본의는 좋았으나 그 법에 다하지 못한 점이 있어서 원망하는 자가 많고 좋아하는 자가 적었으므로 마침내 곧 파함에 이르렀습니다."[24]고 하면서, "이제 만약 그 뜻을 취하고 그 일을 돌이켜서 대략 포구까지 나오는 거리의 멀고 가까움에 차등을 두어 쌀을 거둔다면 2말에 구애될 필요가 없습니다. 바다와의 거리가 2일 이상이 되면 쌀값에 준하여 베로 납부하게 하여, 〈과세의〉 경중이 피차 한결같으면 어느 고을인들 좋아하지 아니하겠습니까? 모든 공물을 넉넉한 값을 주고 구입하되 시장 값에 비해 갑절 혹은 다섯 갑절로 납품하게 하면, 풍년에도 더하지 아니하고 흉년에도 감하지 아니하여 방납하는 무리로 하여금 일정한 법이 있음을 알게 합니다. 그 사이에서 주선하여 있고 없는 것을 무역하여 〈방납인이〉 그 이익을 먹도록 하면 어찌 좋아하지 아니하겠습니까?" 하였다. 한백겸은 연해읍과 산군 고을에 일률적으로 1결당 쌀 2말을 거두는 대공수미법은 불공평하고, 공물 값을 제대로 쳐 주지 않아 공인들이 공물의 납품을 꺼린다는 문제점을 지적하면서, 이를 해결하기 위해 시장 값의 2~5배로 납품하게 하자고 하였다. 또한 연해읍은 쌀로, 바다와 2일 이상 떨어진 산군은 베로 내게 하였다. 아마 공물가의 10배 이상인 방납 폐단을 해결하기 위해 적어도 5배 정도는 공인(貢人)에게 주어도 된다고 생각한 것이다.

이에 영의정 이원익은 "작미로 하는 일을 전부터 시험하려고 한 것이 여러 번인데, (중략) 드디어 먼저 경기도에 시험하자는 의논이 있었습니다. 무릇 민간의 역(役)을 반드시 쌀로 내게 하는데, 봄가을을 할 것 없이 명목이 많아 침해를 당하는 여러 고을에서는 재물을 허비

---

24) 《증보문헌비고》 제152권 전부고12 대동1.

하는 폐단이 많았기 때문에, 1년의 역에 응하는 값을 계산해서 쌀로 거둘 것을 결정하여 사목(事目)을 만들어 허락을 받고, 봄가을로 나누어 각각 그 쌀을 받게 하였습니다." 하면서, "각 고을에서 진상하는 공물의 납품이 각 관사의 방납인들에 의해 중간에서 막혀 물건 하나의 가격이 몇 배 또는 몇 십 배, 몇 백 배가 되는 폐단이 이미 고질화되었는데, 경기도가 더욱 심합니다. 그러니 지금 마땅히 별도로 하나의 청을 설치하여 매년 봄가을에 백성들에게서 쌀을 거두되 1결당 매번 8말씩 징수하고, 선혜청에서는 당시의 물가를 보아 가격을 넉넉하게 헤아려 정해 거두어들인 쌀로 공인에게 주어 필요한 때에 사들이도록 함으로써 간사한 꾀를 써 물가가 오르게 하는 폐단을 끊으셔야 합니다. 그리고 두 차례 거두는 16말 가운데 매번 1말씩을 감하여 해당 고을에 주어 수령의 공사(公私) 비용으로 삼게 하소서. 또한 역마길 곁의 고을은 사신이 많이 다니니 좀 더 수를 감해 주어, 1년에 두 번 쌀을 거두는 외에는 백성들에게서 한 되라도 더 거두는 것을 허락하지 마소서. 오직 산릉과 중국 사신의 일에는 이러한 제한에 구애되지 말고 한결같이 시행하도록 하소서." 하였다.[25] 이원익은 대동세 16말 중단 2말을 지방 관아 역(役)의 경비로 지출하게 하고 나머지 14말은 모두 공물 값으로 충당하자고 하였다.

하지만 구체적으로 논밭 1결당 쌀 16말의 세율을 어떻게 정했는지에 대한 자세한 언급은 없었다. 다만 《증보문헌비고》에는 "쌀 2말을

---

25) 《광해군일기(중초본)》 즉위년 5월 7일.

거둘 때에는 단지 공물 값뿐인데, 이는 공물 진상 및 본 고을의 아록(衙祿)[26]과 경쇄마(京刷馬)[27] 및 잡역(雜役)[28]이 모두 그 가운데 들어가서 16말이 되었다."[29]고 하였다. 공물 값만을 충당하기 위한 대동법은 1결당 쌀 2말을 거두면 충분했다고 하였다. 하지만 대동미의 서울까지 운송비와 지방 관아의 경비 및 잡다한 역가를 모두 포함시켜 논밭 1결당 쌀 16말로 정했다는 것이다. 공물가보다 8배나 더 많은 세금을 징수한 것이다. 실무적으로 조정에서는 1결당 쌀 16말로 산정할 필요성에 대한 논의가 있었겠지만 그 논의에 대한 기록은 전혀 없다.

유성룡의 대공수미법은 1결당 쌀 2말인데, 이원익이 대동법을 시행하면서 16말로 증가시킨 것이다. 물론 그 이유는 앞에서 말한 한백겸과 이원익의 주장에서 찾을 수 있다. 첫째, 공인(貢人)에게 공물가를 넉넉하게 지급하기 위해서이다. 한백겸은 원활한 공물 조달을 위해서 공물가의 5배까지 공인에게 지급해야 한다고 했다. 그래서 1결당 쌀 2말이 10말로 늘어났다고 볼 수 있다. 둘째, 지방 관아의 역(경비)을 대동세에 포함한 것이다. 이원익은 1결에 쌀 2말씩을 각 고을에 주도록 하였다. 대동세 16말 중 2말은 12.5%에 해당한 것으로 후에 호서대동

---

26) 각 지방의 수령과 그에 딸린 식구들에게 주던 녹을 말한다.
27) 사신의 왕래나 진상품의 운반 및 지방관 교체시에 이용되는 지방에 배치된 관용말.
28) 잡역은 지방 관아가 필요에 따라 주로 역(役)이 없는 일반 백성에게 노동력을 징발하는 형태로 이루어졌는데, 진상 물품의 마련을 위해 동원되던 진상역과 목장·저수지 등의 축조에 관련된 요역, 능의 조성에 동원되던 요역 등이 대표적이었다. 이러한 잡역은 징발할 수 있는 역의 종류나 대상·기간·계절 등이 명확히 규정되지 않았기 때문에 지방관이나 이서배 및 토호들의 농간이 극심하여 백성들의 부담이 매우 컸다.
29) 《증보문헌비고》 제152권 전부고12 대동1.

법에서 약 40%를 각 고을의 유치미로 배정한 것보다 매우 적은 양이다. 셋째, 산릉(山陵, 임금의 무덤)과 조사(詔使, 중국의 사신)의 역을 제외한 모든 잡역을 대동세에 포함한 것이다. 그렇다고 하더라도 1결당 공물가는 2말, 지방 역 또한 2말로 총 4말이면 해결할 수 있었다. 나머지는 공물가의 5배는 공인들에게 돌아간 것이다.

때문에 조선후기의 문신이자 학자 임영(1649~1696)은 "애초 공법을 대동법으로 변경할 때에 사람들이 오히려 지나치게 무겁다고 말하였다 합니다. 이는 공안은 고치지 않고서 공물의 가격은 넉넉하게 정하였으니, 지나치게 무겁다고 말하는 것이 진실로 또한 온당한 것입니다." 하면서, "오늘날 백성을 보호하는 정사는 신역을 줄여 주는 것이 제일의 급무요, 대동세를 줄여 주는 것이 그다음이요, 급재에 인색하지 않는 것이 또 그다음입니다. 이 외에 갖가지 민폐에 대해서는 비록 다 거론하기 어려우나, 과감히 이 세 가지를 우선 시행할 수 있다면 또한 민심을 크게 얻을 것입니다."[30] 하였다. 임영은 공물가를 과도하게 책정한 것을 비난하면서 대동세를 낮추어야 한다고 주장하였다.

하지만 인조 2년 삼도대동청에서는 "본청에서 사목을 마련할 때에는 1결에서 쌀 16말을 거두되 지방의 모든 역을 아울러 그 가운데에 포함시켰으나, 그 뒤로 흉년에 백성이 굶주리기 때문에 어쩔 수 없이 여러 번 그 제도를 바꾸었습니다."[31] 하면서, 1결당 쌀 16말을 징수하

---

30) 《창계집》 제4권 소차 성지(聖旨)에 응하여 시사를 말한 소(應旨言事疏).
31) 《포저집》 제14권 계사 대동청(大同廳)에서 올린 계사.

는 것이 가볍다고 강조하였다.

그 후 인조 16년에 충청 관찰사로 부임한 김육이 "신이 도내 전결 수를 모두 계산해 보건대, 매 결마다 각각 면포 1필과 쌀 2말씩 총 7말을 내면 진상하는 공물의 값과 본도의 잡역인 전선(戰船, 전투에 쓰는 배), 쇄마(刷馬, 지방에 배치한 관용의 말) 및 관서에 바치는 그 밖의 공물이 모두 그 속에 포함되어도 오히려 남는 것이 수만입니다."라고 한 것을 보면, 이미 처음 경기도에 시행된 대동법에도 같은 이유로 이러한 역이 대동세에 포함된 것이다. 김육은 1결당 7말이면 충분하다고 했다. 따라서 1결당 쌀 16말을 징수한 근거를 계산해보면 공물가 10말과 유치미 2말, 그리고 그 밖의 잡역가 4말로 구성되었다고 볼 수 있다. 유치미와 잡역가까지 지방 관아에 배정했다고 보면 호서대동법의 유치미와 거의 일치한다. 이에 대해 일부 학자들은 "혼란하고 붕궤된 공납·요역제를 함께 혁신하는 동시에 문란한 지방관부 경비를 확립하는 의의를 가졌다."고 하면서, "방납인에게 공물 조달권을 주는 것은 그들의 반발을 막을 뿐만 아니라 관이 직접 물자를 구입할 때 발생하는 폐단을 줄일 수 있었는데, 유성룡의 대공수미법에서 얻은 교훈이 반영된 것이었다."라고 하였다.[32]

그런데 대동법을 만들어 공물뿐만 아니라 온갖 잡역의 세금을 그 속에 집어넣어 한꺼번에 해결하려 한 것은, '코끼리를 산체로 냉장고에 넣는 일'과 같다는 생각이 든다. 그 당시 조선 정부는 공물 한 가지의

---

32) 이헌창, "오리 이원익과 대동법"(오리 이원익 기념사업회 홈페이지).

폐해도 해결할 수 없는 나약한 정부였다. 조세의 공평을 위해서 20년마다 양전하도록 한 규정마지 거의 지키지 못했다. 힘도 의지도 없는 왕과 자신들의 잇속만을 챙기려는 양반 관리들이 탐욕으로 가득찬 지방 관리를 통제하면서 온간 잡역을 다 포함한 대동법으로 조세를 개혁하려 한 것은 처음부터 불가능한 일이었다. 왕과 조정 대신들뿐만 아니라 거의 모든 관리들이 조세의 공평에 대한 개념이 없었으며, 공평과세를 실현하려는 의지가 전혀 없었다. 때문에 대동법의 의도를 순수하게 받아들여도 도저히 불가능한 비현실적인 개혁이었던 것이다. 네모난 보기 좋은 두부를 만들려면 먼저 두부틀을 잘 만들어야 한다. 두부틀 없이도 두부를 만들 수 있지만 그야말로 삐뚤빼뚤한 두부가 나올 것이다. 대동법은 시행하기에 급급하여 '좋은 틀'을 만들지 못했다. 조세제도를 만들만한 인재가 부족했을 뿐만 아니라, 조세원칙의 근본이라 할 수 있는 공평과세를 실천하려는 인물들이 없었다. 특히 권력의 중심인 왕의 경우 한 사람도 없었다.

세종은 공법을 만들면서 처음에 제안한 풍흉을 고려하지 않은 1결당 12말의 단일세율이 황희를 중심으로 한 신료들에 의해서 불공평하다는 이유로 반대에 부딪쳤다. 그 때 황희 등 신료들은 "대저 비옥한 전토를 점유하고 있는 자는 거의가 부강한 사람들이며, 척박한 전토를 점거하고 있는 자는 거의가 모두 빈한한 사람들이온데, 만약 호조에서 신청한 공법에 의해 시행한다면, 이는 부자에게 행일 뿐, 가난한 자에게는 불행한 일이 되고 말 것입니다."[33]라고, 이 단일세율의 공법을 반대하였다. 풍흉 즉, 수확량을 고려하지 않는 단일세율은 당연히 '부익부 빈익빈'을 유발할 수밖에 없기 때문이다.

더구나 대동법이 시행될 당시의 상황은 세종 때보다 더 악화되어, 비옥한 전토를 점유하고 있는 자는 거의 부자이며, 척박한 전토를 점거하고 있는 자는 모두 가난한 자인 경우가 현실이었다. 따라서 대동법의 1결당 16말의 단일세율은 '부익부 빈익빈'을 심화시킬 수밖에 없었다. 때문에 효종 3년 전라도 보성에서 사는 전 장령(정4품) 안방준(1573~1654)은 상소하여, "신이 이른바 위급한 상황이 조석간에 있다는 것은 서울에서 실시하는 대동법을 두고 말하는 것입니다. 모르겠습니다만 전하께서는 당초에 여러 대신들에게 널리 물어 의견을 모아 그 가부를 결정하셨을 텐데, 여러 대신들이 모두 옳다고 한 것이었습니까? 전하의 마음에는 반드시 이 대동법이 일단 실시되면 백성들의 세금이 가볍게 되고 국가의 재정이 풍부하게 될 것이라고 여기셨을 것이며, 그렇게만 되면 이 법은 실로 좋은 법이며 아름다운 뜻인 것입니다. 그러나 〈대동법은〉 세금을 가볍게 하려 했는데 세금이 더욱 무거워지고, 나라를 풍족하게 하려 했는데 나라는 더욱 가난해져 인심을 잃고 국가를 망하게 하는 근본이 되고 말았습니다. 누가 전하를 위하여 이런 계획을 세웠습니까? 듣건대 좌의정 김육이 대동법을 제창할 때 여러 신하들 중 어느 한 사람도 힘써 다투는 자가 없었다 하니,

---

33) 이헌창, 앞의 논문

김육은 충성으로 일을 그르친 자이고 여러 신하들은 불충으로 일을 그르친 자입니다. 그렇다면 전하의 좌우에 불충한 자들이 아닌 자가 없으니 전하께서 누구와 더불어 나라를 다스리겠습니까? 아! 전하의 국사가 위태롭게 되었습니다."라고, 대동법이 국가를 망하게 하는 법이라고 강하게 비난하였다.

그러면서 안방준은 "지금 현재 국가의 형편이 마치 수많은 백성이 모두 물이 새는 배를 타고 가다 바다 한 가운데에서 풍랑을 만나 키와 닻을 잃고 사방을 둘러봐도 아득할 뿐 끝이 없는 것과 같으니, 서로 협력하여 거친 파도를 헤쳐 나가도록 하는 것이 진실로 마땅한 일입니다. 돛대가 기울어지고 노가 꺾였는데도 태연하게 있으면서 상하가 대책을 강구하지 아니하고 앉아서 빠져 죽기만을 기다린다면 이게 무슨 경우의 일이겠습니까? (중략) 이것은 국가의 커다란 걱정인데도 조정에 가득한 모든 신하들은 정신없이 지내면서 걱정할 줄 모르고, 단지 인심을 잃고 있는 대동법을 오늘날의 제일가는 계책으로 삼고 있으니, 신은 몹시 통분하고 있습니다. (중략) 신이 지난해에 장령직에 제수되던 날 찾아온 사람은 오직 한가로운 얘기뿐이었는데, 지금은 모두가 탄식하고 한숨지으며 이르기를 '듣자니「서울에 실시하고 있는 대동법을 먼저 호서 지방에 시험하고, 다음으로 양남에 실시한다.」고 하니, 원컨대 속히 대궐에 나아가 상소하여 우리 백성들의 목숨을 살려 주오.' 합니다. 혹자는 눈물을 흘리며 울먹이는 자도 있으니, 인심이 원한과 배반심으로 가득 차 있다는 것을 여기에서도 알 수 있습니다."[34]라고 하였다. 대동법은 최고의 정책이 아니란 말이다.

안방준은 호남 사람으로 1592년 임진왜란이 일어나자 의병장 박광전 (1526~1597)과 함께 의병을 일으켰으며, 광해군을 옹립한 이이첨이 그의 명성을 듣고 기용하려 했으나 거절하였다. 그는 광해군 6년(1614년)에 고향인 보성 북쪽에 있는 우산(牛山)에 들어가 후진을 교육하며, 일찍이 성리학에 전념하여 호남 지방에서 명성을 떨친 인물이었다. 안방준은 인조반정이 일어난 후 교류가 깊었던 공신 김류(1571~1648)에게 글을 보내, 당쟁을 버리고 인재를 등용하여 공사의 구별을 분명히 할 것을 부탁하였다. 이처럼 안방준은 호강자도 아니고 방납인도 아니었다. 그런 그가 자세한 사항은 언급되지 않아 모르겠지만 1년 전 충청도에 실시된 대동법이 '제일 가는 계책'이 아니라고 강하게 비판하였다. 때문에 안방준의 이 상소는 좌의정 김육이 스스로 여러 차례 면직을 청할 정도로 영향을 주었다. 방납 폐단을 제거한다는 명분을 앞세워 지나치게 무거운 대동법을 시행했기 때문이다.

대동법 시행 150여년 후인 영조 26년(1750)에 지돈녕(정2품) 이종성은 다음과 같이 상소를 올려 1결에 내는 세금이 총 20말로 가난한 백성들은 세금을 낼 수 없는 형편이라고 하였다. 안방준의 주장이 사실임을 입증한 것이다.

「우리나라의 제도에 전분6등은 땅의 좋고 나쁨으로 나눈 것이고, 세액을

---

34) 《효종실록》 3년 5월 16일.

〈연분〉 9등으로 나눈 것은 절기까지 아울러 참작한 것이니 가히 지극히 세밀하다고 할 만하겠습니다. 그런데 한번 연분〈9등〉법이 폐지되자 전세가 가장 가볍다고는 하지만 그 지방에서 나는 공물도 모두 논밭에서 거두어야 하기 때문에, 대동법을 실시하기 전에도 전결의 역이 이미 가볍지는 않았습니다. 토공이 대동으로 바뀌게 된 뒤에는 1결에서 정상적으로 내는 쌀에 가승미까지 거두어 총 18말(전세 4말, 삼수미 1.2말, 결작미 2말, 대동세 12말 등)이 되니, 소민(小民)이 내는 세는 20말이 아니면 관아에 납부할 수 없습니다.」[35]

대동법의 시행으로 백성의 세금부담이 줄어들고 편의성은 높아졌다고는 했지만, 세종 때보다 조세제도와 조세정책이 원칙 없이 후퇴한 것이다. 따라서 '성호학파'를 형성하면서 토지를 바탕으로 한 정치·경제·사회적 개혁을 꿈 꾼 이익(1681~1763)은 《성호사설》에서 "우리나라 초기에 만든 《경국대전》에는 다만 〈전세〉 경비만이 들어 있고, 제향이나 진상 및 각 고을의 비용은 규정하지 못하였다. 그러므로 모든 공물의 납품이 계속적으로 증가되어 그 폐단은 이루 다 말 못할 지경이 되었다. 뒤에 와서 1결에 12말씩으로 대동법을 만들어 정하니, 〈전세〉 경비의 숫자에 비하면 3배나 되어 지나치게 정당성을 벗어났는데, 각 열읍의 비용이란 명목이 헤일 수 없이 많아서 백성들의 살림이 이

───────────────

35) 《영조실록》 26년 6월 22일.

때문에 시들어 갈 수밖에 없었다."[36]라고, 무거운 대동법의 세율을 비판하였다.

또한 이익은 "지금 선혜청에서 1결에 4말을 받아들이는 세금은 바로 국가의 경비로 쓰이는 것이고, 대동미 12말은 모두 공물에 해당하는 것인데, 이 공물이란 내공(內貢, 궁내로 바치던 각종의 물품)에 대한 명목이다. 내공은 〈전세〉 경비에 비하여 3배가 넘고, 각사의 내공도 자잘한 물품까지 없는 것이 없는데, 또 별도로 기인포란 명목도 있다."[37]라고 하며, 대동세가 전세보다 3배나 무거운 현실을 비판하였다.

4. 대동법 시행을 위해 제정한 불공평한 영정법

인조는 대동법의 시행을 위해 재위 13년에 영정법을 실시하였다. 이 영정법은 부자 양반들을 위한 나쁜 세법이었다. 그런데 일부 학자들은 영정법을 "전세 징수를 공정하게 하는 한편 국가의 수입을 늘리기 위해 제정한 세법으로, 풍흉에 관계없이 토지의 등급에 따라 고정적으로 1결에 4말을 징수하게 했다."고 설명하고 있다. 정말 어처구니 없는 말이다. 매년 풍흉에 따른 수확량에 관계없이 세금을 과세하는 것은 불공평한 법이다. 영정법에 공정이란 말을 써서는 안 된다. 조선시대의

---

36) 《성호사설》 제9권 인사문 잡역미(雜役米).
37) 《성호사설》 제10권 인사문 기인열거(其人列炬).

대부분 부자는 좋은 논밭을 가지고 있고 가난한 백성은 나쁜 논밭을 가지고 있었다. 비옥한 논밭은 거의 매년 재해를 입지 않아 수확량이 풍부하고 일정하였다. 그러나 척박한 논밭은 가뭄 등으로 재해를 입기 쉬워 매년 수확량이 일정하지 않았다. 그런데 전국 8도의 모든 논밭에 매년 똑같이 1결당 4말의 세금을 부과한 영정법이 과연 공정하고 공평한 조세제도라 할 수 있을까?

아니다!

이는 공평과세를 포기한 부자에게 유리하고 가난한 서민에게는 불리한 악법 중 악법이다. 그렇다고 재정을 풍족하게 한 것도 절대 아니었다. 토지가 비옥한 하삼도에서 풍년에는 적어도 1결에 20말까지 징수할 수 있었는데 이를 포기하고 4말만 징수함으로써 세수는 줄어들었다. 세종이 만든 연분9등법은 16세기 이후 연분이 점차 강등되기 시작하여 선조 때부터는 하하년(4말)으로 고정되어 갔다. 특히 임진왜란 이후 연분은 으레 하하년, 하중년으로 결정되었다. 선조 34년 8월 영의정 이항복은 "근세 이래로 연이어 하하년으로 수세하고 있다"고 하였으며[38], 선조 35년에는 충청도의 전세가 하지중으로 정해졌다. 선조 39년 6월 호조에서는 국가 경비에 대해 언급하면서, "수세는 연분9등제에 의해 하는 것이 국법임에도 불구하고 그것이 형해화 되어, 지방관들이 모두 하지하로 과세하는 것이 답습되어 드디어 상례로 되었습

---

38) 《선조실록》 34년 8월 14일.

니다."[39]라고 하였다. 공법의 연분9등제는 면단위로 농사의 풍흉에 따라 상상년의 20말에서부터 하하년의 4말에 이르는 세율로 과세하는 세법이었는데, 이 연분9등제가 사실상 형해화되어 연분이 으레 하하년·하중년으로 책정되었던 것이다. 그리하여 풍년이든 해에도 연분의 등급을 올리는 것(가등, 加等)이 법을 어기는 것으로 인식될 정도였다. 인조 3년 호조판서 심열은 그 해가 풍년임을 들어 연분의 등급을 올릴 것을 요청하였다. 그는 "풍년에 전세를 올리는 일은 새로 창안한 것이 아니고 또한 불법으로 거두어들이는 것도 아니며, 법령에 응당 행해야 할 일이라는 것"을 환기시켰다. 그리고 재정이 어려우니 올 해에 한해서만 등급을 올릴 것을 청하면서 이것으로 규례를 삼고자 한 것이 아님을 강조했다. 그러나 이러한 일시적 가등의 요청도 받아들여지지 않았다. 이로 인해 이익을 볼 사람들은 당연히 비옥한 땅을 많이 가진 부자 양반들이었다. 그들의 반발 때문에 연분9등법이 시행되지 못한 것이다.

이러한 상황에서 대동법이 1608년(광해군 즉위년)에 시행되었고, 인조가 즉위하자 민심을 수습하는 차원에서 대동법의 확대가 강하게 요구되었다. 그 결과 인조 2년에 강원도를 포함한 충청도와 전라도에 '삼도대동청'이 설치되고 대동법이 시행되었다. 하지만 2년도 안되어 강원도를 제외하고 충청도와 전라도의 대동법은 폐지 되었다. 대동법에 대한 거센 반발 때문이다. 학계에서는 이러한 반발이 공납인과 그들

---

39) 《선조실록》 39년 6월 25일.

을 비호한 권문세가, 그리고 양반 지주들이 자신들의 이익을 위해서 일어났다고 한다. 물론 그러한 이유도 있었을 것이다. 하지만 여기에는 일반 백성들의 저항도 컸다고 본다. 그 주된 이유는 영정법 시행 이전이라 전라도와 충청도에는 연분9등법에 따라 하하년 이상으로 전세가 징수되는 경우도 있었는데, 대동법으로 1결당 10말의 세금을 추가로 징수한다면 납부하는 세액은 거의 20말 이상이 되니 저항이 일어난 것이다.

인조 원년에 조익은 "지금 대동법에 따르면 1결에 부과하는 것이 16말인데 그 속에는 운송하는 비용까지 포함되어 있고, 또 전세와 삼수미 등을 합친다 해도 20여 말에 지나지 않습니다. 그런데 1결당 1년의 소득을 보면 토질이 보통이고 평년작일 경우 쌀을 20석(300말)에서 30석(450말)은 거둘 수가 있습니다. 그리고 보면 20여 말의 쌀을 부과한다 해도 실제로는 10분의 1이 못 된다고 할 것입니다."[40]라고 하여, 대동법을 실시해도 조세부담이 크지 않다고 하였다. 전결에 부과되는 전세와 대동세 및 삼수미의 총액이 소출의 1/10에 미치지 못하여, 농민의 담세능력 안에서 과세될 수 있음을 주장한 것이다. 하지만 이는 경기도나 강원도처럼 척박한 논밭이 많아 거의 1결당 하하년(4말)을 내는 경우에는 용인될 수 있지만, 충청도나 전라도의 경우처럼 하중년(6말) 이상의 전세를 낼 때에는 조익의 주장과 다를 수 있었다.

그래서 좌의정 윤방(1563~1640)은 "지방에서 모두 대동법을 시행

---

40) 《포저집》 제2권 소 선혜청의 일을 논한 소(1623, 인조 원년).

해서는 안 된다고들 합니다. 처음에는 호민(豪民, 세력이 있고 재물이 넉넉한 백성)들이 싫어했는데 지금은 잔민(屚民, 가난한 백성)들도 모두 싫어하고, 처음에는 큰 고을이 괴롭게 여겼는데 지금은 작은 고을도 모두 불편하게 여긴다 합니다."[41]고 하면서 대동법의 혁파를 주청하였다. 이때 인조가 "대동법이 매우 좋아 시행해야 할 듯한데, 어찌하여 그처럼 불편하게 여기는 것인가?"라고 물으니, 윤방은 "대동법이 좋긴 하지만 처음부터 모두들 불편하게 여겼는데, 강원도만은 편리하게 여기고 있으니 강원도는 그대로 시행해도 무방합니다."라고 대답하였다. 강원도 이외의 지역에서 백성들이 대동법을 불편하게 여긴 구체적이이유는 알 수 없지만, 충청도나 전라도의 경우 조세부담이 무겁기 때문에 반대했다고 본다.

얼마 후 우의정 신흠은 "지금 듣건대 호남은 대동법을 불편하게 여기고 호서에서는 14말로 마련하려 한다고 하는데 알 수 없습니다. 이러한 말이 민심에서 나온 것입니까, 아니면 관찰사가 일시적으로 계획해서 나온 것입니까? 실로 그것이 편리한지의 여부를 모르겠는데, 그 편리 여부를 안 다음에야 〈대책을〉 마련할 수 있을 것입니다. 신은 실로 14말이 편리한지의 여부를 알지 못하므로 감히 의논을 드리지는 못하고, 우선 평소 마음에 간직하고 있던 생각을 진달드리는 바입니다." 하며 대동법을 반대했다. 영의정 이원익은 "대동법은 실로 신이 품하여 시행하게 되었습니다. 당초의 생각은 방납을 방지하고 부역을

---

41) 《인조실록》 2년 12월 6일.

균등하게 하여 지방의 폐해를 구제하려고 한 것입니다. 〈대동법의〉
절목이 반포된 다음에는 불편하다는 설이 이루 헤아릴 수 없이 분분
하게 나왔고, 게다가 지난해에는 수재와 한해까지 당하게 되었습니
다. 그래서 신이 비록 정고(星告, 휴가) 중이긴 하지만 깊이 염려가 되어
동료들에게 통지하는 한편 상소를 올려 다시 의논하기를 청했던 것입
니다. 그런데 상께서 다시 의논하는 것을 윤허하지 않으시어 그대로
시행하게 되었던 것입니다. 지금에 와서는 지방에서 상소를 계속 올
리면서 불편한 점을 많이 말하고 있습니다. 법을 만드는 목적은 백성
을 편안케 하기 위해서인데, 민심이 이러합니다."[42]고 하였다. 대동법
의 선구자 이원익은 인조 즉위 때부터 대동법의 확대 시행을 강하게
밀어붙였지만 양호의 거센 반발로 한발 물러선 것이다.

　다음해(인조 3) 2월 이원익은 "지난 날 호남에서 잇따라 상소가 올
라오고 지방의 민심이 대단히 불편하게 여기니 신이 동료에게 통지하
는 한편 명을 받들어 진달했습니다. 그러나 오늘에 이르도록 시행하
느냐 혁파하느냐의 여부가 불확실한 채 결말을 볼 기약이 없게 되었
습니다. 하지만 고쳐진 규례가 많고 명령도 많이 제약을 받으므로 먼
지방의 민심이 날이 갈수록 더욱 늘어 좋지 않는 형편입니다. 이런 사
정은 양호가 거의 비슷하나 호남이 더욱 심한데, 근심하고 한탄하며
시끄럽게 떠드는 소리가 어느 고을 할 것이 없이 모두 그러합니다. 국
가에서 어떤 일을 실행하려면 먼저 민심을 잘 살펴야 하는데, 민심이

---

42) 《인조실록》 2년 12월 17일.

이러하니 어찌 억지로 시행할 수 있겠습니까? 바라건대 '삼도대동청'에 명하여 즉시 혁파하도록 하시옵소서."[43]라고 하였다. 결국 광해군 때 경기도에 대동법을 시행한 이원익도 충청도와 전라도에 시행되고 있는 대동법의 폐지를 요청한 것이다.

여기서 아쉬운 것은 호남에서 올라온 '대동법이 불편하다'는 상소의 내용을 자세히 알 수 없다는 것이다. 대동법을 폐지하게 한 이유가 영정법을 시행하게 한 중요한 단서가 되었다고 보기 때문이다. 법적으로 연분9등법에 따른 전세의 조세부담이 무거웠던 것이다. 물론 조익은 "강원도의 경우 대동법을 기뻐하지 않는 자가 없습니다. 양호의 경우에는 기뻐하는 자도 있고 기뻐하지 않는 자도 있습니다. 이것은 강원도에 호강이 없기 때문이고 양호에 호강이 있기 때문입니다. 양호 중에서 호남에 기뻐하지 않는 자가 더욱 많은 것은 호남에 호강이 더욱 많기 때문입니다. 이것으로 보면 오직 호강만이 기뻐하지 않고 소민은 모두 기뻐하는 것을 알 수 있습니다. 호남의 경우는 상세히 알 수 없지만, 호서는 신이 오랫동안 있던 곳이어서 실로 익히 알고 있습니다. 소민은 다 좋아하고 비록 양반도 기뻐하지 않는 자는 적고 기뻐하는 자는 많습니다."[44]고 하였다. 호남의 대동법 반대를 호강자들의 조세 저항으로 치부하고 있다. 하지만 그 당시에는 영정법이 법제화 되지 않은 상태였기 때문에 비록 1결에 4말로 징수하는 것이 고착화 되

---

43) 《인조실록》 3년 2월 7일.
44) 《포저집》권2 논대동불의혁파소(인조 3년 1월 12일)

어 있어도, 연분9등법에 따라 전세를 하하년 이상 징수하는 경우도 있었다. 소농민들의 반발도 당연히 있었을 것이다.

영정법이 시행된 뒤《속대전》에 '1결에 4말'이라고 법제화 된 뒤에도, 숙종 때에 경상도의 경우 전세를 상지하인 16말까지 징수되는 사례가 있었기 때문이다.[45] 영정법이 시행되면서도 경기, 강원, 황해, 평안, 함경의 5도는 하하년의 한 등급으로 과세되었지만, 삼남 지역의 경우는 이전에 과세하던 등급을 고정적으로 납부하게 하여 하지중 이상의 높은 연분(하중년~상하년)의 논밭도 있었다. 영남에는 상하년(1결 16말)까지 과세하는 논밭이 있었으며, 호서와 호남에도 중중년(1결 12말)까지 과세하는 논밭이 있었다. 영정법이 시행되기 전에 1결당 4말 이상의 전세가 과세되고 있는 상황에서 대동세가 추가된다면, 호강자들 뿐만 아니라 논밭을 소유한 가난한 농민들까지 저항했을 것이다. 하지만 무지하고 가난한 인민들이 상소를 올릴 수는 없었을 것이며, 대부분의 상소는 유식한 양반의 호강자들이 올렸다고 본다. 토호들은 자신들의 조세부담이 급증한다고 대동법을 반대하거나 방해하고 나섰을 것이다. 이때 지주로 군림하던 사림출신인 서인 신료들도 여기에 동조하였다. 결국 인조 2년에 시행된 대동법은 강원도를 제외하고 충청도와 전라도는 폐지되었다.

그동안 학자들은 충청도와 전라도에서 대동법의 시행이 폐지된 절대적인 이유로 토호 등과 기존 공납 세력들이 자신들의 이익을 위해

---

45)《병와집》제18권 첩 성주전정변통첩.

반대한 것을 강조하였지만, 그 주된 원인은 전세와의 충돌 때문이라고 본다. 아무리 형해화 되어 있어서도《경국대전》에 규정된 연분9등법에 따라 1결당 4~20말의 전세가 징수되고 있는 상황에서, 대동법으로 1결당 10~16말의 무거운 세액이 추가된다면 기존 세력들의 반발과 저항은 당연히 발생할 수밖에 없었다. 그래서 이원익과 조익 등도 1결에 4말을 징수하기 때문에 대동법으로 16말을 부과해도 조세부담이 무겁지 않다고 강조한 것이다.

인조는 재위 12년(1634)에 갑술양전을 실시한 후 오랫동안 관행적으로 징수되고 있는 연분9등법을 폐지하고, 하하년 세율인 1결당 4말(논-쌀, 밭-콩)로 징수하는 영정법을 제정했다. 공법의 연분9등제가 법적으로 존재하고 있는 한 대동세와 충돌할 수밖에 없었기 때문이다. 이미 대동법이 시행되고 있는 경기도와 강원도에는 1결당 전세 4말과 대동세 16말의 관계를 확실히 한 것이고, 하삼도를 비롯한 나머지 도에는 대동법을 확대할 수 있는 기반을 만든 것이다. 그래서 영정법시행된 후 14년이 지난 효종 2년(1651)에 충청도의 대동법이 다시 시행되었으며, 효종 9년(1658)에는 전라도 해읍에 그리고 현종 3년(1662)에는 거세게 반발한 전라도 산군에 대동법이 실시되었다. 이 영정법은 영조가 재위 22년(1746)에 편찬한《속대전》에 "모든 1결에 전세는 4말을 수세한다."라고 수록되어 조선말까지 시행되었다. 〈그림1-1〉은 이러한 공법(연분9등법) 및 영정법과 대동법의 관계를 나타낸것이다.

그림 1-1   공법 및 영정법과 대동법의 관계

공법(연분9등법) 세종 26년(1444)		
상상년	20말	➡ 영정법(4말) + 대동법(16말) = 20말
상중년	18말	
상하년	16말	➡ 대동법 – 광해군 즉위년(1608) 16말 정액(후 12말)
중상년	14말	
중중년	12말	
중하년	10말	
하상년	8말	
하중년	6말	
하하년	4말	➡ 영정법 – 인조 13(1635) 4말 정액

대동법을 시행하면서 1결당 전세 4말과 대동세 16말을 합하여 총 20말을 징수한 것은, 세종이 입법하여 《경국대전》에 수록된 기존의 조세 부담을 벗어나지 않으려는 측면도 있었다고 본다. 다시 말해 전세와 함께 1결당 16말의 대동세는 논밭에 과세할 수 있는 마지노선이었다. 그래서 1결에 16말을 징수하는 대동법이 나온 것이다. 결국 단일세율의 1결당 20말이 풍흉과 관계없이 전세로 부과된 것과 같다.

그런데 1결당 20말의 고정세율은 누구에게 더 유리한 과세일까? 분명 재해를 잘 당하지 않는 비옥한 논밭을 많이 가진 양반 관리들에게 한없이 유리한 법이었다. 세종이 만든 공법의 연분9등제는 풍년인 상상년의 경우 1결에 최고 20말까지 전세를 징수할 수 있었다. 그런데도 1결에 4말씩 징수하는 것이 관례가 되어 농사의 풍흉에 따라 연사의 등급을 올리지 못했다. 이 또한 양반 관리들의 저항으로 시행할 수 없게 된 것이다. 연산 이후 잦은 반정(反正)과 전란으로 나라의 기강이 서지 못하는 틈을 타 양반 관리들이 자신들의 이속을 채우기에만 급급한 것이다. 이러한 상황에서 조선 정부는 그 줄어든 세수를 어떤 방법으로든 채워야만 했다. 그것이 바로 대동법이란 허울 속에 감추어진 것이다. 공물만을 충당하기 위해서는 1결에 2말씩만 징수하면 되었는데 8배나 더 징수한 것이다. 그러면서 전세를 줄여주었다는 명목으로 영정법을 시행한 것이다. 충청도와 전라도에서 저항하는 대동법을 확대 하기 위해서는 면목상의 전세를 인하할 수밖에 없었던 것이다.

조선후기 지방관을 위하여 저술된 목민서인《거관대요(居官大要)》에 따르면 "대동법 시행 후에 전세를 감하여 하하년 · 하중년으로 하고 연분9등제를 폐지했다."[46]고 하여, 영정법의 성립 배경으로 대동법의 시행을 지적하였다. 이것은 영정법의 제정이 대동법과 밀접한 관련이 있었음을 말해주는 것이다.

대동법을 시행하면서 영정법을 법제화 한 것은 필연이었으며, 백성을 위한다는 허울 속에서 양반 중심의 대지주를 위한 감세정책에 불과한 것이다. 그런데도 고등학생이 배우는 일부《한국사》에서는 "조선정부는 1635년부터 풍흉에 관계없이 토지 1결당 쌀 4말씩 전세를 납부하게 하는 영정법을 실시하여 전세를 낮추었다."[47]라고 하거나,

---

46)《조선민정자료》목민편, 내등길지조(內藤吉之助)編, 1942.(《거관대요》8 전정 274쪽).
47) 주진오 등,《한국사》, 천재교육, 2014, 63쪽.

국사편찬위원회에서 편찬한 국정교과서인 《국사》에서는 "농민은 자신들의 고통을 줄여주는 정책을 기대하였다. 이에 정부는 연분9등법을 따르지 않고 풍년이건 흉년이건 관계없이 전세를 토지 1결당 쌀 4말로 고정시켰다. 이를 영정법이라 한다."[48]라고 기술하고 있다. 마치 영정법을 백성을 위한 위대한 조세 개혁처럼 묘사하고, 반대로 풍흉을 고려한 연분9등법을 나쁜 법으로 기술하고 있다. 영정법과 대동법이 공평의 조세원칙을 무너뜨린 악법으로 조선후기 삼정문란의 단초가 되었다는 사실을 알지 못한 것이다.

이익은 《성호사설》에서 "국가의 경비는 다섯 가지가 있으니, 즉 납공(納貢, 공물을 받침)·반록(班祿, 녹봉)·제향(祭享, 나라에서 지내는 제사)·양병(養兵, 군사의 양성)·조빙(朝聘, 중국과의 외교)이다. 이 중 어느 것인들 경비가 아니랴만, 정세 이외에 별도로 공(貢, 대동법)의 명목을 세워서 탕장(帑藏, 내탕고)과 같이 하는 것은 무엇인가? 이것은 도리어 풍흉을 막론하고 상상년에 한결같이 20말씩 매기는 제도에 준하여 내외의 크고 작은 수요에 응하기로 하고, 백성은 다시 참여하지 않게 하는 것만 같지 못하다."[49]라고 하였는데, 이는 대동법을 제정하여 왕실의 내탕고를 채우는 것을 비난한 것이다.

---

48) 국사편찬위원회, 〈국사〉, 교육과학기술부, 2010, 164쪽.
49) 《성호사설》 제9권 인사문 대동(大同).

제2장

서민에게 세금폭탄을 안긴 대동법

조선을 망친 대동법

「대저 비옥한 전토를 점유하고 있는 자는 거의가 부강한 사람들이며, 척박한 전토를 점거하고 있는 자는 거의 모두가 가난한 사람들이온데, 만약 호조에서 요청한 〈1결 12말의〉 공법을 시행한다면, 이는 부자에게 행(幸)일 뿐, 가난한 자에게는 불행한 일이 되고 말 것입니다.」

《세종실록》 12년 8월 10일.

「평상시 급재의 규정이 밭에 미치지 아니한 것은 보리와 콩을 한 해에 2번 심기 때문입니다. 그러나 보리의 종자는 반드시 좋은 밭을 가려야 하는데 민간에는 좋은 밭은 적고 척박한 밭만 많으므로 재차 심는 밭이 3, 4분의 1도 못 됩니다.」

《현종개수실록》 6년 10월 10일.

1. 서민에게 덤터기 씌운 논밭의 동일한 세금

　대동세의 폐단을 이해하기 위해서는 먼저 전세 시스템을 알아야 한다. 조선의 조세체계는 근본적으로 조용조(租庸調) 체계였다. 즉, 토지가 있으면 조(租)가 있고, 몸이 있으면 용(庸)이 있으며, 호가 있으면 조(調)가 부과되었다. 다시 말해 조(租)는 전답에 부과하여 곡물을 징수하고, 용은 사람에게 부과하여 요역을 징발하고, 조(調)는 호에 부과하여 공물을 징수하였다. 이 중 논밭에서 거두는 조(租)가 전세이다. 전세는 국가를 경영하는데 필요한 경비를 충당하기 위한 근본이 되는 세금이기 때문에 상세(常稅)라고 했다. 전세는 나라의 경상비인 녹봉과 군사비 등의 지출을 위한 세금이었기 때문에 국초부터 그 과세체계를 법으로 제정하여 철저히 관리하였다.

　조선시대 전세 시스템의 변화는 크게 세 단계로 나누어 살펴볼 수 있다. 첫 단계는 개국 이후부터 공법이 실시되기 전까지 '답험손실법'이 실시된 시기로 전답 1결당 곡물 30말(논은 쌀, 밭은 콩)을 징수하되, 재해를 입은 경우 10%의 손실마다 3말씩을 감면해 주었다. 두 번째 단계는 세종이 제정한 '공법'이 시행된 시기로 연분9등법에 따라 전답 1결당 곡물 20말(논은 쌀, 밭은 콩)에서 4말까지 징수하였다. 연분9등법은 매년 면단위로 수확량을 조사하여 상상년(100% 수확)부터 하하년(10% 수확)까지 9등급으로 나누어 조세를 징수한 것이다. 마지막 단계는 인조 13년(1635)에 '영정법'이 시행된 이후로 1결당 무조건 고정된 곡물 4말(논-쌀, 밭-콩)씩 징수하였다. 영정법은 매년 풍흉을 고려하지 않고 연분9등법의 가장 낮은 세율인 하하년으로 전세를 징수한 제도이다.

태조 이성계는 고려말 문란하고 붕괴된 토지제도를 바로잡기 위하여 공양왕 3년(1391) 5월에 "모든 공전과 사전[50]의 조(租)는 매 논 1결[51]에 쌀 30말, 밭 1결에 잡곡 30말로 한다. 능침전, 창고전, 궁사전, 공해전, 공신전을 제외하고 무릇 논밭을 가진 자는 모두 세(稅)를 바친다. 세는 논 1결에 쌀 2말, 밭 1결에 콩 2말로 한다."[52]라고 정하였다. 기본적으로 십일조인 수확량의 10분의 1을 세금으로 징수한 것이다. 그러면서 백성들의 조세부담을 덜어주기 위해 답험손실법을 시행하였다. 답험손실법은 한 해의 농사 작황을 관리들이 직접 현지에 나아가 조사해 등급을 정하는 '답험법'과, 조사한 작황의 등급에 따라 조세를 손실만큼 감면해주는 '손실법'을 합한 것으로, '수손급손법' 또는 '손실답험법'이라고도 하였다. 이 답험손실법의 규정은 다음과 같이 《고려사》에 수록되어 있다.

---

50) 공전(公田)은 나라에 직접 세금[조(租)]을 내는 토지이며, 사전(私田)은 과전 등을 받은 개인(수조권을 소유한 관리)에게 소작료[조(租)]를 내는 토지이다. 사전의 경우 공신전 등을 제외하고 받은 소작료에서 무조건 나라에 세(稅)를 1결당 2말씩 납부해야 했다. 따라서 조선초에는 조(租)와 세(稅)의 구분이 명확하였지만, 성종 때 관수관급제가 실시되면서 조세의 구분이 없어졌다.
51) 1결의 면적은 공법(貢法) 시행 전과 후가 다르다. 공법 시행이전 1결의 면적을 다음과 같다.
〈공법 시행전 3등전법의 면적과 수확량〉

구분	무(畝)	㎡(정방형 한변 길이)	수확량(쌀, 말)
상전	25,428	6,608.2(81.29)	300
중전	39,902	10,369.1(101.83)	300
하전	57,624	14,973.7(122.37)	300

자료 : 박흥수, "이조척도에 관한 연구", 〈대동문화연구〉 4권, 1967. 참조
52) 《고려사》 제78권 지제32 식화1 전제 녹과전.

「손실(損實)에 대한 처리 규정을 제정하였는바 10분의 비율로 계산하여 수확량의 감소가 만일 1할이면 조세 1할을 감해 주고, 감소가 2할이면 조세 2할을 감해 준다. 이러한 기준에 따라서 감해 주되 수확량 감소가 8할에 이르면 그 조(租, 세금)를 전부 감해 주기로 한다. 답험은 각 고을의 수령이 자세히 살펴 심검하여 관찰사에게 보고하고, 관찰사는 위관(어떤 임무를 위임 맡은 관원)을 파견하여 다시 심사하며, 관찰사의 수령관(각 도의 경력·도사를 지칭함)이 또 한 번 심사한다. 만일 답험이 사실과 같지 않으면 그렇게 한 관원에게 죄를 주게 한다. 각 품관이 받은 과전의 손실은 그 밭주인으로 하여금 자신이 심사하여 조(租, 소작료)를 받도록 한다.」[53]

이러한 답험손실법의 세율을 요약하면 다음 〈표 1-1〉과 같으며, 수확량에 따라 세율이 차등적으로 증감되는 과세방법이다.

표 1-1 답험손실법의 논밭 1결당 세율

구분	수확량(말)	수확률(%)	손실률(%)	세율	
				논(쌀)	밭(콩)
10분실	300	100	–	30	30
9분실	270	90	10	27	27
8분실	240	80	20	24	24
7분실	210	70	30	21	21
6분실	180	60	40	18	18
5분실	150	50	50	15	15
4분실	120	40	60	12	12
3분실	90	30	70	9	9

---

53) 《고려사》 제78권 지제32 식화1 전제 답험손실.

구분	수확량(말)	수확률(%)	손실률(%)	세율	
				논(쌀)	밭(콩)
2분실	60	20	80	면제	면제
1분실	40	10	90	면제	면제

　조선초에는 1결당 논은 쌀 300말을, 밭은 콩 또는 보리 300말을 기본 수확량으로 산정하여, 그 수확량의 10%를 논은 쌀로, 밭은 콩으로 세금을 납부하게 했다. 조선시대에 물가는 콩은 쌀값의 절반밖에 안 되었기 때문에,[54] 답험손실법에 따라 납부하는 전세의 경우 밭은 논의 2분의 1에 해당한다. 같은 면적의 경우 밭의 세금이 논의 50%인 것이다.

　그래서 세종은 공법을 결부하면서 논과 밭의 세금 비율을 그대로 유지하여, 역시 논은 쌀로 밭은 콩으로 징수하게 하였다. 다만 세종은 결(結)의 면적을 개정하여 곡물 400말을 수확하는 논밭을 1결로 계산하였으며, 세율은 20분의 1로 낮추었다. 그리고 각 고을의 읍과 면을 기준하여 연분9등법에 따라 상상년 세율을 20말로 정하고, 이를 기준하여 2말(10%)씩 차감하여 상중년은 18말, 상하년은 16말, 중상년은 14말, 중중년은 12말, 중하년은 10말, 하상년은 8말, 하중년은 6말, 하하년은 4말의 세율을 정하였다. 이를 요약하면 〈표 1-2〉와 같다.

---

54) 《세종실록》 26년 6월 6일.

표 1-2

구분	전답	수확량(말)	세율(말)
상상년	논(쌀)	400	20
	밭(콩)	400	20
상중년	논(쌀)	360	18
	밭(콩)	360	18
상하년	논(쌀)	320	16
	밭(콩)	320	16
중상년	논(쌀)	280	14
	밭(콩)	280	14
중중년	논(쌀)	240	12
	밭(콩)	240	12
중하년	논(쌀)	200	10
	밭(콩)	200	10
하상년	논(쌀)	160	8
	밭(콩)	160	8
하중년	논(쌀)	120	6
	밭(콩)	120	6
하하년	논(쌀)	80	4
	밭(콩)	80	4

표 1-2   1결당 연분9등법의 세율

세종은 재위 26년에 공법을 완성하면서 밭의 소출을 논의 수량에 준하여 전례에 따라 절반으로 산정하였으며, 상상년의 경우에 논의 세납이 쌀 20말이면 밭의 세납은 콩으로는 20말, 쌀로는 10말로 정했다.[55] 이에 세종 26년 최종 공법을 입법할 때 「전제상정소」에서는, "상상년의 1등 논의 소출을 80석으로 정하고, 6등 논의 소출을 20석으로 정하고, 그 사이의 4등급을 고르게 나누어 2등 논의 소출을 68석, 3등 논의 소출을 56석, 4등 논의 소출을 44석, 5등 논의 소출을 32석으로

---

55) 《세종실록》 26년 11월 13일.

정합니다. 밭의 소출은 논의 수량에 준하여 전례에 따라 절반(50%)으로 정할 것이니, 가령 상상년의 논의 세액이 쌀 20말이면, 밭의 세액은 콩으로는 20말, 쌀로는 10말로 정하는 방식입니다."[56]라고 하였다. 이에 따라 전세의 경우 논은 쌀로, 밭은 콩으로 세금을 내도록 하였으며 조선말까지 실시되었다.

인조는 재위 13년에 대동법의 확대를 위해 공법의 연분9등제를 폐지하고, 그 하하년 세율인 1결당 4말의 단일세율로 과세하는 영정법을 제정하였다. 그리고 이 법은 영조 22년(1746)에 편찬된 《속대전》〈호전〉의 수세조에 다음과 같이 수록되었다. 영정법이 실시된 후 100년이 지나 법전에 수록되었지만, 전세의 부과에 있어서 논은 쌀로 밭은 콩으로 납부하게 하여 논밭의 조세부담은 여전히 2대 1이었다.

「무릇 전지 1결에는 전세는 4말이다. 모든 논밭〈논은 속칭 답(畓)이라 한다.〉의 하지중 이상의 수세는 이 규정《경국대전》에 따르지 않는다. 삼수미는 2말 2되를 징수한다. 전세는 논에는 쌀로 징수하고 밭에서는 콩으로써 징수한다.」

더구나 《속대전》에서는 "전세는 논에서는 쌀로 징수하고 밭에서는 콩으로써 징수한다."는 규정을 수록하여, 논밭의 과세 곡물을 명확히 하였다.

---

56) 《세종실록》 26년 11월 13일.

그런데 백성의 공물 부담을 줄이기 위해 전세처럼 논밭을 과세대상으로 한 대동법을 맨 처음 경기도에 시행하면서, 영의정 이원익은 논과 밭의 세금을 모두 1결당 쌀로 16말씩 똑같이 징수하도록 하였다.

　이원익이 강조한 것처럼 대동법은 공물의 방납 폐단을 근절하기 위해 논밭을 기준하여 쌀로 세금을 내게 한 것이 최고의 입법 목적이었다. 진정 백성을 위한 혁신적인 결단이라 할 수 있다. 그러나 전세와는 달리 대동법이 논밭의 구분 없이 무조건 1결당 쌀 16말을 징수한 것은 매우 불공평한 입법이었다. 논과 밭을 구분하지 않고 논밭 1결당 무조건 쌀 16말을 징수하는 것은, 가난한 백성들을 생각하고 논밭의 수확량을 고려한 것이 전혀 아니었다. 앞에서 살펴본 것처럼 세종은 공법을 입법하면서 논은 1결에 쌀 400말을 수확하고, 밭은 콩 400말을 수확한 것으로 계산하여 세율을 정하였다. 그래서 논은 쌀로 밭은 콩으로 전세를 납부하게 하였다. 그런데 대동법은 전세보다 4배나 더 부과하면서 이러한 현실을 전혀 고려하지 않았다. 대동법이 〈표 1-3〉과 같이 논과 밭을 구분하지 않고 동일하게 쌀 16말을 징수한 것은 생산량과 물가를 전혀 고려하지 않은 조선 최고의 불공평한 세법을 입법한 것이다.[57]

---

57) 오기수, "조선시대 양대 조세개혁인 공법(貢法)과 대동법의 비교", 《세무학연구》 제31권 제2호, 한국세무학회, 2014, 166쪽.

표 1-3	전세와 대동세의 비교				
구분		부담율	논1결세율	밭1결세율	비고
전세	답험손실법	10% (정율세율)	쌀 9~30말	콩 9~30말	개별 논밭의 수확량을 고려한 공평과세
	공법(연분9등제)	5% (정율세율)	쌀 4~20말	콩 4~20말	면단위별 논밭의 수확량 을 고려한 공평과세
	영정법	1% (정액세율)	쌀 4말	콩 4말	수확량을 고려하지 않은 불공평 과세
대동세		4% (정액세율)	쌀 16말 (후 12말)	쌀 16말 (후 12말)	수확량을 고려하지 않은 불평공 과세

그런데도 대동법을 제정하는 과정에서 논과 밭의 세금을 똑같이 한 이유에 대해서 전혀 언급되지 않았으며, 이에 대한 논의나 반대 의견도 찾아볼 수 없었다. 조정에서 진정 백성의 편에 선 신하와 관리가 단 한 명이라도 있었다면 분명 집고 넘어가야할 심각한 문제였다. 심지여 죽음을 각오하고 호남의 대동법 시행을 주장한 김육뿐만 아니라, 대동법의 선구자인 이원익과 호서대동법의 설계자인 조익 등도 이러한 불공평성을 논한 경우는 없었다.

조익은 인조 3년에 "현재 백성에게 가해지는 폐단으로 말하면 무엇보다도 방납의 침해와 수령의 남징, 그리고 대읍·소읍 및 호민·소민에게 가해지는 부담의 차이를 들 수 있을 것인데, 오직 이 대동법만이 이러한 폐단을 제거할 수 있을 뿐이요, 이 법 말고는 달리 폐단을 제거할 방법이 없다고 할 것입니다."[58]라고 대동법의 시행을 주장하였다. 김

---

58) 《포저집》제2권 소(疏) 대동법을 혁파하면 안 된다고 논한 소(1625, 인조 3)

육은 효종 즉위년에 "대동법은 역을 고르게 하여 백성을 편안케 하기 위한 것이니 실로 시대를 구할 수 있는 좋은 계책입니다. 비록 여러 도에 두루 행하지는 못하더라도 경기도와 강원도에 이미 시행하여 힘을 얻었으니, 만약 또 양호 지방에서 시행하면 백성을 편안케 하고 나라에 도움이 되는 방도로 이것보다 더 큰 것이 없습니다."[59]라고 하며, 충청도와 전라도에 대동법의 시행을 강하게 주장한 인물이다. 그런 그들이 대동법의 시행을 주장하면서 그 어디에서도 논과 밭의 세금을 동일하게 해야 할 근거에 대해서 한번도 언급하지 않았다.

세종이 공법을 만들 때 무려 17년간이나 논쟁한 것과는 완전히 대조적이다. 공법을 논의하기 시작한 초창기인 세종 12년에 조정 신료들은 1결당 논은 쌀로 밭은 콩으로 12말씩 전세를 징수하자는 왕의 제안에 황희를 비롯한 조정 신료들은 결사적으로 반대하였다. 그 때 집현전 부제학 박서생 등은, "공법은 그 시행에 앞서 먼저 상·중·하 3등으로 전지의 등급을 나누지 않으면, 기름진 땅을 점유한 자는 쌀알이 지천하게 굴러도 적게 거두고, 척박한 땅을 가진 자는 거름을 제대로 주고도 세금마저 부족하건만 반드시 이를 채워 받을 것이니, 부자는 더욱 부유하게 되고 가난한 자는 더욱 가난하게 되어, 그 폐단이 다시 전과 같을 것이오니 먼저 〈논밭〉 3등의 등급부터 바로잡도록 하소서." 라고 반대했으며, 유계문(1383~1445)은 "토지의 등급은 아직도 옛날의 폐단을 그대로 따르면서 조세의 액수를 정하는 것만을 일괄적으로 공

59) 오기수, 앞의 논문, 166쪽.

법에 따른다면, 상등전을 점유하고 있는 자는 길이 그 혜택을 누릴 것이나, 척박한 하등전을 가지고 있는 자는 대대로 근심과 한탄을 안게되어, 한 나라의 백성으로 그 괴로움과 즐거움의 현격함을 차마 좌시할 수 없을 것입니다."[60]라고 반대했다. 때문에 세종이 공법을 입법하는데 무려 17년이 걸린 것이다. 그리고 공평한 과세를 위해 매년 수확량에 따라 세금을 징수하는 면단위의 연분9등제를 만들었다.

전국 8도 논밭의 수확량이 해마다 차이가 날 수밖에 없는데 단일세율로, 그것도 전세보다 3~4배나 무거운 고세율로 논밭을 동일하게 쌀로 징수하게 한 것은 서민을 위한 조세정책이 절대 아니다. 고세율로 세금을 징수하면서 척박한 밭에 논과 똑같은 세금을 부과한 것은 서민에게 대동세를 떠넘긴 것이다. 결국 논밭 1결당 모두 쌀 12~16말을 징수하는 대동법은 조선후기에 조세의 불공평을 심화시킨 주된 요인이 되었다. 조익은 대동법의 시행을 간청하면서 다음과 같이 1결에 16말의 대동세를 부과하여도 조세부담이 지나치지 않는다고 주장하였다.

「1결의 농지에는 볍씨를 30말에서 40말까지 파종할 수가 있는데, 토질이
비옥하고 풍년이 들었을 경우에는 쌀 40석(600말)에서 50석(750말)까지
수확할 수 있고, 토질이 보통이고 평년작일 경우에는 20석에서 30석까지
수확할 수 있으며, 토질이 척박하고 흉년이 들었을 경우에는 간혹 10석이

60) 《세종실록》 12년 8월 10일.

나 20석에 차지 않을 수도 있습니다. 토질이 보통인 농지에 평년작을 기준으로 해서 계산할 경우, 1결에 4말을 부과하는 것은 40, 50분의 1에 해당하니 너무 가볍다고 말할 수도 있을 것입니다.」[61]

하지만 이러한 조익의 주장은 논에 대한 것이지 밭에 대한 것은 아니었다. 전세와는 달리 논과 밭의 세금을 동일하게 부과한 것은 엄청난 잘못이다. 이에 대한 상세한 언급은 뒤편에서 이루어질 것이다. 고세율에 대한 불만 등으로 충청도에 확대 시행되면서 1결당 쌀 16말의 대동세는 쌀 12말로 줄어들었다.[62] 현종 4년(1663)에는 경기도의 전답을 양전한 후 봄가을에 거두는 쌀을 각각 6말(총 12말)로 감하였다.[63] 하지만 논밭을 구분하지 않고 여전히 동일하게 쌀로 징수하였다. 조선시대 가난한 서민은 논보다 밭을 훨씬 더 많이 가지고 있었다. 때문에 논과 밭을 구분하지 않고 동일하게 과세한 것은 가난한 서민에게 세금폭탄을 안겨 삶을 피폐시킬 수밖에 없었다.

그런데도 역사를 안다고 하는 사람들은 이러한 문제를 전혀 언급하지 않으면서 대동법이 '조선 최고의 개혁'이라고 치켜세우고 있다. 더구나 논밭에 동일한 세금을 부과하는 것이 잘못되었다고 말하면, 일부 학자들은 "공물의 방납 피해를 없애 공물의 부담을 10배나 줄여 주었으니 백성들에게 오히려 잘된 일이 아니냐?"라고 반문한다. 그런 사

---

61) 《포저집》 제2권 소(疏) 선혜청의 일을 논한 소(1623, 인조 원년).
62) 《증보문헌비고》 제155권 재용고2 국용1.
63) 《증보문헌비고》 제152권 전부고12 대동1.

람들에게 "백성들이 부당한 세금으로 40냥씩을 내고 있으니 이를 없애는 대신에 논을 가진 사람은 16냥의 세금을 내고, 밭을 가진 사람은 두 배인 32냥의 세금을 내라고 하면 과연 올바른 개선 방법일까요? 논을 가진 사람은 24냥의 세금이 줄어드니 당연히 좋아할 것이고, 밭을 가진 사람도 8냥이 줄어드니 좋아하겠지요?"라고 묻고 싶다. 어느 누구도 '부당하게 40냥을 내는 것보다는 밭을 가진 사람이 32냥을 내는 것이 옳다.'라고 말할 사람은 없을 것이다.

2. 밭이 65%인 전국 8도의 농지

대동세의 가장 큰 폐단은 전세보다 3~4배의 높은 세금을 부과하면서도 논과 밭의 세율을 똑같이 정한 것이다. 전통적으로 논은 쌀로 밭은 콩을 징수하는 전세와는 달리 대동세는 논과 밭을 구별하지 않고 무조건 쌀로 징수하였다. 콩이 쌀 가격의 2분의 1인 것을 감안 한다면 기본적으로 밭의 세금이 논보다 2배나 폭증한 것이다. 따라서 논과 밭의 세금을 동일하게 과세하는 대동법은 조선후기의 조세정책뿐만 아니라 국가경제에도 엄청난 악영향을 주었다.

농업을 기반으로 하는 조선사회에서 국가재정의 절대적인 비중을 차지하는 수입은 토지와 관련된 결세(結稅, 토지세)이다. 때문에 대동법이 시행되기 전까지 조선 정부의 재정수입은 거의 논밭에서 징수한 전세에 의존하였다. 세종은 백성들의 생활을 풍요롭게 하고 국가재정을 튼튼히 하기 위해 논밭을 늘리고, 그 결수를 정확하게 파악하기 위해 부단히 애를 썼다. 양전으로 토지의 비옥하고 척박한 것을 정확히 조사하여 토지 대장인 양안(量案)을 만들고, 그에 따라 공평한 세금을 부과하도록 했다. 그 결과 《세종실록》 지리지에는 다음 〈표 2-1〉과 같이 고을별 논밭 결수와 그 구성비 등이 상세히 기록되어 있다. 세종 때 전국 8도의 논밭 총 결수는 170만결이었다.[64] 표의 결수는 《세종실록》 지리지[65]의 군현별로 기록된 수치를 합한 것이다.

표 2-1 《세종실록》 지리지의 논밭 구성비(군현별 합계)

도별	총 결수(원전)	논		밭	
		결수	비율	결수	비율
한성	1,415	–	–	–	–
개성	5,357	1,607	30%	3,750	70%
경기도	194,260	74,007	38%	120,253	62%
충청도	236,096	97,397	41%	138,699	59%
전라도	257,764	123,591	48%	134,173	52%
경상도	258,966	101,825	39%	157,141	61%
황해도	223,880	35,694	16%	188,186	84%
강원도	65,908	8,434	13%	57,474	87%
평안도	311,170	32,408	10%	278,762	90%

64) 《세종실록》 지리지에 수록된 논밭 결수는 3등전법에 따른 것으로 공법으로 실시된 전분6등법의 1결의 면적과 큰 차이가있다. 〈표 1-1〉 참조

3등전법의 면적과 세액	구분	㎡(정방형 한변 길이)
	상등전	6,608.2(81.29m)
	중등전	10,369.1(101.83m)
	하등전	14,973.7(122.37m)

65) 세종이 윤회·신장 등에게 명하여 주군의 연혁을 상고하여 이 글을 짓게 해서 임자년(1432)에 이루어졌다.(《세종실록》 지리지, 서).

도별	총 결수(원전)	논		밭	
		결수	비율	결수	비율
함경도	151,488	7,032	5%	144,456	95%
계	1,704,889	480,388	28%	1,222,894	72%

　표를 보면 전국 농지 중 밭의 비중이 무려 72%로 논의 28%보다 2.5배 이상이다. 전국 농지의 3분에 2 이상이 밭인 것이다. 밭은 논처럼 물을 채우지 않고 콩과 보리 등의 곡물을 재배하는 농지로 대부분 물 가까이 있는 들판이 아닌 산 아래 있는 토지이다. 따라서 밭이 많다는 것은 척박한 땅이 많다는 의미이기도 하다. 도별로 보면 곡창지대라 할 수 있는 전라도의 경우에도 농지 중 밭이 52%로 약간 많고, 충청도는 59%, 경상도는 61%, 경기도는 62%로 밭이 더 많다. 산악지역인 함경도의 경우 밭이 95%로 논은 거의 없다고 볼 수 있으며, 평안도는 90%, 강원도는 87%로 밭이 훨씬 더 많았다.

　때문에 문종은 "농사는 논을 주로 삼는다. 우리나라의 하삼도에서는 논이 많고 밭이 적지만, 양계(兩界, 동계는 함경도와 강원도 등, 서계는 평안도 등)에는 밭이 많고 논이 적은 까닭에 수재와 한재를 만날 때마다 하삼도는 피해를 심하게 받지 아니하지만, 양계는 매번 기근으로 걱정한다."[66]고 하였다. 밭은 재해를 당하기 쉽고 수확이 좋지 못하기 때문에 조선초부터 전세를 징수할 때 논은 쌀로 밭은 콩으로 징수한 것이다.

　《세종실록》 지리지를 편찬한 이후에는 전국 8도의 논밭 결수와 비

---

66) 〈문종실록〉 1년 11월 11일.

중을 고을별로 자세하게 기록한 자료는 남아 있지 않다. 300년 이후 《증보문헌비고》에 겨우 도별 논밭의 결수만 기록되어 있다. 다음 〈표 2-2〉는 대동법 시행이 전국적으로 마무되는 시점인 숙종 45년(1719)에 8도 논밭의 원전(元田) 결수와 각각의 구성비를 살펴본 것이다. 여기서 원전이란 양안(量案)의 원장에 기록된 논밭을 말한다.

표 2-2 **숙종 45년(1719) 전국의 논밭 구성비**

도별	총 결수(원전)	논		밭	
		결수	비율	결수	비율
경기도	101,256	39,394	39%	61,862	61%
충청도	255,208	94,680	37%	160,528	63%
전라도	377,159	182,992	49%	194,167	51%
경상도	336,778	146,424	43%	190,354	57%
황해도	128,834	26,359	20%	102,475	80%
강원도	44,051	6,310	14%	28,521	65%
평안도	90,804	18,846	21%	71,958	79%
함경도	61,243	5,031	8%	56,212	92%
합계	**1,395,333**	**520,036**	**37%**	**866,077**	**63%**

자료 : 〈증보문헌비고〉제142권 전부2 경계 2 조선(1719년)

세종 때 논은 28% 밭은 72%이었는데, 숙종 45년에는 논은 37% 밭은 63%로 논의 비중이 약 9% 정도 늘어났다. 그래도 전국 8도의 토지 중 밭이 논보다 훨씬 더 많은 것을 알 수 있다. 다음 〈표 2-3〉은 세종과 숙종 때 밭의 현황을 분석한 것이 것이다.

표 2-3	《세종실록》 지리지의 논밭 구성비(군현별 합계)		
도별	세종실록 지리지(A)	숙종 45년(B)	증감(B-A)
경기도	62%	61%	−1%
충청도	59%	63%	4%
전라도	52%	51%	−1%
경상도	61%	57%	−4%
황해도	84%	80%	−4%
강원도	87%	65%	−22%
평안도	90%	79%	−11%
함경도	95%	92%	−3%
계	72%	63%	−9%

세종부터 숙종 때까지 3백년 동안 대부분 전국 8도의 밭이 조금 줄어들었지만 유일하게 충청도는 4%가 늘어났다. 강원도의 경우는 22%나 밭이 줄어들었으며, 평안도는 그 다음으로 11%나 밭이 감소하였다. 이는 반대로 논이 그만큼 늘어났다는 뜻이다. 밭이 줄어든 이유는 단순히 밭을 논으로 개량하는 경우도 있겠지만, 척박한 밭이 황무지가 되어 경작을 포기하면서 줄어든 경우도 있었다.

그런데 여기서 꼭 알아야 할 점은 《세종실록》 지리지의 결수와 숙종 45년의 결수를 단순히 비교해서는 안 된다는 것이다. 《세종실록》 지리지의 1결과 숙종 45년의 1결의 면적에는 차이가 있기 때문이다. 《세종실록》 지리지는 세종이 만든 공법이 입법되기 전 국초부터 시행한 3등전법에 따른 결수이며, 숙종 45년의 결수는 공법의 전분6등에 따라 양전된 것이다. 따라서 두 시점의 결수를 단순히 비교하는 것은 주의할 필요가 있다. 그리고 대동세가 부과되는 정확한 논밭의 비중을 알기 위해서는 실제로 경작하고 있는 실결(實結)을 알아야 한다. 실결이란 재해지뿐만 아니라 각종 면세지를 제외한 세금을 내는 경작지를 말한다. 대동세의 경우 전세와 실결을 계산하는 방법이 약간 차이가 있다. 그 이유는 복호결(復戶結) 때문인데 전세의 경우 복호결에도 과세하지만 대동세는 면세하기 때문이다. 복호결은 호(戶)에 부과하는 요역을 감면하거나 면제해 주는 제도로, 군인 및 궁중의 노비와 충신, 효자, 열녀, 절부(節婦, 절개가 굳은 여성) 등에게 호역(戶役)을 면제하여 주었다. 다음 〈표 2-4〉는 인조 24년(1646)에 전세를 징수하기 위한 실결수를 분석한 것이다.

표 2-4   인조 24년(1646) 전국 8도의 전세 실결

구분	총 실결	논		밭	
		실결(결)	구성비	실결(결)	구성비
경기도	21,839	10,145	46%	11,694	54%
충청도	124,625	63,281	51%	61,344	49%
전라도	200,436	130,765	65%	69,671	35%
경상도	189,574	94,526	50%	95,048	50%
강원도	8,256	2,850	35%	5,406	65%
황해도	44,238	9,181	21%	35,057	79%
평안도	47,561	4,717	10%	42,844	90%
함경도	46,806	2,034	4%	44,772	96%
합계/ 평균	683,335	317,499	35%	365,836	65%

자료 : 《반계수록》 권지6 전제(田制)에 관한 역사적 고찰[田制攷說] 하(下) / 國朝田制

실결의 비율은 재해지를 차감하기 때문에 매년 지역에 따라 차이가 발생할 수 있다. 인조 24년의 경우 토지가 가장 비옥한 전라도의 경우

밭의 비중이 35%밖에 안 된 반면, 경상도와 충청도는 거의 절반 정도가 밭이었다. 전국적으로 보면 밭이 65%로 원장의 63%보다 밭이 약간 많게 나타났다. 원전(元田)과 실결의 밭 비율 차이는 2% 정도로 크지 않으며 전국적으로 밭이 논보다 거의 2배 정도 많은 것이다. 이는 대동법이 시행되면서 논보다는 밭을 가진 백성들에게 세금 부담이 더 폭증했다는 것을 의미한다.

참고로 조선후기 학자 우하영(1741~1812)이 1804년(순조 4)에 저술한 국정의 개혁을 논한 《천일록(千一錄)》에 따르면 18세기 중엽 밭과 논의 비중을 함경도 10대 1, 평안도와 강원도 7대 2, 황해도 6대 1, 충청도 8대 5, 경기 3대 2, 전라도 1대 1, 경상도 10대 7로 기록하였다. 전체 넓이로 보면 밭이 845,000여결, 논이 509,000여 결로 밭이 농지의 약 60% 가량을 차지했다. 조선말까지 논이 조금씩 더 늘어난 것이다.

3. 서민이 더 많이 가지고 있는 밭

세종이 재위 25년에 공법의 초안을 제시하면서, "대개 논은 하삼도에 비옥한 것이 많고 경기 · 황해도가 다음이고, 강원 · 함경 · 평안도가 그 다음이다. 밭은 비옥하고 척박한 것이 8도가 거의 비슷하지만 밭의 소출은 논에 미치지 못한다."[67]라고 하였다. 논은 비옥하고 밭은

---

67) 《세종실록》 25년 11월 2일.

척박하기 때문에 밭은 논보다 한 등급 낮게 평가해야 한다는 뜻이다. 그리고 세종 26년 공법을 마무리할 당시 일부 신료들은, "손실(損實)을 답험할 때에 논은 결실이 많으나 밭은 온통 재해를 입은 곳이 아주 많습니다. (중략) 더구나 논은 묵은 것이 10분에 1, 2도 없으나 밭은 진황지(陳荒地, 버려두어서 거칠어진 땅)가 매우 많으니, 이것으로서 밭이 논만 못한 것이 명백합니다. 만약 물가로 따져도 콩은 쌀의 절반밖에 안 됩니다. 하지만 〈1결의〉 소출로 논한다면 콩과 쌀의 수확량이 사실 같은 것입니다."[68]라고 하였다. 한마디로 논은 비옥하고 밭은 척박하다는 뜻이다. 따라서 조선시대에 당연히 가난한 서민들은 척박한 밭을 더 많이 가지고 있었다.

때문에 세종 12년(1430) 공법을 논의할 때 1결에 12말의 전세 개정 방안을 제시하자, 좌의정 황희(1363~1452) 등은 "대저 비옥한 전토를 점유하고 있는 자는 거의가 부강한 사람들이며, 척박한 전토를 점거하고 있는 자는 거의 모두가 가난한 사람들이온데, 만약 호조에서 요청한 〈1결 12말의〉 공법을 시행한다면, 이는 부자에게 행(幸)일 뿐, 가난한 자에게는 불행한 일이 되고 말 것입니다."[69]라고 반대하였다. 또한 판부사 최윤덕 등은 "부유한 백성들의 전지는 좋은 것이 많고, 가난한 백성들의 전지는 척박한 것이 허다한데, 좋은 땅에 10말을 징수하는 것은 너무 경하고, 척박한 땅에 10말을 징수하는 것은 너무 중합

---

68) 《세종실록》 26년 6월 6일.
69) 《세종실록》 12년 8월 10일.

니다. 그렇게 되면 이익은 모두 부유한 백성에게 돌아가고, 가난한 백성들만이 손해를 보게 될 것입니다."라고 했으며, 판한성 부사 서선 등도 "우리나라 토지의 비옥하고 척박한 것이란 반 걸음 한 걸음 사이도 서로 달라서, 비옥한 토지를 경작하는 자는 별로 인력을 들이지 않고도 1결의 논에서 〈벼〉 100석(1,500말)을 거둘 수 있고, 척박한 땅을 짓는 자는 인력을 다 들여도 1결의 소출이 10말에 지나지 않사온데, 정말 이렇게 12말의 세를 정해 받는다면 비옥한 토지를 받아 가지고 경작하는 자만이 혜택을 누리게 되고, 척박한 땅에다 거름을 줘가며 지은 자는 빚을 얻어 충당하는 억울함을 면치 못할 것이니, 그런 공법을 어떻게 행할 수 있겠습니까?"라고 했다.

이를 종합하면 비옥한 전토(논)를 점유하고 있는 자는 거의 부자이며, 척박한 전토(밭)를 점거하고 있는 자는 거의 모두 가난한 자이기 때문에 1결에 12말을 징수하는 단일세율의 공법을 시행해서는 안 된다는 것이다. 세종 때 조정 관리들이 공평과세에 대해서 얼마나 잘 이해하고 실천하였는지를 알 수 있다. 조선시대의 경우 논이 비옥하고 밭이 척박하다는 것은 삼척동자도 알고 있는 일이다.

따라서 가난한 백성이 밭을 더 많이 가지고 있는 현상은 대동법을 시행할 당시에도 변함이 없었다. 아니 오히려 조선후기에는 일반 백성의 토지소유가 논 중심에서 밭의 비중이 점차 높아지는 형태로 변해갔는데,[70] 그것은 지주들이 밭보다 논을 더 선호하였기 때문이다.[71] 이러한 사실은 현재 남아있는 경상남도 진주 지역의 양안인 「금동어리대장(金冬於里大張)」을 통해서 확인할 수 있다. 경자양전(숙종 46년, 1720) 때 작성된 「금동어리대장」에 기록되어 있는 논밭은 총 3,253필지로 현재 진주시 금곡면 검암리와 가봉리 부근에 있는 토지이다. 금동어리 지역은 남강으로 흐르는 영천강 주변으로 넓은 경지가 발달한 곳이다. 경자양전 당시 금동어리의 농지는 총 160결이며, 그 중 논은 102결(64%) 밭은 58결(36%)로 논의 비율이 다른 지역에 비해 매우 높은 비옥한 지역이었다.[72] 당시 금동어리에는 진주 하씨가 이 지역을 대표하는 양반들이었으며, 이들 문중은 막강한 경제력을 바탕으로 향촌의 공론을 주도하고 있었다. 이들은 여타 신분에 비해 훨씬 많은 토지를 소유하고 있었다.

다음 〈표 2-5〉는 「금동어리대장」에 기록된 신분별 논밭 소유실태 현황을 분석한 것이다. 비율은 총 논밭의 결수에서 각 신분층이 소유한 논과 밭의 결수를 각각 나눈 것이다.

---

70) 이정수·김희호, "조선후기 경상도 지역 양반층의 토지소유규모와 지가의 변동"《역사와 경계》 제77집, 부산경남사학회, 2010, 103~132쪽.

71) 김건태, 《조선시대 양반가의 농업경영》, 역사비평사, 2008.(http://www.krpia.co.kr.openlink.khu.ac.kr:8080)

72) 김건태, 《조선시대 양반가의 농업경영》, 제4장 영세 지주들 2.진주지역의 풍경 2)자연환경과 논밭 구성, 역사비평사, 2008.

표 2-5	금동어리대장의 신분별 농지 소유 현황					(단위 : 결)
구분	논		밭		합계	인원(명)
	결수	비율	결수	비율		
양반	60.601	60%	21.948	42%	82.549(54%)	71(19%)
중인	11.113	11%	6.876	13%	17.989(12%)	46(12%)
상민	21.383	21%	15.066	29%	36.449(24%)	153(41%)
천민	7.856	8%	8.716	17%	16.575(11%)	103(27%)
합계	100.953	100%	52.606	100%	153.562(100%)	373(100%)

자료 : 김건태, 《조선시대 양반가의 농업경영》, 역사비평사, 2008.〈표 4–23〉참조

표를 보면 전체 논밭 153.5결에서 양반이 절반이 넘는 54%를 소유하고 있다. 그것도 농지 소유자 20%인 양반이 과반수의 농지를 소유하고 있다. 전반적으로 조선후기에 양반이 논밭을 광점하고 있는 현상을 알 수 있다. 신분별로 살펴보면 총 논 101결(무고 전답 제외) 중 양반이 60%인 60.6결을 소유하고 있어 절대적인 지배 형태를 나타내고 있으며, 중인은 11%, 상민은 21%의 논을 소유하고 있다. 반면 밭의 경우에는 양반이 42%인 21.9결을 소유하고 있으며 나머지 계층에서 58%를 가지고 있다. 밭은 상민이 거의 30%를 가지고 있고, 천민도 17%나 가지고 있어 신분이 낮을수록 논보다 밭을 더 많이 가지고 있는 것을 확인할 수 있다.

그리고 다음 〈표 2-6〉은 「금동어리대장」의 신분별 논밭 소유 구성비를 분석한 것이다. 비율은 각 신분층이 소유한 농지의 총결수로 각 신분층이 소유한 논과 밭을 각각 나눈 것이다. 이는 신분별 논밭 소유 실태를 분석하기 위한 것이다.

표 2-6	금동어리대장의 신분별 논밭 소유 구성비				(단위 : 결)
구분	논		밭		합계
	결수	비율	결수	비율	
양반	60.601	73%	21.948	27%	82.549(100%)
중인	11.113	62%	6.876	38%	17.989(100%)
상민	21.383	59%	15.066	41%	36.449(100%)
천민	7.856	47%	8.716	53%	16.575(100%)
합계	100.953	66%	52.606	34%	153.562(100%)

자료 : 김건태, 앞의 책,〈표 4-23〉참조

표를 보면 양반이 소유한 농지 82.5결 중 논은 무려 73%를 차지하고 있는 반면 밭은 겨우 27%에 안 된다. 상민의 경우 논 59% 밭 41%를 차지하고 있으며, 천민은 논은 47% 밭은 53%를 소유하고 있다. 전체적으로 논은 신분이 높을수록 많이 가지고 있고, 밭은 신분이 낮을수록 더 많이 소유한 것으로 나타났다. 이는 금동어리의 양반들이 여타 사족들처럼 논밭을 광점하고 있으면서 밭보다 논을 더 선호했기 때문이다.

다음 〈표 2-7〉은 금동어리대장의 논밭을 등급별로 나누어 분석한 것이다.

표 2-7	금동어리대장의 논밭 등급		(단위 : 결)
	논(%)	밭(%)	합계(%)
1등	4.357 (4.3)	0.188 (0.3)	4.545 (2.8)
2등	32.552 (31.9)	3.931 (6.8)	36.483 (22.8)
3등	53.764 (52.8)	21.269 (36.7)	75.033 (46.9)
4등	9.416 (9.2)	19.040 (32.8)	28.456 (17.8)
5등	1.654 (1.6)	8.504 (14.7)	10.158 (6.4)
6등	0.125 (0.1)	5.050 (8.7)	5.175 (3.2)
불명	0.005(0)	0.041 (0.1)	0.091 (0.1)
합계	101.918(100)	58.023(100)	159.941 (100)

자료 : 김건태, 앞의 책, 〈표 4-18〉 참조

금동어리의 경우 비옥한 상등전이라 할 수 있는 1등급과 2등급의 경우 논은 36.2%이지만 밭은 7.1%에 불과하다. 반면 하등전이라 할 수 있는 5등급과 6등급의 경우 논은 1.7%에 불과하지만 밭은 23.4%나 된다. 양반이 소유한 논은 등급이 높아 비옥하고 상민 등이 소유한 밭은 등급이 낮아 척박한 것으로 나타났다. 금동어리 지역은 영천강을 비롯한 작은 실개천이 흐르고 있어 토질도 매우 비옥하다. 그래서 2~3등전의 논이 무려 84%를 차지하고, 밭도 3~4등전이 69%이다. 비옥한 지역에서도 밭이 더 척박한 것을 알 수 있다.

결론적으로 양반들은 토지를 많이 소유했을 뿐 아니라, 물 가까이 있어 좀처럼 가뭄이 들지 않는 논과 퇴비를 적게 주어도 비옥도가 그럭저럭 유지되는 밭, 즉 양전미답(良田美畓)을 더 많이 가지고 있었다. 당시 양반들이 논을 선호한 까닭은 지주제가 논 중심으로 발달하고 있었기 때문이다. 논의 경우 병작반수 혹은 생산량의 절반에 가까운 지대량을 수취하는 도지(賭地)가 적용되었으나, 대부분의 밭에서는 지대량이 명목적 수준에 지나지 않았다. 특히 대동세의 영향으로 논은 밭보다 실질적인 조세부담이 낮기 때문에 더 집적할 수밖에 없었다. 부자 양반들은 밭보다 세금부담이 적으면서 더 많은 소득을 보장해주는 논을 조금이라도 더 확보하려 했다. 반면 가난한 백성들은 좋은 논은 매입할 수 없고 배고픔을 면하기 위해 비탈진 땅을 개간하였다. 그런데도 대동법이 시행되면서 밭도 논과 똑같은 양의 세금을 쌀로 납부해야만 했다. 과연 백성을 위한 조세제도라 할 수 있을까?

금동어리의 양반들처럼 부자양반들은 비옥한 논을 많이 가지고 있어 상대적으로 적은 밭에 부과되는 대동세를 부담 없이 낼 수 있었을지 모르지만, 척박한 밭이 전부인 가난한 농민들은 밭의 수확만으로 대동세를 내는 것이 힘에 겨울 수밖에 없었다.

4. 논의 절반도 안 되는 밭의 매매가

조선시대에도 농지가격은 기본적으로 생산성에 따른 수요와 공급에 의해서 형성되었다고 본다. 물론 농지는 가장 주요한 생산요소이면서 개인이 부를 축적할 수 있는 수단이었기 때문에 다른 요인이 작용할 수도 있었다. 이정수와 김희호는 '조선후기 경상도 지역 양반층의 토지소유규모와 지가의 변동'이란 연구를 통해 조선시대 지가변동과 논밭의 매매가격을 분석하였다. 두 사람은 양반의 토지집중은 질적으로 훨씬 더 심각한 부의 집중을 가져왔으며, 양반의 토지집중이 단순한 양적인 토지소유 뿐 아니라 실질적인 토지자본의 가치를 증가시켰다고 하였다.

다음 〈표 2-8〉은 1691부터 1900년까지 210년 동안 경상도 지역의 논밭 매매가격을 조사 분석한 것이다.[73]

---

73) 이정수 · 김희호, 앞의 논문, 106~107쪽.(이 경상도 지역의 토지매매 자료는 《慶北地方古文書集成》에 실려 있는 경북 월성군의 손동만씨, 영덕군의 이근화씨, 예천군의 권창룡씨의 세 집안, 그리고 《光山金氏烏川古文書》에 실려 있는 안동군의 김준식씨 집안, 《古文書集成》의 의성김씨 집안이 소장한 논밭매매명문 등 총 529건 정도를 분석하여 얻은 것이다.)

표 2-8		경상도 지역의 1두락당 논밭 가격의 동향				(단위 : 냥)	
시기	논가격	밭가격	밭/논 가격비율	시기	논가격	밭가격	밭/논 가격비율
1691~1700	8.53	2.79	33%	–	–	–	–
1701~1710	12.60	–	0%	1801~1810	14.93	10.00	67%
1711~1720	15.19	7.00	46%	1811~1820	27.10	4.39	16%
1721~1730	6.95	3.00	43%	1821~1830	27.50	6.97	25%
1731~1740	4.34	3.27	75%	1831~1840	19.38	4.70	24%
1741~1750	10.25	1.75	17%	1841~1850	18.87	14.35	76%
1751~1760	5.01	3.62	72%	1851~1860	23.33	7.30	31%
1761~1770	7.13	4.92	69%	1861~1870	34.87	11.17	32%
1771~1780	7.53	4.03	54%	1871~1880	43.72	8.38	19%
1781~1790	8.71	1.92	22%	1881~1890	37.20	9.44	25%
1791~1800	17.36	6.37	37%	1891~1900	65.45	16.88	26%
				전채 평균	19.81	6.61	39%

자료 : 이정수 · 김희호. "조선후기 경상도 지역 양반층의 토지소유규모와 지가의 변동"《역사와 경계》 제77집, 2010, 122쪽. 참조

표를 보면 대동법이 경상도에 시행된 직후인 1691년부터 이후 210년 동안 시대에 따라 등락의 차이는 있지만 논밭의 가격이 지속적으로 상승하였다. 그 중 논은 1두락당 8.53냥에서 65.45냥까지 올라 7.7배나 상승했으며, 밭은 2.79냥에서 16.88냥으로 6.1배 올랐다. 210년 동안의 평균 밭 가격은 논 가격의 39%밖에 안 되었다. 밭의 가격이 논의 절반도 안된 40%에 불과한 것이다. 이는 밭의 생산성이 논의 2분의 1정도밖에 되지 않는 다는 의미이다. 더구나 조선말에 가까울수록 논으로 나눈 밭의 가격비율은 점점 낮아지는 추세였다. 밭 가격이 논의 3분의 1에도 미치지 못한 것이다.

세종은 공법을 입법하면서 1결당 논은 쌀로, 밭은 콩으로 동일한 수

량을 징수하게 하였다. 밭의 조세부담을 논의 50%로 산정한 것이다. 그래서 유형원도 "논과 밭은 모두 다 그 경지의 소출을 보고 또 규정에 의하여 등급을 정하여야 하는바, 밭은 논과 다르게 하여야 한다. 그 것은 밭의 수확을 1년에 두 번 하더라도 밭의 소출이 논에는 미치지 못하기 때문이다."라고 하면서, "1등의 밭을 1등의 논과 대비해 보고 6등의 밭을 6등의 논과 대비해 보면 암만하여도 밭이 논만 못하다. 그렇기 때문에 논은 아무리 척박하다 하여도 6등으로 되는 것이 드물고 밭은 아무리 옥토라 하여도 1등으로 되는 것이 없다."[74]라고 하였다.

다음 〈그림 2-1〉은 앞 표의 경상도 지역의 논과 밭 가격의 변동추이를 나타낸 것이다. 시간이 흐를수록 논 가격의 상승폭이 밭보다는 급격하게 높아지는 현상이 나타난다. 논의 수요가 더 많았다고 본다. 다만 논과 밭 가격이 서로 같이 상승 방향으로 움직이고 있어서 밭은 논의 대체토지로서 역할을 하고 있었다고 볼 수 있다. 하지만 논 가격의 상승폭이 밭보다 큰 것은 조선후기 농업경제에서 쌀 생산이 차지하는 비중이 커졌기 때문이며, 쌀의 가격상승이 파생적으로 논에 대한 수요를 자극하여 논 가격의 상승을 이끌었다는 것을 알 수 있다.

---

74) 《반계수록》 제1권 전제 상.

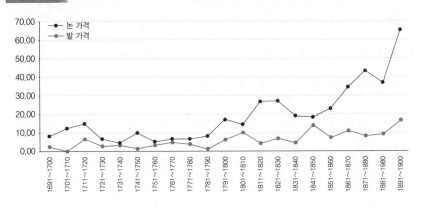

그림 2-1 경상도 지역의 논밭 가격 추세 (단위 : 냥/두락)

이처럼 경상도 지역의 논 가격이 밭에 비해 변동 폭이 크게 나타나고 있는데 그 원인 중 하나로 생산성의 급변이라고 본다. 김건태는 경상도 칠곡 양반 이유중(1705~1747) 집안에 남아 있는 1724(경종 4)~1745년(영조 21)에 작성된 「추수기」를 통해 논밭의 수확량을 분석하였다. 그 「추수기」에 기록되어 있는 논밭 수확량을 비교하면 다음 〈표 2-9〉와 같다. 이유중가의 곡물 수입이 가장 많았던 해는 1743년이다. 그해 논 194.8두락에서 쌀 98석 10말, 밭 89두락에서 잡곡 16석 3말을 거두어들였다. 특이한 것은 1738년 경상도에 혹심한 흉심이 들어 논의 수입은 거의 절반 이하로 하락하였지만 밭은 오히려 늘어났다. 아마 논농사를 포기하면서 남은 일력과 거름을 밭농사에 집중한 결과라고 보인다.

표 2-9	경상도 칠곡 지역의 논밭 곡물 수확량 비교						
연도	논			밭			밭/논 수확량 비율
	두락	수확량 (1석=20말)	1두락당 수확량 (말, 쌀)	두락	수확량	1두락당 수확량 (말, 잡곡)	
1724	134.3	98석 17말	7.4	–	–	–	–
1729	148.3	99석 8말	6.7	–	–	–	–
1733	167.8	93석 8말	5.6	88.0	14석 7말	3.3	59%
1738*	181.8	44석 10말	2.5	76.5	18석 6.5말	4.8	196%
1743	194.8	98석 10말	5.1	89.0	16석 3말	3.6	72%
합계/평균	827.0	236석 8말	5.4	253.5	48석 16.5말	3.9	72%

* 《비변사등록》에 나타난 경상도 농형 : 경상도 연사 흉황(凶荒)
자료 : 김건태, 앞의 책,〈표 5-10〉참조

표를 보면 논은 1두락당 평균 쌀 5.4말을 거두고, 밭은 3.9말의 잡곡 (콩, 보리)을 거둔 것으로 나타났다. 단순히 수확량을 비교하면 밭은 논의 72% 정도이다. 만약 영조 14(1738)에 일어난 흉년을 제외하면 밭은 논의 66%의 수확량을 거두었다고 볼 수 있다. 일반적으로 조선후기 밭에서 생산하는 콩·보리·조·기장·옥수수·고구마·야채·면화·담배 등 각종 작물 가운데 두량으로써 표시할 수 있는 주곡인 콩과 보리 등의 1결 산출량은 600말, 논의 1결 산출량을 쌀 800말로 추정하여 밭의 산출량을 논의 2/3으로 추정하는데,[75] 거의 칠곡 지역의 논밭 수확량 비율과 비슷한 것을 알 수 있다.

그런데 이와 같은 생산량은 교환가치가 각각 다른 재화의 물량단위

---

75) 김용섭, "양안의 연구(하)" 〈사학연구〉 제8호. 1960.

로 표시한 것이기 때문에 논과 밭의 실질 생산성은 비교할 수 없다. 이 시기 논밭 1결의 생산성을 비교하기 위해서는 밭의 대표적 작물인 콩(대두)과 논의 작물인 쌀의 교환가치에 의거하여 양자의 실질 산출액을 추정하는 것이 타당할 것이다. 대동법이 전라도 해읍까지 실시되고 있는 현종 2년(1661)에 이조 참판 조복양은 평년에 시가로 쌀 1말로써 콩 2말을 바꾼다고 했으며[76], 정약용도 당시의 콩의 교환가치가 쌀의 1/2이라고 했다.[77] 정조 18년의 경우 시장의 곡물값은 돈 1냥에 쌀은 1말 5되, 붉은팥은 2말 2되, 콩(황두 또는 대두)은 2말 5되였다.[78] 따라서 일반적으로 콩은 쌀 가격의 절반 정로로 교환된 것이다. 따라서 콩으로 추정한 밭의 산출량이 논의 2/3이라고 할 때, 밭의 실질 생산성은 논의 1/3정도 밖에 안 된다. 산출량과 그 물가를 고려하면 밭의 가치는 논의 1/3로 33.3% 정도라고 볼 수 있다. 앞의 표에서 경상도 지역의 210년 동안 논밭의 평균 매매 가격 비율인 39%보다 더 낮은 생산성을 보이고 있다. 조선후기 논과 밭의 가격차가 갈수록 벌어진 이유이다.

그런대도 대동법을 시행하면서 밭의 세금을 논과 똑같이 부과하였다. 실질적으로 논은 쌀 1말을 세금으로 낼 수 있었지만, 밭은 쌀 4되 정도 밖에 낼 수 없었다. 논과 밭의 실질 생산성이 3 : 1 정도인데도 서민이 더 많이 가지고 있는 밭에 세금을 2배 이상으로 올린 대동법이

---

76) 《증보문헌비고》 전부고8 조세1.
77) 《경세유표》 제7권 지관 수제 전제 7.
78) 《일성록》 정조 18년 11월 16일.

과연 백성을 위한 법이라 할 수 있을까? 대동법은 이러한 생산물과 지대를 완전히 무시한 채 논밭 1결당 무조건 쌀 16말(후 12말)의 세금을 징수하였다. 밭을 가진 절대 다수의 가난한 서민에게 더 무거운 조세 부담을 전가시킨 것이다. 대동법은 세종 때부터 지켜진 논밭의 생산성에 따른 '조세의 공평 원칙'을 완전히 무너트렸다. 대동법이 진정으로 가난한 백성을 살리고자 했다면 입법할 때 당연히 고려했어야 할 가장 중요한 문제였다. 학자들이 대동법을 평가할 때 '공평과세를 실현했다'라고 평가하는 것은 완전히 잘못된 것이다.

더구나 대동세의 이러한 부당함 때문에 수령들이 법을 어기며 백성을 속이어 전세를 징수하면서 밭에서도 쌀로 거두는 폐단이 발생하였다. 정약용은 "강진현의 전지 1결에 모두 6말을 수납한다. (중략) 모든 밭의 세는 모두 쌀 6말을 징수한다. 우리나라의 준행되는 법은 콩 2말로써 쌀 1말에 당한즉, 그 쌀에 2배를 더하여 징수하는 것이 분명하다."[79]고 하였다. 정약용도 밭에서 논과 같은 양의 쌀을 거두는 것은 세금을 두 배나 더 거둔다고 생각한 것이다. 하지만 유배가 있는 다산 정약용은 "결세에 농간이 있으니 어떤 것인가? 국법에 하하전의 전세는 4말인데 지금은 6말을 징수하고, 국법에 밭의 전세는 원칙적으로 콩을 거두게 되어 있고, 콩 2말은 쌀 1말에 준하는데도 지금은 쌀 2말을 징수한다. 이것이 바로 결세에 부정이 있는 것이다. 그러나 일개 수령의 권한으로서는 갑자기 개혁할 수 없는 것이니 그대로 두고 볼 뿐

---

79) 《경세유표》 제7권 지관 수제 전제 7.

이다."[80]라고 하였다. 대동법으로 무너진 조세제도를 바로 잡을 수 없다는 체념이다.

5. 밭에 급재를 주지 않는 최악의 조정

논밭에서 내는 결세의 경우 공평과세를 위해 무엇보다 중요한 것은 가뭄이나 홍수 및 태풍 등 재해를 당했을 때 세금을 감면하거나 면제해주는 일이다. 그래서 조선 최고의 법전 《경국대전》에는 "전체적으로 재해를 입은 토지, 절반 이상 재해를 입은 토지, 병으로 농사짓지 못하고 전부 묵힌 토지에 대해서는 농민들이 권농관에게 신고하게 하고, 권농관은 그것을 직접 조사하여 8월 보름 전으로 수령에게 보고하며, 농민 자신이 만약 사정이 있어 직접 신고하지 못했을 경우에는 권농관이 신고한다."고 규정하였다. 또한 "전체적으로 재해를 입은 토지와 전부 묵힌 토지는 조세를 면제한다. 절반 이상 재해를 입은 토지는 그 재해 정도가 6분이면 6분을 면제해 주고 4분만 받아들이는데 9분에 이르기까지 모두 이 규례대로 감면한다."[81]고 규정하고 있다. 이는 세종이 만든 공법으로 연분9등법의 세율에 따라 자동적으로 전세가 감소되는 것 이외에, 풍년이라도 간혹 절반 이상 재해를 입은 개별 토지는

---

80) 《목민심서》〈호전〉 제2조 세법 작부(作夫)가 이미 끝났으면 이에 계판(計版)을 작성하게 되는데 계판의 내용은 면밀하게 살피고 엄격하게 밝혀야 한다.
81) 《경국대전》〈호전〉 수세.

그 면적을 조사하여 재해 비율만큼 세금을 면제하게 한 조치였다.

그러나 영정법이 시행되면서 급재 하는 방식이 완전히 달라졌다. 《속대전》에는 "매년 호조는 그 해의 풍흉을 보고 연분사목(年分事目)을 각도에 내려 보내데, 재해를 만나면 재해명을 반포했다. 전반적인 재해나 처음부터 파종하지 못한 전지에 대해서는 그 해가 풍년이라 할지라도 재해명을 내려 준다."고 규정하였다. 공법에서는 절반 이상 재해를 입은 논밭에 대해서는 그 비율에 따라 세금을 감면하게 하였지만, 영정법은 전체 논밭이 재해를 당하거나 파종을 아예 못한 경우에만 면제하게 한 것이다. 그것은 영정법이 1결당 4말의 낮은 세율로 고정되었기 때문이다.

그리고 《속대전》〈호전〉의 요부조에는 "〈대동세는〉 논과 밭을 통틀어 매 1결에 쌀 12말을 징수한다. 강원도 영서는 12말, 영동은 12말에다 2말을 더하고, 양전이 완료되지 않은 10고을은 4말을 더한다. 진전(陳田, 묵정밭)과 재해를 입은 곳에서는 징수하지 않는다."라고 규정하여, 대동세 역시 재해를 당하면 면제하도록 하였다. 따라서 대동세를 징수하는 실결(實結)은 면세전[82]과 이전의 황폐전·천반포락전(川反浦落田, 논이나 밭이 내로 바뀐 토지) · 복사전(覆沙田, 모래가 밀려와 덮은 논밭)을 차감하여 시기전(時起田)을 계산한 다음, 그 시기전에서 그해 급재(給災) 받은 논밭과 복호결을 빼고 계산하였다. 하지만 문제는 대동세

---

82) 전세와 대동세를 모두 면제하는 면세지는 관둔전, 궁방전, 제전, 학전, 능·원·묘위전, 각종잡위전(사액서원전, 사원전) 등이 있고, 대동세는 면제하지만 전세를 납부하는 토지는 각 관아록전, 공수전, 각영·아문둔전 등이다.

의 경우 1결에 12말의 고율정액세를 징수하면서도 영정법의 재해 규정을 그대로 적용한 것이다. 처음부터 파종하지 못한 토지, 이앙하지 못한 토지, 전연 낫을 대지 못한 토지, 이삭이 패지 못한 토지, 병충해 등으로 전혀 거둘 수 없는 토지에 한하여 급재를 준 것이다. 만약 논밭의 수확이 10%만 있어도 대동세는 전액 100%를 납부해야 했다.

물론 재해가 심한 고을에는 왕이 특별히 세금을 감면한 경우도 있었지만, 이는 매우 예외적으로 소수 고을에 그쳤다. 효종 8년(1657)으로부터 영조 36년(1760)에 이르기까지 111년 동안에 대동세 특별감면이 실시된 회수는 총 38회(연도수)이므로, 평균 4년에 한 번씩 일부지역(대개 수개 군읍)에 감면이 있는 셈이다. 그 감면 폭은 대동세의 12말 가운데 최하 1말에서 최고 6말로, 대부분은 2말(1/6)을 감면한 경우가 많았다. 재해가 혹심한 경우에도 감면 폭은 대동세의 16.7%정도에 불과해 이재민에게 실질적인 도움이 되지 못하였다.

더구나 조선후기 결세에 세수 총액을 미리 정해놓고 각 지방에 할당하는 '비총법'이 실시되면서 전세와는 달리 대동세에는 정조 이후 갑오개혁에 이르기까지 급재 이외의 특별 감면은 한 번도 실시되지 않았다. 숙종 연간부터 시행되기 시작하여 1760년(영조 36) 법적으로 추인되어 1894년 갑오개혁 때까지 실시된 '비총법'의 특징은, 농작 상황이 해당 연도와 비슷한 과거 어느 연도의 세금을 내는 실결과 재결(災結)의 수를 비교하여 급재 결수를 배정하는 방식이다. 따라서 실제로 재해를 당한 결수를 조사해서 급재를 주는 것이 아니기 때문에 그 차이가 클 수밖에 없어 백징(白徵)의 폐단이 발생할 수밖에 없었다. 백 징은 조세를 면제할 땅이나 납세의무가 없는 사람에게 세금을 물리는 것으로 조선후기 결세의 폐단 중 가장 대표적인 것이었다. 영정법 때 에는 그래도 전체의 농지가 재해를 당한 경우 그 결수만큼 면제를 하 였지만, 비총법에서는 세수 확보라는 명목으로 다른 해와 비교하여 대충 추정된 급재를 줄뿐이었다. 때문에 결세 중 세율이 가장 무거운 대동세의 경우 그 폐단이 최고조에 달할 수밖에 없었다. 백성들을 가 장 힘들게 한 것이 바로 대동세였다.

《정조실록》에는 조선왕조실록 중 백징이란 단어가 64회로 가장 많 이 언급되어 있고, 고종 38회, 순조 19회 등의 순으로 나타났다. 백성 을 위한 정치를 했다고 한 정조의 집권 초기부터 백징은 의례적으로 정례화 되어 있었다. 정조 16년 영천 군수 이면긍은 "지난 무술년(정 조 2년)부터 새로 법을 정하여 복사(覆沙)로 재해를 당한 곳은 다음해 에는 반드시 다시 기경한 곳으로 기재합니다. 비록 영원히 전지의 형 태가 없어진 것이라도 반드시 지금 복사 재해지로 기록하니, 당년의 재해지와 합치면 그 수가 또한 많지 않을 수 없습니다. 그러니 터무니 없이 징수하는 것을 면할 수 없습니다."[83]라고 하였다. 정조가 재위 2 년에 홍수 등으로 모래가 쌓인 전답을 다음 해부터 기경지로 하여 조 세를 거두는 법을 만든 것이다. 백징을 발생시키는 악법을 입법하여 민생을 고달프게 하였다.

---

83) 《정조실록》 16년 4월 14일.

이런 백징은 정조 말까지 조금도 개선되지 않고 지속되었다. 정조 말년인 재위 24년에 사간원 헌납(정5품) 오한원은 "신은 근년에 영·호남을 왕래할 때 길 거리에서 수많은 사람들이 억울함을 호소하는 소리를 많이 들었는데, 그들이 하는 말은 다 재결(災結)의 수효를 무턱대고 줄여 조세를 백징하는 일이 많다는 것이었습니다."[84]라고 보고하였다. 조세제도가 비총제로 전환되면서부터 급재결의 부족현상이 발생했고, 그 결과 각도 관찰사가 매년 장계로 재결의 증액을 요청하는 것이 상례로 되었다. 그러나 정부의 급재는 각 관찰사가 요청한 결수에 크게 미치지 못했기 때문에 백징의 폐단은 전정(田政) 문란의 근원이 되게 하였다.

더욱 최악인 것은 대동법이 시행된 이후에 밭의 급재를 절대로 주지 않은 것이다. 밭의 경우 가뭄이나 병충해로 전체가 재해를 당해도 논과 달리 세금을 감면해 주지 않은 것이다. 밭에 급재를 주지 않기 시작한 시기는 인조 말기나 효종 초기로 1640년 내지 1650년대로 보인다. 그 당시 심각한 재정난에 빠진 조선정부가 영정법을 실시하면서 시작된 것이다.[85] 그리고 이 법은 정조 때 편찬된《대전통편》〈호전〉의 수세조에 "밭의 재해는 논의 재해와 다르다. 면전(綿田, 목화밭)의 백징처는 그 사실 여부를 조사하고 재해명을 내려 보내는 것을 허용한다."라고 규정되었다. 대동법과 더불어 또 하나의 악법을 만들어 농민들에

---

84) 《정조실록》 24년 윤4월 29일.
85) 김옥근, 〈조선왕조재정사연구 I〉, 일조각, 1995, 348-349쪽.

게 막대한 폐해를 끼친 제도이다.

때문에 경기도·강원도·충청도 그리고 전라도 해읍에 대동법이 시행되고 있는 현종 2년에, 호서 경차관 김우석이 상소하여 충청도가 흉년이 든 상황을 보고하면서 밭의 급재를 요청하였지만 허락되지 않았다.[86] 또한 숙종 21년에는 전라도 관찰사 김만길이 재해를 입은 밭의 급재를 허락하지 않자 사직 상소를 올렸다.[87] 하지만 조정은 절대로 밭의 급재를 허락하지 않았다.

그런데 밭에 급재를 주지 않는 이유는 밭의 경우 1년에 수확을 두 번하는 이모작 때문이었다. 봄에는 보리, 가을에는 콩 등 다른 밭곡식을 수확할 수 있기 때문에 재해를 주지 않은 것이다. 그래서 영조 3년에 호남 어사 이광덕이 밭의 급재를 요청하자 호조 판서 이태좌는, "밭은 1년에 두 번 경작하기 때문에 원래 급재 하는 법규가 없습니다."[88]라고 하며 반대하였다. 문제는 1년에 이모작 할 수 있는 비옥한 밭이 그리 많지 않았다는 것이다. 현종 6년 부제학(정3품) 조복양 등은 "평상시 급재의 규정이 밭에 미치지 아니한 것은 보리와 콩을 한 해에 2번 심기 때문입니다. 그러나 보리의 종자는 반드시 좋은 밭을 가려야 하는데 민간에는 좋은 밭은 적고 척박한 밭이 많으므로 이모작 할 수 있는 밭은 3, 4분의 1도 못 됩니다."[89]고 하며, 밭에 급재를 주어 도탄

---

86) 《현종실록》 2년 10월 4일.
87) 《숙종실록》 21년 11월 18일.
88) 《영조실록》 3년 9월 12일.
89) 《현종개수실록》 6년 10월 10일.

에 빠진 백성들을 살리기를 간청했다. 이모작 할 수 있는 밭은 불과 25~33% 정도 밖에 안 된 것이다. 실제로 이모작 할 수 밭은 이광덕의 말보다 훨씬 적었다고 본다. 숙종 45년 사간원 사간(종3품) 유숭은 "밭의 급재는 허실을 서로 속일 것이 염려스럽고, 보리밭은 한 도를 통틀어 10분의 1에도 차지 않으니, 기타 서속(黍粟, 조와 기장)을 경작하는 땅에는 장차 백지징세를 하겠습니까?"[90] 하였다. 보리를 심어 1년에 이모작하는 밭은 불과 10%도 안 된다는 주장이다.

그런데도 조정은 밭에 급재를 주는 것을 결사적으로 반대하였다. 이에 숙종 39년에 충청도 관찰사 송정명은 "산군은 또 풍재를 입었는데, 만약 실결의 세를 요구한다면 백성들의 원망소리가 어찌 끝이 있겠습니까? 좌우의 강 연안에는 산벼를 많이 심었으나 모두 밭인 까닭에 급재하지 않았으므로, 장차 백징을 면하지 못하게 되었습니다."[91]라고 사직을 청하였다. 또한 영조 24년에 좌의정 조현명은, "호조의 금년 연분의 비총이 모두 86만 결입니다만, 그 가운데 밭이 반이나 되는데 8도를 통틀어 수확한 곳이 전혀 없습니다. 그렇다면 백성들이 장차 40만 결에서 나온 수확으로 80만 결의 부역(賦役)에 응하여야 하니, 그 사이에 백징하는 억울함이 마땅히 어떠하겠습니까?"[92]라고 하였다. 이처럼 서민들이 많이 가지고 있는 척박한 밭에 급재를 주지 않으니 시도 때도 없이 백징이 일어날 수밖에 없었다.

---

90) 《숙종실록》 39년 9월 13일.
91) 《숙종실록》 39년 9월 13일.
92) 《영조실록》 24년 10월 9일.

하지만 조정 대신들은 그저 입으로만 백성을 위하는 척하였다. 영조 9년 영의정 심수현(1663~1736)은 "대개 밭에는 원래 급재하는 규례가 없는데, 산골에 있는 고을에는 전혀 논이 없으므로 비록 혹독한 재해를 입는 다 하더라도 혜택을 베풀 방도가 없습니다."[93] 라고 했는데, 밭에 급재를 주지 않는 폐단을 고칠 생각은 하지 않고 입바른 소리만 한 것이다. 이러한 상황에서 밭에 급재를 주지 않아 백성들을 가장 힘들게 한 세금이 바로 대동세였다. 대동법을 시행하면서 밭에 급재를 주지 않은 것은 논에 비해 이중 삼중으로 중과세한 것이다. 온갖 이유로 가난한 백성에 세금을 몰빵시킨 것이다. 논보다 두 배의 세금을 내게 하면서 밭의 급재도 주지 않았다.

혹시 밭은 보리와 콩을 이모작 할 수 있기 때문에 급재를 주지 않은 것이 당연하다고 생각할지 모르지만, 앞에서 살펴본 것처럼 두 번 농사를 질 수 있는 좋은 밭은 불과 10분에 1도 안 되었고, 생산량 또한 논의 2/3에 미치지 못했다. 그러니 밭의 매매가가 논의 절반에도 미치지 못한 것이다. 더구나 대동법이 본격적으로 시행되기 시작한 17세기에는 논의 경우 이모작이 성행하였다. 17세기 이후 이앙법이 실시되자 벼와 보리의 이모작이 가능해지면서 논의 생산량이 크게 증대하였다.[94] 이앙법의 발달과 논의 이모작에 의한 생산성 향상은 쌀의 재

---

93) 《영조실록》 9년 10월 28일.
94) 홍대용, 〈의산문답 : 개혁을 꿈꾼 홍대용의 고뇌〉, 꿈이있는세상, 2006. 2부 의산문답과 개혁을 꿈꾼 홍대용의 고뇌 1.허자 세상을 나와 실옹을 만나다. 허자! 그릇된 유학 공부를 깨닫다 낡은 의식에서 벗어나야 세상이 보인다!

배를 촉진시켰고, 당시 주곡으로서 쌀이 소비되었기 때문에 수요는 증가했다. 그 결과 18세기 중엽 이후에는 밭을 논으로 바꾸는 반답(反畓) 현상이 활발하였다. 이는 밭에 비해 더 많은 소득을 보장해주는 논을 선호했기 때문에, 물을 댈 수 있는 비옥한 밭은 가능한 한 논으로 전환시키려 했던 것이다. 이러한 추세는 경자양전 이후에도 일정 정도 지속되었을 것으로 보인다.[95]

더구나 급재를 주어도 가난한 서민에게는 그림의 떡이었다. 그래서 다산 정약용은 "내가 오랜 시일을 민간에 있었으나 한 백성이라도 재상으로 조세가 감면되는 것은 일찍이 보지 못했다. 내가 전에 관부에 다닐 때에 혹 관장(官長)이 되어서 매번 재상을 구분하여 정하면 이서가 훔치는 것도 있겠지만 백성도 또한 얻어먹는 것으로 여겼었는데, 지금 이후로 재상을 나누어 정하는 일들이 모두 헛일이라는 것을 알았다."라고 하였다. 오죽하면 정약용은 "백성이 뇌물을 주지 않으면, 황충(蝗虫, 메뚜기)이 먹고 서리에 말라서 한 톨도 거두지 못했더라도, 재상으로 처리되는 일이 없다. 백성이 뇌물만 주면 자색이삭(모가 자랄 때는 색깔이 푸르다가 잘 자라 알이 배면 자색이 된다)과 붉은 낟알(토종벼)이 100결 모두 성숙해도 재상으로 처리 되지 않는 것이 없다. (중략) 그러므로 체납된 묵은 환곡을 탕감하는 것, 대동세의 징수를 정지 또는 연기하는 것, 재상된 전결에 조세 징수를 면제하는 이 세 가지는 나라에

---

95) 김건태, 〈조선시대 양반가의 농업경영〉, 제4장 영세 지주들 2.진주지역의 풍경 2)자연환경과 전답 구성(역사비평사, 2008.)

는 손실이 있으나 백성에게 이득이 되지 않는다. 백성에게 이미 이득이 없다면 차라리 나라에나 손실이 없게 할 것이니, 이 세 가지 일은 폐지하더라도 좋을 것이다."[96]라고 했을까? 악한 폐습을 보고도 눈을 감을 수밖에 없는 현실이었다. 무거운 대동세를 시행하면서 논과 똑같이 세금을 내게 하면서 밭에 급재를 주지 않은 것은 서민들을 구렁텅이로 몰아넣는 악한 정치의 끝판이라 할 수 있다.

6. 산군의 대동법 저항은 생존권

전라도의 대동법 시행은 다른 도에 비해 가장 순조롭지 못하였다. 인조 2년(1624)에 강원도 및 충청도와 전라도에 대동법이 시행되었지만 강원도를 제외하고 2년이 채 못 되어 폐지되고 말았다. 호남에서 잇따른 상소가 올라오는 등 민심이 너무 불편하게 여겼기 때문이다. 그리고 27년이 지난 효종 2년(1651) 충청도에는 별 무리 없이 대동법이 실시되었다. 하지만 전라도의 경우 34년 후인 효종 9년(1658)에 대동법을 다시 실시하려 하자 산군(山君)[97] 고을의 강한 저항으로, 할 수 없이 해읍 27개 군현만 먼저 시행하였다. 4년 후인 현종 3년(1662)에서야 전라도의 26개 산군에도 대동법이 실시되었다.

---

96) 《경세유표》 제7권 지관수제 전제8.
97) 산군은 조창에서 100리 이상 떨어진 고을을 말한다.(영조 30년 4월 29일) 조창은 해로나 수로 이용이 쉬운 서해와 남해, 한강 연안에 설치된 창고이다.

광해군이 즉위하자 호조 참의 한백겸은 공물의 폐단을 논하고 대공수미법의 시행을 청하면서, "만약 그 〈대공수미법의〉 뜻을 취하고 그 일을 돌이켜서 대략 포구까지 나오는 거리의 멀고 가까움에 차등을 두어 쌀을 거둔다면 2말에 구애될 필요가 없습니다. 바다와의 거리가 2일 이상이 되면 쌀값에 준하여 베[布]로 내게 하여, 〈세금의〉 경중과 고통이 서로 한결같게 한다면 어느 곳인들 좋아하지 아니하겠습니까?"[98] 하였다. 조선시대 세금을 납부할 때에는 한강의 경창까지 납부해야할 액수이며, 경창까지 운송하는 비용은 모두 납세자인 농민들이 추가적으로 부담해야만 했다. 때문에 산군에서 무거운 쌀을 조창까지 운반할 경우 해읍보다 훨씬 더 많은 운송비가 들어 조세부담이 클 수밖에 없었다. 한백겸은 선조 때 유성룡이 시행한 1결당 쌀 2말의 대공수미법은 산군의 부담이 연해 지역보다 3배나 더 많았다고 지적하면서, 이를 해결하기 위하여 쌀값에 준하여 가벼운 베로 받는 방안을 제안하였다. 베는 쌀보다 훨씬 가벼워 운반이 쉽기 때문이다. 쌀로만 낼 경우 산군의 대동세 저항은 당연한 것이었다.

인조 2년에 강원도를 비롯한 충청도와 전라도에 일시적으로 대동법이 실시될 때 민심을 파악하기 위해 암행어사를 파견하였다.[99] 그 때 전라도에 간 장유는 복명서에서 대동법의 한 가지 문제를 지적하였는데, 선소(船所) 즉 공물 싣는 배가 있는 곳까지 쌀을 운반하는 것이었

<hr />

98) 《증보문헌비고》 제152권 전부고12 대동1.
99) 《인조실록》 2년 1월 6일.

다. 물론 대동사목에는 운송비 일체를 대동미로 지급하도록 했다. 하지만 배가 있는 곳까지 운반하는데 드는 비용은 대개 지급되지 않았다.[100] 때문에 쌀로만 납부하는 대동법이 연해읍이나 산군에 동일하게 시행될 경우 산군의 부담은 더 클 수밖에 없었다. 그래서 효종 2년 충청도에 대동법을 실시하면서 산군은 베로 납부하게 하였다. 하지만 베로 내는 것도 쉽지가 않았다.

효종 5년(1654)에 영의정 김육은, "충청우도에서는 백성이 대동법을 매우 편리하게 여기는데, 다만 산군은 면포를 마련하는 것에 간혹 괴로움을 호소하는 경우가 있습니다. 1결에 2필의 면포를 백성이 직접 짜서 바치면 무슨 고통스러움이 있겠습니까만, 스스로 짜지 못하고 쌀로 바꾸어 마련하면 풍년에는 10여말의 쌀로도 1필을 살 수 없습니다. 그러니 두메산골의 백성은 풍년을 오히려 고통스러워하니, 풍년을 고통스러워하는 백성을 어떻게 즐겁게 하겠습니까? 신의 생각으로는 돈을 사용하게 하면 이 고통도 없앨 수 있다고 여겨집니다." 하였다.[101] 처음 충청도의 대동법은 1결당 쌀 10말을 봄가을로 나누어 각각 5말씩을 징수하였다. 그리고 산군은 매 쌀 5말 대신 면포 1필씩을 거두었다.[102] 그런데 풍년이 들면 쌀값이 떨어져 면포 1필을 사기 위해 쌀 10말을 주어야 하니, 2필을 내려면 20말이 들었다. 산군의 대동세 부담이 2배나 무거워 진 것이다. 물론 풍년일 때 산군의 경우 쌀로 대

---

100) 이정철, "인조 초 삼도대동법 논의와 경과", 〈한국사연구〉 121, 2003, 117–142쪽.
101) 《증보문헌비고》 제152권 전부고12 대동1.
102) 《효종실록》 2년 8월 24일.

동세를 내게 하면 되겠지만 이 또한 쉬운 일이 아니었다. 베보다 수 백 배나 무거운 쌀을 산군에서 조창까지 운반하는 비용은 대동세로 지급되지 않기 때문이다. 반대로 흉년인 경우 쌀 6, 7되로 면포 1필을 살 수 있으니 유리하다고 할 수 있지만, 자기 집에서 직접 베를 짜지 않는 한 먹고 살 곡식도 부족했기 때문에 그리 유리하지 않았다.[103]

그래도 충청도는 전라도보다 연해지역이 더 많았다.[104] 그 당시 전라도의 경우 해읍은 27개 고을이고, 산군은 26개 고을이었다. 따라서 산군의 이러한 문제를 처음부터 해소하지 않은 상태에서 대동법을 시행하려는 것은 잘못된 것이었다. 효종 7년에 연성군 이시방은 "〈충청도의 경우〉 바닷가에 위치한 고을에서는 〈대동법을〉 모두 편리하게 여기지만, 산골에 위치한 고을의 경우는 불편하게 여기는 자가 있다고 합니다."[105]라고 하였다. 충청도에 대동법을 시행한지 5년이 지났지만 해읍과 산군의 공평이 이루어지지 못한 것이다. 그 이유에 대해서는 구체적으로 언급되어 있지 않지만 산군에는 밭이 더 많았기 때문이라고 본다. 산악지역에서는 논보다 밭이 더 많은 것은 당연하다. 그런데 대동법은 논과 밭의 세금을 같게 하였다. 전세와 비교하면 밭의 세금이 논보다 2배 더 오른 것이다. 산군 고을의 대동세 부담이 연해읍보다 훨씬 더 무거웠다.

그런데도 효종 8년 영돈녕부사 김육은 "이전에 호남 사람들이 대동

---

103) 《효종실록》 2년 8월 9일.
104) 뒤의 〈표 2-10〉 참조.
105) 《효종실록》 7년 9월 25일.

법을 시행하자고 연달아 청하였으나 조정이 허락하지 않고, 승정원에서도 그 상소를 올려보내지 않았는데 신은 참으로 이해가 안 갑니다. 신이 끝까지 〈호남의 대동법 시행을〉 말을 하는 것에 대해 사람들이 반드시 비웃을 것입니다만, 신이 이 일에 급급해 하는 것은 대체로 호남은 나라의 근본인데 재해를 매우 많이 입어 민심이 쉽게 떠날 것입니다. 그러므로 반드시 가을 안에 대동법을 시행해야만 혜택을 조금이라도 베풀 수 있다고 여겨지기 때문에 죽음을 무릅쓰고 누차 말씀드린 것입니다."[106]라고 하였다. 호남의 대동법의 시행을 위해서 죽음을 불사하겠다는 것이다. 그러면서 김육은 "호남 관찰사의 장계를 살펴보니, 수령과 아전들의 실정을 모두 알겠습니다. 대략 말하건대 53개 고을 중에 대동법을 시행하기를 바라는 곳이 34개 고을이고, 어찌할지 결정을 내리지 못한 곳이 16개 고을이고, 시행하기를 바라지 않는 곳이 13개 고을입니다. 그러니 그 숫자를 알 수 있고 그들의 심정을 알 수 있습니다. 좌도[107] 사람들이 말하기를 '1결의 1년 동안 역가가 10말까지는 되지 않는다.' 하니, 이는 눈앞에 대놓고 속이는 말로 그 정상이 밉습니다." 하였다. 김육은 전라도 백성들 대부분이 대동법 실시를 아주 원하며, 대동법을 시행하는 것이 백성들에게 더 편익하다고 자신했다. 때문에 4개월 후 김육은 "대동법을 시행 하지 않는다면 그만이지만, 한다면 불속에 있는 사람을 구제하듯 물에 빠진 사람을 건져

---

106) 《효종실록》 8년 7월 11일.
107) 전라좌도의 고을은 남원·담양·순창·용담·창평·임실·장수·곡성·옥과·운봉·진안·무주·광주 등의 24개 고을이었다. 대부분 산군이라 할 수 있다.

주듯이 해야 합니다. 먼저 가을에 5말을 거두는 것으로 급히 명하고, 충청도의 대동법에 따라 차례차례 절목을 가감하여 만든다면 한 해가 다 가기 전에 법이 완성되어, 새봄에는 반포할 수 있을 것입니다. 그 가운데 산군에서 베로 내거나 토산품을 납부하는 경우 그 가미(價米, 공물을 대신하여 내는 쌀)를 넉넉하게 하여 그들로 하여금 편의에 맞도록 하소서."[108] 라고 하였다. 김육은 산군의 가미를 넉넉하게 할 것을 주장하였다.

그러나 다음해인 효종 9년(1658)에 전라도의 27개 해읍에만 대동법이 시행되었다. 산군의 불만에 대한 대책이 온전히 이루어지지 못한 것이다. 그해 현종은 즉위하면서 "좌참찬 송시열의 차자 내용을 보면 전라도 산군의 대동법 시행 문제에 관하여 선왕조에서, '가을에 논의하여 결정하자'는 하교가 있었다고 했는데, 그 일의 결말에 대해 나는 모르겠다." 하니, 영의정 정태화(1602~1673)가 "호남 연해의 27개 읍의 백성들 부역이 가장 고되었기 때문에 대동법을 우선적으로 시행하였는데, 산군에 있어서는 원하지 않는 자도 많았고 조정의 논의도 일치되지 않아서 일시에 시행하지 못했던 것입니다. 그런데 그 후 산군 26개 읍 중에서 운봉·임실·정읍·금구(金溝, 김제)·태인 5개 읍은 대동법의 시행을 원했으므로 지금 허락하는 것이 옳겠으나, 마침 때가 때라서 다른 일에 겨를이 없기 때문에 미처 결정을 못했던 것입니다."[109]

---

108) 《효종실록》 8년 11월 8일.
109) 《현종실록》 즉위년 9월 5일.

라고 하였다. 그리고 다음해 현종 1년 이조 판서 홍명하는, "산군의 대동법 시행 절목은 일찍이 선왕조 때 이미 강구하여, 1결에 면포 2필로 환산하고 가미(價米)는 7말로 정했는데, 당초에 연성군 이시방의 뜻은 꼭 6말로 내려 정하려고 하였습니다. 그 말에도 이견이 없는 것은 아니므로 오늘 결정할 것은 말의 수를 더하든지 감하든지 어느 것이 편리한가만 정하면 됩니다." 하니, 영의정 정태화는 "호서 지방의 산군은 면포 환산 규정이 5말을 1필로 환산하는데, 호남은 쌀값이 호서에 비하여 꽤 낮기 때문에 7말로 정한 것입니다. 그런데 이시방의 생각은 1결에 대한 13말을 그대로 다 받아서는 안 되고 당연히 한두 말쯤은 감해주어야 하는데, 대동세는 그렇게 감해주면서도 면포와 환산한 쌀의 수를 7말로 책정하면 세수가 많이 줄기 때문에 6말로 정하려고 한 것입니다. 신의 생각에는 만약 백성에게 편리한 방법으로 말하자면 7말을 1필로 환산하여도 안 될 것은 없을 것 같습니다." 하였다.

이에 호조 판서 허적은 "꼭 백성들의 사정을 정성스럽게 따르기로 하면 비록 7말로 정하더라도 백성들이 어찌 만족하다고 하겠습니까? 호서 사정으로 논한다면 쌀 5말로 면포 1필을 사기란 과연 어려운 실정이고, 산군에서 따지고 드는 부분도 이 점에 있습니다. 그러나 쌀로 상납하는 해읍의 경우 명목은 비록 5말이라도 실지 들어가는 양은 6~7말이 밑돌지 않습니다. 따라서 산군이 해읍에 비하여 꼭 더 고될 것은 없다고 할 수 있습니다. 그리고 전세의 경우 1석(15말)을 면포 3필로 환산하는데, 쌀로 상납하는 읍들이 모두 면포로 환산해 줄 것을 요청하고 있습니다. 그것만 보더라도 면포로 환산하는 〈산군〉 고을이 더 고될 것이 없는 것입니다. 호남도 6말로 정하여 안 될 것이 없습니다."[110] 하였다. 호남과 호서의 대동법에 따른 가미를 결정하는 문제가 쉽지 않은 것이다. 호남의 경우 다른 지역에 비해 쌀값이 쌌기 때문이다.

두 달 후 호조 판서 허적이, "전라도 산군에 대동법을 이제 곧 시행하게 되었습니다. 산간지방은 전부터 민역(民役, 백성이 내는 세금)이 본래 가벼웠기 때문에, 대동법의 본래 뜻이 균역(均役)에서 나와 산간지방의 백성들은 배나 무겁다고 합니다. 올해와 같은 흉년을 맞이하여서는 더 받아들이는 모든 역(役)은 우선 정지하여 인심을 위로하지 않을 수 없는데 어떻게 해야 합니까?"[111] 하였다. 여기서 허적이 말한 '산군 지역의 민역은 본래 가벼웠는데 대동법 시행으로 배나 무거워 졌다'는 뜻은 무엇일까? 아마도 밭의 세금이 논의 절반 밖에 안 되었기 때문에 가벼웠는데, 대동법이 시행되면서 논과 밭의 세금을 똑같이 하니 배로 무겁게 되었다는 뜻이라고 본다. 이에 현종은 "그렇다면 내년 가을을 기다려 시행하라."고 명하였다. 전라도 산군의 대동법 시행을 또다시 1년 미룬 것이다.

한 달 후 이조 판서 홍명하는, "금년의 호남 지방 농사는 연해지역이 가장 흉년이고 산군은 조금 결실이 되었는데 모든 의논이 모두 산군에서는 대동법을 시행할 수 없다고 하니, 신은 삼가 의혹이 듭니다. 신

---

110) 《현종실록》 1년 6월 16일.
111) 《비변사등록》 현종 1년 8월 24일.

이 정유년(효종 8, 1657)에 호남의 대동법을 결정할 때 먼저 해읍에 시행하자고 한 것은 대개 산군이 불편하게 여겼기 때문이었습니다. 지금 와서는 형편이 옛날과 달라졌으니 온 도에 시행하지 않을 수 없습니다."라고, 전라도 산군의 대동법 시행을 강행하자고 하였다. 하지만 비변사에서는 "백성들이 하려고 하지 않는 것을 흉년에 강행할 수 없습니다."[112] 라고, 산군의 대동법 실시를 반대하였다. 이처럼 전라도 산군의 경우 대동법 시행을 온 도민이 환영한 것은 아니었다. 그리고 2년 후 이조 판서 홍명하가 "호남의 산군에 대동법을 실시할 예정이니, 포목을 쌀로 환산하는 가미를 정해야 하겠습니다." 하니, 현종이 "쌀 13말을 면포 2필로 환산토록 하라."고 명하였다.[113] 수년 동안 논쟁한 가미를 6말과 7말의 중간으로 정한 것이다. 전라도 산군의 가미가 베 1필에 쌀 6말 5되로 정해지고 대동법이 실시되었다.

그런데도 현종 5년 비변사에서는, "대동목 1필은 일찍이 쌀 7말 반으로 환산하게 했는데, 민심은 그래도 어렵게 여깁니다. 내년 봄부터는 쌀 8말의 값으로 쳐서 면포 1필을 상납하게 하는 일을 분부하소서." 하니, 현종은 "올해는 농사가 이미 잘못되었으니 내년 봄의 쌀 징수는 산간과 해안을 막론하고 특별히 1말을 줄이라."고 하였다. 이때부터 전라도의 대동세가 1결에 12말로 감축되었다.[114] 그러자 현종 6년 충청도 관찰사 김시진은, "호서에서도 포목을 무역하기 어려움이 호

---

112) 《현종실록》 1년 9월 1일.
113) 《현종실록》 3년 8월 5일.
114) 《현종실록》 5년 12월 30일.

남과 다름없는데도 가격을 환산한 숫자는 더해준 것이 없습니다. 백성들의 바람이나 신이 청한 것은 본래의 숫자에다 10분의 2를 더해 주어 6말로 가격을 환산해 주기를 바란 데 불과할 뿐입니다. 애당초 어찌 호남에 맞추어서 8말로 환산해 주기를 바란 것이겠습니까?"[115]라고 하며, 충청도에도 가미를 조정해 줄 것을 요청했다. 하지만 비변사에서는 받아주기 어렵다고 반대하였다.

이처럼 전라도 산군의 대동법 저항에 대해 조정에서 여러 차례 변경하였지만, 현종 6년 12월 전라도 산군의 대동법이 일시 폐지되었다. 그이유에 대해서 "대동법을 실시한 후에 백성들은 대부분 편리하다고 하는데, 대호(大戶)는 일시에 쌀 내는 것을 어렵게 여겨 모두 불편하다고 하자, 조정의 논의도 대부분 혁파해야 한다고 하였다."[116]라고 하면서, "전라 관찰사 민유중은 백성들이 불편해 한다고 말하고, 산군과 연해의 제군에서 대동법을 혁파하기를 청하였다."고 하였다. 그런데도 지금 우리는 이러한 대동법의 반대를 단순히 대호들의 저항으로 치부하고 있다. 역사에서 대동법에 대한 인식을 제대로 하지 못한 것이다.

전라도 산군의 경우 대동법 시행이 강한 저항에 부딪쳐 원활히 실시되지 못했다. 산이 많고 밭이 많은 지역에서 논과 동일하게 쌀로 과세하는 대동세에 대해서 민심이 좋을 수 없었을 것이다. 다음 〈표 2-10〉은 이긍익이 쓴 《연려실기술》에 있는 대동법을 시행한 5도의 해읍과

---

115) 《현종실록》 6년 2월 6일.
116) 《현종개수실록》 6년 12월 27일.

산군 고을의 현황이다. 대동법(상정법)이 마지막으로 황해도에 시행된 때가 숙종 34년(1708)이므로 그 이후에 작성된 것으로 보이며, 전라도에 대동법이 시행될 초기에는 산군이 26개 고을이었는데 3개 고을이 해읍으로 변경되었다. 그래도 대동법이 시행된 5도의 산군이 해읍보다 더 많아 전라도 산군처럼 많은 저항이 있었다고 본다.

표 2-10	도별 해읍과 산군 현황		
구분	해읍 수	산군 수	중간 고을
충청도	35	13	6
전라도	30	23*	
경상도	22	49	
강원도	10	16	
황해도	7	16	
합계	104	117	6

*현종 3년(1662) 전라도 산군에 대동법을 시행 할 때에는 해읍이 27개, 산군 26개 군현이었다.
자료 : 《연려실기술》 별집 제11권 정교전고 공물(貢物)과 대동미(大同米)

제3장

늘어난 대동세에
쪼그라든 국가재정

「세금 이외에 대동세라는 명분으로 해마다 나가는 쌀이 5, 60만 석이니, 근본과 말단이 뒤바뀌고 경영의 제도가 어그러진 것이다. 나라의 힘이 점점 약해지고 백성들의 재산이 날로 줄어드는 것은 단지 이것 때문이었다. 관리들의 녹봉이 적은 것이야 말할 필요가 있겠는가?」

《현종개수실록》 11년 1월 2일

1. 공물을 폭증시킨 연산군

조선전기 국가재정의 운용은 《경국대전》의 "횡간(橫看)과 공안(貢案)에 의거한다"는 규정에 따랐다. '횡간'은 왕실과 정부 각사의 경비를 비롯하여 국상, 명나라에 파견하는 사신과 외국 사신접대, 신료의 녹봉, 구휼 등에 필요한 제반 경비가 규정되어 있는 세출명세서이며, '공안'은 전세를 비롯하여 각종 부역과 공물·진상, 그리고 어세·염세·공장세(工匠稅) 등의 잡세를 포함한 모든 조세의 세입명세서이다. 따라서 횡간과 공안은 국가재정의 모든 것을 망라한 예산서였다.

공안은 조선이 건국된 태조 원년(1392)부터 제정되어 국가의 수입을 어느 정도 파악할 수 있었지만, 횡간은 건국된 지 70여년이 경과한 세조대에 이르러서 비로소 제정되었다. 횡간은 그때까지 일정한 지출계획 없이 관례에 따라 경비를 지출했던 것에서 벗어나, 지출예산서에 따라 경비를 지출하게 되었다는 점에서 큰 의미를 갖는다. 물론 그 이전 세종은 재위 8년(1426)에 경비식례(經費式例, 세입과 세출 액수를 규정해 놓은 법규)를 제정하여 방만한 경비 운영과 과다한 중앙 각사의 경비 책정을 바로잡고자 하였다.[117] 또한 세종 22년(1440)에는 이전에 제정된 식례의 유무를 막론하고 다시 식례를 제정할 것을 명하였으며,[118] 세종 25년(1443)에는 식례가 없는 각사는 그때까지 사용한 잡물 제작

---

117) 《세종실록》 8년 10월 22일.
118) 《세종실록》 22년 4월 21일.

경비의 수량을 참조하여 식례를 제정하도록 하였다.[119] 다만, 세종의 경비식례는 모든 관서가 아닌 재정 지출과 관련 있는 43개 관서만을 대상으로 하는 한계가 있었다. 이에 세조는 세종대에 제정된 일부 각 사의 경비식례를 궁궐에서부터 각 지방 관아에 이르기까지 확대하는 횡간식례(橫看式例)를 제정하게 하였다.[120]

그런데 세조때 완성된 횡간식례는 너무 짧은 시간에 이루어졌기 때문에 많은 문제점을 내포하고 있었다. 성종은 세조조의 횡간을 토대로 개정 작업을 착수하여 재위 4년(1473)에 횡간조작식(橫看造作式)을, 다음 해에는 횡간식례(橫看式例)를 완성하였다. 때문에 조선왕조에 들어 국가의 경비지출이 횡간에 의거해서 온전히 지출하게 된 때는 성종 5년(1474)부터라고 할 수 있다. 이 때 완성된 횡간은 국가경비를 절감하는 방향으로 추진되었다. 횡간이 정비된 후 이에 상응하여 공안을 개정하였는데, 그 결과 성종대의 공안은 이전에 비해 대폭 삭감되었다. 그리자 공안의 수입만 가지고는 경비의 태반이 부족하였고, 이러한 경비의 부족을 해결하기 위해 누차에 걸쳐 공안의 증액에 대한 논의가 이루어졌지만 개정되지 않았다.[121]

그래서 연산조 이전까지 국가재정은 비교적 공안에 따른 엄격한 세수 확보와 횡간에 의한 엄정한 지출를 기초로 운영되었다. 국가경비의 사용내역은 횡간에 의해서 각 관서나 호조에 보고되어 감시를 받

---

119) 《세종실록》 25년 7월 29일.
120) 《세조실록》 2년 10월 30일.
121) 박도식, "율곡 이이의 공납제 개혁안 연구", 〈율곡학연구〉, 2008.

앗다. 특히 공물의 경우로 입법된 공안을 기준하여 수입을 충당하였다. 이에 주요 재정의 조달도 지방→각사 및 호조→의정부→국왕에 이르는 엄정한 행정체계에 의해 이루어졌다. 이러한 시스템은 세조와 성종대에 가장 잘 지켜졌으며, 세종 때의 공안과 비교해 세조 때에는 3분의 1이 감축되었다. 더구나 성종 때에는 그마저 여유가 있어 또 그 반을 감하니, 세종 때 공안의 3분의 1만을 징수하였다.[122] 이때 공안의 축소는 법으로 정해진 전세 등보다는 대부분 공물의 감축으로 볼 수 있다. 그래도 연산 3년 사헌부 지평(정5품) 신복의는 "만약 용도만 절약한다면 지금의 공안도 족하온데, 어찌 반드시 변경해서 조정할 것이 있으리까?"라고 하였다.

성종 때까지의 전세 수입은 세종 때에 비해 크게 감축되지 않았다. 성종 5년 원상(院相)[123] 조문석이 "세종께서 〈답험손실법의〉 폐단을 깊이 염려하여 공법을 제정하시어, 전분6등과 연분9등으로 하여 먼저 하삼도의 전지를 헤아려 공법으로 거두었는데, 백성이 다 편리하게 여겼고, 다른 도의 백성도 그것을 원하였습니다. 참으로 만세토록 지켜서 시행해야 할 법이니, 가벼이 고칠 수 없습니다."[124]란 말에서, 세종이 만든 공법이 잘 준수되어 전세가 징수되었다고 본다. 또한 성종 21년에 영사 심회는 "금년에 거둘 〈전세의〉 세곡 수량이 매우 많은데, 쌀과 콩을 모두 노천에 쌓아 놓게 되면 해를 넘길 경우 반드시 부패하게 될 것

---

122) 《연산군일기》 3년 10월 20일.
123) 국왕이 정상적인 국정 수행이 어려울 때 재상들로 구성된 임시로 국정을 의논하던 관직.
124) 《성종실록》 5년 7월 24일.

입니다."[125]라고 하였다. 창고에 넣지 못할 만큼 세수가 많았다는 것인데, 그 숫자는 확인할 수 없다.

김옥근은 조선초 세종 때에 전세 수입은 쌀로 435,000석이었으며, 공물의 부담을 쌀로 환산하면 10만석, 진상은 2만석 정도였다고 하였다. 그 밖에 어세 등 잡세 수입을 10만석으로 보아 국가가 징수한 세수는 쌀로 총 655,000석 정도였다고 추정하였다.[126] 따라서 조선전기 각종 진상까지 포함한 공물의 세입 규모는 전세의 1/4 규모인 27.6%에 지나지 않았다. 진상을 포함한 공물의 세수가 총 재정의 18.3%에 불과한 것이다.

그런데 연산 이후 전세의 세입이 급격히 감소하면서 공물 수입은 급증하였다. 무오사화(연산 4년, 1498) 이듬해인 재위 5년에 전세의 세입은 205,584석으로 세출인 208,522에 부족했다.[127] 이에 연산은 재위 7년에는 이른바 '신유공안(辛酉貢案)'을 제정하여 부족한 재정을 메우기 위해 기존의 공납을 크게 확대함으로써 민생에 큰 부담을 주었다. 더구나 연산은 공적 재정 체계와는 별도로 사적 체계를 이용하는 운영방식을 늘렸다. 그 대표적인 사례가 기존 행정의 위계질서를 무시한 채 각사가 국왕으로부터 직접 결재를 받는 '직계제'를 실시하였다. 직계(直啓)는 임금에게 제가를 받을 때 중간에 상급 관청을 경유하는 절차를 밟지 않고 해당 관서가 문서로 직접 임금에게 아뢰는 것인데,

---

125) 《성종실록》 21년 5월 27일.
126) 김옥근, 〈조선왕조재정사연구 I 〉, 일조각, 1995, 48쪽.
127) 《연산군일기》 5년 10월 26일.

국왕의 어용을 담당하는 사옹원 및 내자시 같은 기관들과 내수사(왕실의 재정 관리를 위해 설치한 관서)에 의해 주도되었다. 특히 내수사의 직계는 무오사화 이후 연산이 정국의 주도권을 잡게 되면서부터 잦아졌으며, 결국 연산 10년(1504)에는 '내수사 직계제'가 정식으로 확립되기에 이르렀다. 이 때 연산은 내수사의 경비 출납이나 공무를 내수사가 바로 아뢰고 시행하도록 하였다."[128]

이처럼 내수사의 직제 개편과 기능 강화로 막대한 양의 수입이 국왕을 비롯한 왕실의 소유로 들어갔지만, 연산의 무절제한 낭비로 내수사의 재원만으로는 왕실 경비를 충당하기 어려웠다. 그리하여 연산은 호조의 전세와 각사에서 보관한 쌀과 베뿐만 아니라 국가의 비상곡인 군자창과 풍저창의 쌀까지 끌어다 쓰기 시작했다. 나라의 공적 재정 체계가 완전히 무너지기 시작한 것이다. 재정의 남용에 따른 부족분은 국가나 왕실재정과 상관없이 임시변통으로 채우기도 했지만 부족하니, 내년 혹은 내후년의 공물을 미리 끌어다쓰는 '인납(引納)'이나 육의전(六矣廛)을 비롯한 관허 특권상인으로부터 필요한 공물을 강제로 교환하는 '무납(貿納)'을 통해 메웠다. 국가재정이 고갈되면서 전세를 비롯한 공물·진상과 같은 각종 조세를 부담해야 하는 일반 농민층은 직접적인 피해를 입게 되었다.

이러한 재정 상태가 지속되자 방만해진 국가의 재정수요를 현실화하고 공안을 증액시켜 '인납'이나 '가부(加賦, 공물 증액)'를 배제하자는

---

128) 《연산군일기》 10년 5월 9일.

주장이 제기되었다. 이에 연산 7년(1501)에 공안상정청(貢案詳定廳)이 설치되고, 그해 7월에 10조에 이르는 '조례'가 발표되었다. 이 조례에서 "각사의 잡물은 여유가 있기도 하고 부족하기도 하다. 여유가 있는 곳은 감하여 부족한 곳에 보충한다. 부족한 데도 여유가 없어서 서로 보충할 수 없는 것은 뜻에 따라 가정(加定)한다."[129]고 하였다. 이 조례의 결론은 상시적으로 공안을 증액할 수 있게 한 것이다. 세입예산서인 공안의 액수가 의미가 없어진 것이다.

결국 연산 7년을 기점으로 공물 중심의 국가재정이 대대적으로 확충되었지만 적자상태는 좀처럼 극복되지 못했다. 가정분 이상으로 연산의 낭비벽이 심해졌기 때문이다. 연산이 추진한 주요 업무는 궁궐 보수와 사냥을 위한 민가 철거 및 연회나 음행 등이었다. 사치와 향락의 극치라고 아우를 수 있는 이런 문제들은 국가재정을 고갈시킬 수밖에 없었다. 궁궐 보수는 지속적으로 이뤄져 연산 5년과 7년, 9년에 걸쳐 경복궁과 창덕궁의 담장을 높이거나 행랑을 수리했다. 연산은 인정전 수리에 선군 5백명을 투입했고, 창덕궁 후원 담장을 쌓는 공사에는 문신을 감역관으로 파견해 실적을 서로 경쟁시키는 등 궁궐 보수에 많은 인력과 예산을 낭비했다. 궁궐 안의 일이 누설될 우려가 있다는 이유로 궐 안의 관서를 궐 밖으로 옮기거나, 진귀한 화초를 대궐 안 동산에 심어 재정을 낭비했다. 왕의 사냥터를 만들기 위한 민가 철거는 백성의 피해로 직접 연결되었다.

---

129) 《연산군일기》 7년 7월 17일.

연산군의 낭비벽은 갑자사화(연산 10년, 1504)를 거치면서 더욱 심해져 사섬시(司贍寺)[130]의 면포 80만 필을 불과 20일 만에 다 써버릴 정도였다. 면포 80만필은 쌀 32만석으로 그 당시 한 해의 전세 수입보다 더 많은 액수였다. 1년의 세금을 한 달도 못되어 탕진한 것이다. 뿐만 아니라 경상경비와는 상관없이 한 달에 쓰는 면포가 수백 동이고, 지급해 주는 양곡의 수량이 5,000여석을 밑돌지 않아 두 달이면 1만석이 되었다.[131] 제안대군(齊安大君, 예종의 아들)의 집값으로 사섬시의 면포 5,500필을 사사로이 주기도 하였다.[132] 그러니 국가재정은 공안 상정과 관계없이 만성적으로 적자에 시달렸으며, 폐지하기로 한 가부·인납·무납 등으로 계속 충당시켜나갔다.[133]

국가 경비와 왕실 비용이 완전히 분리되지 않은 상태에서 공물 징수의 급증은 그나마 근근이 유지되고 있는 조세체계를 무너뜨렸다. 이에 대해 율곡 이이는 선조 14년에 "우리나라에는 조세가 헐하고 공납은 과중합니다. 조세는 거의 30분의 1로 되어 있는데, 근래에 해마다 농사가 잘되지 않고 절반 이상이 재해로 감손을 보고 있는데다가 아전들은 관가를 기만하고 수령들은 명예욕에 팔려서, 조세를 더욱 가볍게 징수하는 현상이 오랑캐의 법보다 더 심합니다. 〈전세의〉 세수는 선대 임금들의 시대에 비하게 되면 3분의 1도 못되는데, 경비의 지

---

130) 저화(楮貨 : 종이돈)의 발행과 노비가 공납하는 면포를 관장한 관청.
131) 《광해군일기》 10년 4월 10일.
132) 《연산군일기》 10년 7월 28일.
133) 김성우, 〈조선중기 국가와 사족〉 제2장 16세기 국가 재정수요의 증대와 재정운영의 위기 2. 국가재정 운영방식의 변화 1)국가 재정수요의 증대. 2001.

출은 꼭 옛날 규모대로 하고 있습니다."[134]라고, 그 폐단을 지적하였다.

이는 연산군 이후 조선 정부가 전세 중심으로 국가재정을 해결하려는 노력이나 의지없이, 법에 없는 온갖 명목으로 필요에 따라 공물만을 늘렸기 때문이다. 공납에 따른 백성의 부담은 더 혹심해질 수밖에 없었다. 각 지방의 특산품을 바치는 공납제는 군현 단위로 부과되고, 각 군현에서는 8결작공제(結作貢制)에 따라 각 가호(家戶)를 대상으로 공물을 부과·징수하는 방식으로 운영되었다. 8결작공은 부근에 살고 있는 자들의 논과 밭의 결수를 통산하여 공물을 부과하는 방식이었다.[135] 하지만 지방마다 공물의 종류와 부과액이 일정하지 않고 차이가 있었을 뿐만 아니라 지역 토산품이 아닌 공물을 납부하게 하니, 외지에서 무역해야 했으므로 부담은 더욱 커졌다. 이로 인해 성행한 방납은 토호 및 관권(官權)의 농간과 겹쳐서 더욱 농민의 생활을 궁핍하게 하였다.

2. 경상재정의 5배나 더 거둔 대동세

조세는 세입의 용도를 특정화시켰느냐의 여부에 따라 보통세와 목적세로 나눈다. 즉 국가의 일반세입에 산입되어 일반적인 경비로 충

---

134) 《반계수록》 권지6 전제에 관한 역사적 고찰 하 우리 나라의 전제[國朝田制].
135) 《명종실록》 16년 2월 17일.

당되는 조세를 보통세라고 하고, 특정된 경비 지출을 목적으로 징수되는 조세를 목적세(目的稅)라고 한다. 그런데 조세는 일반경비에 충당하는 것이 기본이므로 사용 용도가 구체적으로 특정된 목적세는 최소화 하여 극히 예외적으로 인정하는 것이 원칙이다. 물론 국가재정과 왕실재정이 명확히 구분되지 않은 조선시대에 이를 논하는 것이 다소 무리라고 볼 수 있겠지만 그렇지 않다.

조선시대의 경우 전세는 상세(常稅)라 하여 국가의 일반적인 경비를 충당하기 위해서 부과된 현대적 의미의 보통세라고 할 수 있으며, 대동세는 왕실과 궁궐 및 중앙과 지방 관아에서 사용할 재원을 마련하기 위한 목적세라 할 수 있다. 따라서 전세는 주로 관리의 녹봉과 군사비 등에 소용되었지만, 공물을 위한 대동세는 왕실이나 각 관서의 유지비로 사용되었다. 따라서 조선초기에는 경상적인 전세의 비중이 높고, 공물의 비중이 낮은 건전한 재정구조였다. 하지만 대동법이 전체적으로 실시되면서 조선 정부의 이러한 재정구조는 완전히 깨졌다. 대동세의 세입이 전세의 세입을 훨씬 능가한 것이다. 그것은 초기 대동세의 도입이 백성의 공물부담을 감소시키는 이외의 목적이 있었기 때문이다. 바로 대동법을 통한 재정 확충이었다.

연산군 이후 폭증한 공물은 이후 왕대에서 조금도 줄어들지 않았다. 왕실과 각 관서의 이해관계가 복잡했기 때문이었다. 이에 대해 이이는 선조 14년(1581)에 "〈전세의〉 세법을 선대 임금들의 시대에 비하게 되면 3분의 1도 못되는데, 경비의 지출은 꼭 옛날 규모대로 하고 있습니다. 그리고 수입을 타산하지 못하기 때문에 한 해 수입으로는 지출할 만한 수량이 없어서 해마다 묵은 곡식을 헐어내니 축적은 날로 탕진되고, 그만 200년 동안 축적하여 내려오던 나라의 창고가 1년도 지탱하지 못하게 되었사오니 진실로 애통할 일입니다."[136]라고 탄식하였다. 이 말은 이이가 임진왜란이 일어나기 10년 전에 한 것이다. 임란 이후 이러한 현상은 더욱 심해졌다. 하지만 조선 정부는 이러한 조세 상황을 근본적으로 해결하려는 노력 없이 온갖 명목으로 공물의 징수에만 열을 올렸다. 결국 공안을 개혁하여 거두는 공물 액수를 줄여야 한다는 주장은 무시한 채, 백성들의 방납 피해를 줄인다는 미명하에 대동법을 만들어 공물 수입을 극대화시켰다.

인조 1년 호조는 "대동법을 비록 일시에 모든 도에 실시할 수는 없다 하더라도 우선 2~3개도에 먼저 실시하여, 봄가을로 1결당 10말씩의 쌀을 거두면 60만석은 장만할 수 있습니다. 여기에서 서·남·북도의 군수용 및 영남 하도의 왜관 비용을 제하더라도 나머지가 40만 석은 될 것이니, 이것을 가지고 공물에 충당한다면 부족할 걱정은 없을 듯합니다."[137] 라고 하였다. 인조 18년(1640) 당시 중앙정부의 상납된 〈전세〉 세액은 본도에 회록(會錄) 되는 황해, 평안, 함경의 3도 세곡을 제외하고 쌀과 콩을 합하여 총 82,849석이었다.[138] 회록 된 3도를 포함해도 전세가 10석이 조금 넘은 것이다. 세종 때의 전세 1/4에도 미치지

---

136) 《반계수록》 권지6 전제에 관한 역사적 고찰 하 우리나라의 전제[國朝田制].
137) 《인조실록》 1년 4월 4일.
138) 《인조실록》 18년 12월 1일.

못한 것이다. 그런데 3개도에 대동법을 실시하여 1결당 쌀 10말씩을 거두어 60만석을 확충하고, 그 중 40만석을 공물 값으로 사용하려는 계획이었다. 전세보다도 3~4배나 많은 대동세를 징수하려 한 것이다.

이러한 계획은 조익이 "토질이 보통인 농지에 평년작을 기준으로 해서 계산할 경우 1결에 4말을 부과하는 것은 40~50분의 1에 해당하니 너무 가볍다고 할 수 있을 것입니다. 그러나 각사에서 쓰는 잡다한 물품은 여러 고을에 나누어 배정하여 민결(民結)에서 받아들이도록 하고 있으니 이른바 공물이라고 하는 것입니다. 이 밖에 각 도의 감영과 병영, 수영(水營) 및 각 군현에서 쓰는 것들도 모두 백성에게 거두어들이고 있습니다."[139]라고 하며, 대동법 시행의 타당성을 주장했기 때문이다.

이는 십일조에 근거한 것이다. 맹자는 세율 10분 1을 기준하여 "많으면 걸(桀)이고, 적으면 맥(貊)이라."하였다.[140] 여기서 걸(桀)은 고대 중국 하나라의 마지막 왕으로 포악하고 사치한 군주이며, 맥(貊)이란 법도를 모르는 오랑캐를 이르는 말이다. 따라서 조선 정부는 세금을 10분의 1보다 많이 받으면 걸왕처럼 되고, 적게 받으면 오랑캐처럼 된다고 하였다.[141] 조익의 주장도 이러한 맥락에서 시작되었다고 본다. 전세로 1결에 4말을 부과할 경우 생산량의 40~50분의 1에 해당하여 가벼우니, 대동법으로 1결당 16말을 부과하여도 전세와 대동세 등의 총

---

139) 《포저집》 제2권 소(疏) 선혜청의 일을 논한 소(인조 원년 9월 3일).
140) 《태종실록》 11년 8월 12일.
141) 《세종실록》 18년 2월 23일.

액이 소출의 10분의 1에 미치지 못한다고 본 것이다.[142] 대동법이 백성의 담세능력 범위 안에서 실시될 수 있음을 강조한 것이다.

당시 조익은 전국 공물가의 쌀 환산액을 9만석으로 추산하고, 경기 · 충청 · 강원 · 전라 4도에 대동법을 실시할 경우 예상되는 세수를 37만석으로 추계하였다. 거기서 상납미, 유치미(지방비) 및 상납운송비를 모두 공제하더라도 12~13만석의 잉여가 생긴다고 하였다.[143] 조익은 방납의 폐단을 제거하면서 백성의 부담은 줄이고, 국가재정을 확충할 수 있다고 주장했다. 두 마리 토끼를 다 잡겠다는 생각이었다.

결과적으로 다음 〈표 3-1〉과 같이 영조 45년(1769)에 대동법이 시행된 6도에서 거두어들인 대동세의 세수는 전기 공물가의 4배가 넘는 쌀로 약 509,201석이 되었다.[144]

표 3-1	1769년(영조 45년)의 대동미 징세액						
	원장부논밭(결)	원전(결)	복호결(결)	실결(결)	징세액(쌀, 석)	1결당징세액(말)	비고
경기도	105, 018	55,411	11,764	43,647	35,894	12.3	초미가 978서 포함
강원도	40,925	17,403	2,730	14,673	19,346*	19.8	
충청도	255, 580	127,478	9,499	117,979	94,383	12.0	
전라도	339, 743	199,039	11,786	187,253	149,800	12.0	
경상도	337,472	204,941	15,569	189,372	151,498	12.0	
황해도	132,373	67,811	9,531	58,280	58,280	15.0	원수미 46,624석+별수미 12,334석(상정법)

---

142) 《포저집》 제2권 소(疏) 선혜청의 일을 논한 소(인조 원년 9월 3일).
143) 《포저집》, 제2권 소(疏) 선혜청의 일을 논한 소(인조 1년 9월 9일).
144) 김옥근, 〈조선왕조재정사연구Ⅰ〉, 일조각, 1995, 48~49쪽.

	원장부논밭(결)	원전(결)	복호결(결)	실결(결)	징세액(쌀, 석)	1결당징세액(말)	비고
합계	511,469	672,083	60,879	611,204	509,201	13.85	

*돈 76,054량은 제외하였다.

자료 : 김옥근, 〈조선왕조재정사연구 I 〉, 일조각, 1995, 271쪽 참조

표를 보면 대동세의 세수는 경상도가 가장 많은 151,498석이고, 그 다음이 전라도로 149,800석이며, 하삼도에서 거의 40만석을 징수하였다. 경기도의 세수는 34,916석이고 여기에 별도로 부과된 초미가(1결에 초가(草價) 2말 9승) 978석을 합한 징세액이 35,894석이었다. 강원도의 징수량은 쌀 19,346석, 돈 76,054량으로 쌀로 환산한 액수는 34,556석이다. 황해도 징세액은 원수미 46,624석에 별수미 12,234석을 합한 58,280석이다.

이처럼 조선후기 대동세의 세입 규모는 전기 공물가의 4~5배에 달해, 대동법이 중앙재정과 지방재정의 부족을 완화시키는데 크게 기여할 것이라 생각하였다. 조선 정부는 대동세로써 각 관서와 왕실에 소요되는 물자를 조달할 뿐만 아니라, 극심한 재정 궁핍을 극복할 수 있다고 여겼다. 관둔전과 아록전 등의 재원을 상실하여 재정이 극도로 결핍해진 각 지방관아도 대동세 수입의 절반에 가까운 유치미를 획급받음으로써 재정난을 타개할 뿐만 아니라 상당한 잉여도 갖게 되었다. 실로 대동법은 조선후기의 재정 위기를 타개하기 위해 제시된 방안으로서 근본적인 의의를 지녔다. 실제로 대동법은 거의 파탄 상태에 빠져 있던 국가재정의 사정을 어느 정도 회복시켜 주었으며, 시행

초기에는 성과가 있어서 지배 체제를 지속 강화시키는 역할을 수행하였다고 본다.[145]

하지만 대동법이 본격적으로 실시되기 시작한 17세기 말에 농민들이 부담하던 결세로 전세(4말)·삼수미(1.2말)·대동미(12말) 등의 정세(正稅) 중에서 대동세가 차지하는 비중은 거의 70%였다. 대동법은 조선초기와는 완전히 반대되는 재정 구조를 유발하여, 전세가 대동세의 4분의 1밖에 되지 않았다. 정상적인 재정 형태에서는 발생할 수 없는 일이었다. 공물의 충당을 목적으로 하는 대동세의 세수가 조선 전기보다 4~5배나 늘어난 것이다. 그 결과 조세의 목적을 왜곡시켜 공물을 충당하기 위한 대동세가 국가재정의 주된 세목이 되었고, 조선전기까지 주된 세목인 전세의 기능은 완전히 축소되었다. 조선후기에 선혜청은 호조를 능가하는 재정기관으로 둔갑하였다. 경상비용의 전세 체계를 바로 세우지 않고, 공물의 충당을 목적으로 하는 대동법을 실시하여 호조가 아닌 선혜청에서 관리하게 한 것은 국가재정의 이원화를 초래한 것이다. 그 결과는 국왕의 재정 남용과 국가재정의 부실은 커질 수밖에 없었다. 대동세는 출발 시점부터 이러한 문제점을 내포하고 있었다.

---

145) 한영국, "대동법의 실시", 〈한국사〉 13, 국사편찬위원회, 1978, 212쪽.

3. 관리의 녹봉도 못 주는 나라

조선은 15세기 말 이래 토지의 사유화가 진전되어 많은 양반 신료들이 농장을 소유하고 그들의 경제 기반을 확대시켜 나가면서, 조선 정부의 공적 경제기반은 점차 위축되어 갔다. 게다가 사회 변동에 수반되어 국가 기강이 동요되면서 조세 체제도 정상적으로 운영되지 못하여 국가의 재정수입은 날로 감소되었다.

여기에 17세기의 조선 사회는 임진왜란과 병자호란 등의 거듭된 전란을 겪으면서 생산구조가 파괴되고, 국가재정의 궁핍으로 사회가 자못 어수선하여 위기의식이 도처에 팽배하였다. 특히 국가재정은 무기력한 왕조 체제와 질서를 유지하기 힘들 정도로 어려운 상태에 직면하였다. 7년간에 걸쳐 전국을 휩쓴 임진왜란은 농촌 사회를 황폐화시켰고, 각 고을의 토지 문서는 불태워져 선조 34년(1601)에 전국의 토지 면적은 30만 결로 감축되었다.[146] 전국적으로 농지가 1/5정도로 감축되었는데, 가장 피해가 컸던 경상도는 약 1/6로 줄었다. 왜란이 끝난 후 황무지를 개간하고 양전 사업을 실시하면서 토지 면적은 점차 회복되었으나, 쉽게 국가재정은 호전되지 않았다. 전쟁에 따른 토지의 황폐화 등으로 논밭의 결수는 급감하여, 나라의 세수는 조선초의 4분의 1에 불과하였다. 그러니 왕실과 각 관서는 부족한 재원을 공물에 의존할 수밖에 없어 시간이 흐를수록 방납의 피해는 더욱 심해졌고,

---

146) 《선조실록》 34년 8월 13일.

토산물이 아닌 공물을 납부하는 경우가 많아 운영상 그 폐단이 심해졌다.[147]

이에 광해군은 즉위하면서 경기도에 대동법(선혜법)을 실시하였다. 하지만 15년이 지난 인조 1년에 호조 판서 이서는, "1년의 경비가 11만 석인데 〈전세로〉 수납한 것은 10만 석입니다. 따라서 경비도 부족한데 무슨 남는 것이 있어서 군수(軍需)를 보충하겠습니까."[148]라고 재정을 걱정하였다. 반정으로 즉위한지 한 달 보름밖에 안된 인조는 걱정이 이만저만 아니었다. 연간 국가재정의 총 수입 규모는 쌀 10만석으로 전쟁 전의 쌀 20만석의 절반에 불과하였다. 세종 때의 4분의 1에 불과한 것이다. 여기서 전세 이외의 공물 등은 정상적인 세입으로 생각하지 않은 것이다. 결국 인조 2년(1624) 호조의 보고에 의하면, 백관의 춘계 녹봉으로 지급해야 할 수량이 쌀 10,500여석, 콩 4,600여석인데, 당시 광흥창에 비축되어 있던 것은 겨우 쌀 830석, 콩 230석 뿐이었다.[149] 지급해야할 녹봉의 10%도 확보되지 않은 것이다.

그러니 인조 2년 이원익과 조익은 이러한 재정의 어려움을 타개하면서 백성의 방납 폐해를 없앤다는 명분을 앞세워, 강원도를 비롯하여 충청도와 전라도에 대동법을 확대하였다. 임진왜란 이후 왕조 체제의 구조적 모순이 심화된 가운데 재정 위기의 돌파구를 대동법의

---

147) 김영심, "오늘날 세법적 관점에서 본 대동법의 재해석", 〈법학연구〉 23, 연세대학교 법학연구원, 2013, 156–157쪽.
148) 《인조실록》 1년 4월 25일.
149) 《인조실록》 2년 1월 4일

창설에서 찾고자 한 것이다.[150] 그러나 강원도를 제외한 충청도와 전라도의 대동법은 곧 폐지되고 말았다. 그리고 24년 지난 효종 1년 (1650)에 비변사가 흉년을 이유로 백관(百官)의 녹봉을 감하자고 청하니 임금이, "충성되고 신실한 신하에게 녹봉을 중히 하라고 한 것은 성인의 가르침으로서 흉년든 해라면 더욱 관심을 쏟는 것이 마땅하니 감해서는 안 된다."[151]라고 하였다. 하지만 호조 판서가 앞장서 녹봉을 줄일 수밖에 없었다. 경기도와 강원도에 대동법이 실시되고 있었지만 도움이 되지 않은 것이다. 다음해에도 사대부들조차 기근을 면치 못할 정도로 국가재정 형편이 파산 직전이었지만, 5군영의 설치 등 군비 증강에 따른 국방비의 증대와 국가 기구의 증설로 인한 국가경비는 오히려 팽창하였다.

이러한 상황에서 우의정 김육은 충청도와 전라도에 대동법의 시행을 건의하는 상소를 거듭 올렸으며, 좌의정 조익은 인조 때 올린 상소 가운데서 대동법 관련 '논선혜청소(論宣惠廳疏)'와 '논대동법소(論大同法疏)' 등을 아예 책으로 만들어 올리며 왕을 압박하였다. 이때 조익은 "지금 백성을 편안하게 하고 세상을 구제하는 전역(田役, 전세와 부역)의 방책은 오직 대동법의 시행에 달려 있고 더는 다른 계책이 없습니다. 참으로 이것을 행하면 모든 나라 안의 쌓인 폐단이 일체 다 없어질 것이다. 폐단이 없어지면 다스림이 이르니 마치 병이 없어지면 몸

---

150) 김옥근, 앞의 책, 44쪽.
151) 《효종실록》 1년 9월 2일.

이 편안해지는 것과 같습니다."[152]라고 하였다. 대동법이 절체절명의 대책으로 정책의 만병통치약이란 뜻이다.

결국 효종은 재위 2년에 충청도에 대동법을 시행하며, 1결마다 쌀 10말씩을 징수하되 봄가을로 나누어 각각 5말씩을 징수하게 하였다. 그리고 효종 9년(1658)에는 전라도 해읍에 대동법을 시행하여 1결에 쌀 12말을 징수하게 하였다. 그리고 현종 3년(1662)에는 전라도 산군 26개 군현에 대동법을 시행하였다. 충청도와 전라도에 대동법이 실시되면서 거둔 대동세는 충청도 83,164석(효종 3년), 전라도 147,134석(현종 3년)으로 총 230,298석이었다. 두 도에서 징수한 대동세가 전세보다 많은 것이다.

하지만 현종 8년(1667)에 우의정 정치화(1609년~1677)가, "가뭄이 너무나 심해서 농사가 크게 흉년이 든 상황이니, 구황 정책을 미리 강구하지 않을 수 없습니다. 나라에 저축해 놓은 곡식이 다 떨어졌으니, 백관들의 녹봉을 감해서 국가의 재정을 도와야 되겠습니다."라고 하자, 왕은 "우리나라의 사대부는 녹봉이 매우 적어서 참으로 감하기 어렵지만 구황 정책이 한창 급한데 국가의 재정이 부족하니, 5품 이상에 대해서는 쌀 1석을 감하고 대신 좁쌀을 지급하고 6품 이하는 감하지 말도록 하라."고 하였다. 경기도를 시작으로 강원도와 충청도, 그리고 전라도까지 대동법을 실시하면서 세금을 거두어 들였지만 비축한 곡식은 한 톨도 없었다. 조익은 대동법이 실시되면 한 해 쌀 10만석이 남

---

152) 《효종실록》 즉위년 11월 14일.

아 모든 폐단이 사라진다고 공언했는데 공염불이 되고 만 것이다.

그러니 현종 11년(1670)에 호조 판서 김좌명은 "〈전세의〉 세미가 국가 경비에 충분치 않다."는 이유로 매 석당 명주베와 면포 각 1필씩으로 바꾸어 주게 하였다. 하지만 그마져도 주기가 어렵다고 말하자 명주베와 면포를 주는 것까지 폐지시켰다. 이 때 사관(史官)은 대동세의 폐해를 다음과 같이 지적하였다.

「세입이 날로 줄어든 것은 다른 이유 때문이 아니었다. 양전을 오래 폐하여 논밭을 많이 잃었고, 또 해마다 거두는 상세(常稅, 전세)를 풍년이거나 흉년이거나를 따지지 않고 항상 하하년의 세금을 기준으로 하여 단지 4말만 거두었기 때문에 국가의 제도에 있는 상상년에 받는 것에 견주어 볼 때 5분의 1도 채 되지 못한다. 거기다가 세금이 면제되는 각 아문의 둔전(屯田, 변경이나 군사요지에 설치해 군량에 충당한 토지)과 여러 궁가의 농장이 거의 나라 안의 절반을 차지하여, 조종조(祖宗朝, 선대왕)로부터 내려오던 논밭에서 거두어들이는 세금이 모두 그들의 손으로 들어갔다. 그 때문에 호조에 들어오는 〈전세〉 세금이 한 해에 겨우 10여만 석인데, 상세에서 군량미로 떼어가는 것이 또 7, 8만 석에 이르렀다. 그 나머지로 관리들의 녹봉 및 종묘와 여러 신들에게 제사하는 데에 쓸 것은 3만여 석에 지나지 않는다. 그런데 세금 이외에 대동미라는 명분으로 해마다 나가는 쌀이 5, 60만 석이니, 근본과 말단이 뒤바뀌고 경영의 제도가 어그러진 것이다. 나라의 힘이 점점 약해지고 백성들의 재산이 날로 줄어드는

것은 단지 이것 때문이었다. 관리들의 녹봉이 적은 것이야 말할 필요가

있겠는가?」[153]

사관의 이 말은 그 당시의 조세정책에 대해 그 누구도 말하지 않은

예리한 비판이었다. 사관이 지적한 첫 번째의 폐단은 오랫동안 양전

하지 못한 것이다. 결세의 과세에서 가장 중요한 것이 양전이다. 양전

문제는 뒤에서 자세히 다루니 여기서는 생략하기로 한다. 두 번째는

전세의 영정법 시행으로 1결에 4말로 고정시킨 것이다. 풍흉에 따라

세금을 더 거둘 수가 있는데도 이를 포기하고 하하년으로 징수하는

것이 잘못되었다는 것이다. 세 번째는 전세를 면제하는 둔전과 궁방

전이 너무 많다는 것이다. 특히 궁방전의 확대는 면세전의 급증으로

조선후기 재정에 큰 부담을 주었다.

마지막으로 사관은 대동법의 폐단을 지적하였다. 경기도에 대동법

이 처음 시행된 지 52년, 전라도에 시행된 지 단 8년만에 나온 말이다.

상세가 아닌 대동세가 전세보다 5~6배나 많은 것은 근본과 말단이 바

뀌고 나라의 경영이 잘못된 것이라고 하면서, 나라의 힘이 점점 약해

지고 백성들의 재산이 날로 줄어든 이유가 바로 대동법 때문이라고

하였다. 대동법으로 나라의 총 재정수입은 늘렸지만 비정상적인 재정

구조를 발생시켰다는 것이다. 호조에 들어오는 세금은 한 해에 겨우

10여만 석인데 대동세는 매년 쌀 5, 60만석을 징수하였다. 나라의 상

---

153) 《현종개수실록》 11년 1월 2일.

세인 전세는 조선 초기보다 거의 5분의 1로 줄었지만, 왕실과 관서에서 사용하는 대동세는 5배 이상으로 증가하였다. 사관의 대동법에 대한 이러한 비판은 이전에도 없었고 이후에도 한 번도 언급된 적이 없지만 가장 핵심적인 지적이다. 물론 현대 사학자들도 이 문제를 언급한 사람은 없었다.

아마 조익 등은 흑묘백묘(黑猫白猫)의 논리로 어느 세금으로든 재정수입만 채우면 된다고 생각하였을 것이다. 대동법의 시행을 주청한 대신들이 대동세의 일부로 부족한 재정을 채울 수 있다고 말한 것은 감언이설(甘言利說)에 불과하였다. 선혜청에서 관리하는 대동세는 왕실과 각 관서의 물품을 조달하는 조세이기 때문에 그 쓰임새가 국가의 경상재정을 1순위로 여기지 않았다. 대동세는 본래 왕실이나 각 관서의 공물 수요의 충당을 목적으로 만든 조세이기 때문에 이들의 지출 확대를 막을 수 없었다. 이러한 폐단으로 대동법이 조선후기를 망치게 한 것이다.

이 문제는 대동법이 경상도와 황해도까지 시행된 후에도 하나도 개선되지 않았다. 조익 등이 말한 것처럼 대동법 시행 이후 전세 수입은 쌀로 약 159,812석(순조 7년)이었지만, 대동세의 세수는 쌀로 약 573,649석(영조 45년)이 되었다.[154] 대동세의 세수가 전기 공납가의 5배에 달했지만 지속된 중앙재정과 지방재정의 결핍을 완화시키지는 못했다.

---

154) 김옥근, 앞의 책, 48-49쪽.

그런데도 일부 사학자들은, "대동법에 의해 막대한 재원을 확보하게 된 봉건 국가는 대동세로서 관아 또는 왕실에 소요되는 물자를 조달할 수 있을 뿐만 아니라, 극심한 재정 궁핍을 극복하게 되었다. 그리고 관둔전·아록전·공수전(公須田)[155] 등의 재원을 상실하여 재정이 극도로 핍박해진 각 지방관아도, 특히 그 초기에는 대동세 수입의 약 절반에 가까운 유치미를 획급 받음으로써 재정난을 타개할 뿐만 아니라 상당한 재정 잉여도 갖게 되었다. 실로 대동법은 봉건국가의 재정적 위기를 타개하기 위하여 제시된 방안으로서, 결과적으로도 재정적 측면에서 원천적으로 의의를 지녔다고 하겠다."[156]라고 잘못된 평가를 하고 있다. 실제로 남은 대동세를 재정에 충당했다는 기록은 찾아보기 힘들다. 오히려 사관의 말처럼 대동세의 과중한 징수로 인해 국가 재정이 더 궁핍하게 되었다는 비판이 더 많았다.

숙종 때 영의정 최석정은 "〈우리나라의〉 전지 등급은 거의가 5~6등이고, 연분은 다만 하지중·상이 있을 뿐이다. 가을마다 조세로서 1결에 4말 또는 6말을 거두는데, 전세가 너무 가벼워서 맥(貊)의 도에 가깝다. 만약 가뭄 재해를 만나면 급재하고 궁방전에도 면세를 한다. 서북 양계의 전세는 상납하지 않고 남겨두었다가 조적(糶糴, 환곡)하는 곡식으로 만들고, 영남 전세의 절반은 왜인의 공급에 충당한다. 그러니 나머지 4~5도의 전세로써 나라 경비에 응하고 있어 당당한 천승(千乘) 나라

---

155) 관아의 접대비나 역(驛)의 경비를 충당하게 하기 위하여 지급하던 토지.
156) 〈국사관논총〉 제12집 대동법 실시의 영향(최완기) Ⅲ.대동법 시행의 본원적 의도 1. 국가재정위기의 극복.

에서 묶은 곡식과 새 곡식을 항상 서로 잇대지 못하는 걱정을 하니, 나라 저축은 애통하다 할 만하다.”[157]라고 탄식하였다. 대동세로 거둔 세금을 재정에 충당했었다면 나올 수 없는 불평이다.

정약용도 《경세유표》에서, “전세로 밭에서 콩 126,217석을 거두어 실제 수납된 것은 78,336석이면, 좁쌀은 40,926석을 거두어 36,809석 이면, 논에서 쌀 114,451석을 거두어 실제 수납이 105,295석이다. 삼 수미는 45,704석을 거두어 실제 수납이 33,698석이며, 면포가 1,125동 27필이고, 마포가 121동 32필이다. 생각건대 1년 동안 세입이 이것뿐 이니 어찌 탄식하지 않겠는가?”라고 나라의 재정을 걱정하였다. 만약 대동세 수입을 나라의 경상 재정으로 생각했다면 이러한 염려와 걱 정은 하지 않았을 것이다. 그 당시 전세 징수액을 쌀로 환산하면 약 210,300석 정도이며 그 중 호조에 수납된 쌀은 173,910석이었다.

4. 왕실 재정만 배불린 대동세

연산 이후 조선시대 왕실재정은 물먹는 하마였다. 조선후기에는 국 가재정의 악화 원인을 두고 국왕과 신료 사이에 치열한 공방전이 벌어 졌다. 신료들은 공적 재정체계를 무시하고 정도를 지나친 국왕의 재정

---

157) 《경세유표》 제6권 지관수제.

전용을 주요 원인으로 꼽았다. 반면 국왕은 부적합한 관리 임용, 관리들의 가렴주구, 관아 하인들의 절도행위 등에서 그 원인을 찾았다. 서로 책임을 전가하는 상황이었지만 양자는 어느 쪽도 상대방의 비판에 대해 자유롭지 못했다. 국왕은 재정 한도의 10배 이상을 초과 지출하고, 재정 남용에 대한 신료들의 비판을 비웃으며 은밀한 방법으로 재정을 전용하고 있었다. 반면 중앙 각사는 자체의 재원조달을 위해 전(田)·민(民)을 침탈하는가 하면 국가의 통제력이 상실되는 것을 기회로 신료들 스스로도 부정부패에 어느 정도 몸담고 있었던 것이 사실이다.[158]

이러한 상황에서 국가재정을 확충하고 백성의 민심을 회복하겠다는 대동법의 목적은 기울어져 가는 나라의 기강 속에서 처음부터 일장춘몽에 지나지 않았다. 왕실재정을 물먹는 하마로 만든 것이 바로 대동법이었기 때문이다. 왕실이 쓸 수 있는 재정적 파이(Pie)를 키워 놓고 쓰지 못하게 한다는 것은 고양이에게 생선을 맡긴 격이다. 더구나 조선초에는 왕실재정을 포함한 국가재정의 운영에서 사적인 조달방식은 용납되지 않았으며, 공적 제도와 기구를 통한 운영이 강조되었다. 국왕의 사적 재원은 내수사를 통해 공급받았지만, 내수사의 수입과 지출 내역은 호조와 형조로부터 철저히 감독을 받기 때문에 자유롭지 못했다.[159] 하지만 연산 이후 왕실재정은 난공불락의 지대가 되었다. 그 중심에 내수사가 있었다. 내수사는 국왕의 권력을 등에 업은데다

---

158) 김성우, "15,16세기 사족층의 고향 인식과 거주지 선택 전략", 〈역사학보〉 198, 2008.
159) 《연산군일기》 5년 3월 27일.

가 관품까지 높은 내관이 인신(印信, 관인)을 사용하고 급여를 관할하면서 국왕의 전교를 승정원을 거치지 않고 직접 처리하는 등 막강한 권세를 누렸던 것이다. 승정원은 지방에서 올라오는 진상품과 궐내 잡물의 출납과정에서 반드시 경유해야 하는 관서였으나 내수사와 관련된 공사 입계(入啓, 글을 올리거나 직접 아뢰는 일)는 공적인 행정라인이 무시되기 일쑤였고 이러한 행태를 그 누구도 제동을 걸기 어려웠다.

그래서 유형원은 "부고(府庫)의 재물은 인군의 소유가 아닌 것이 없는데 무엇 때문에 따로 사재를 쌓아두어 스스로 그 덕을 잃어버리는가?"[160] 하면서, 왕권의 비호하에 내수사를 중심으로 한 왕실관련 기관들이 드러내고 있는 갖가지 파행적 행태를 비판하였다. 또한 유형원은 "우리나라는 관청을 설치하되 여러 사(寺)니 감(監)이니 하는 것들의 수가 중국의 3배나 되는데 그 태반이 어공(御供)에 관련된 것이다. 제도를 만든 것이 이와 같으니 어찌 폐단이 없겠는가?"[161]하며, 어공 및 이와 관련된 공상아문의 비대화의 문제도 여러 차례 지적했다.[162] 유형원은 왕조의 관제와 기구 상당 부분이 왕실의 수요 조달, 즉 어공과 관련되었으며, 많은 문제가 이로 인해 발생하였다고 파악하였다. 이에 유형원은 "우리나라에서는 국왕의 필요한 비용을 상세 가운데서 지출하지 않으며, 그것을 전담하는 관청이 없으므로 각 관청에서 매일 배정해서 올린다. 지금 각 관사에서 받아들인 공물의 3분의 2이상을 국왕이

---

160) 《반계수록》 권16 직관지제 하.
161) 《반계수록》 권16 직관지제 하.
162) 송양섭, "반계 유형원의 왕실재정 개혁구상", 〈역사와 담론〉 65, 2013, 1–40쪽.

소비한다. (중략) 그러므로 국가의 모든 일에서 어공과 진상 사무가 대체로 10 중 8~9를 차지할 것이다."[163]라고 하였다. 각사 공물 중 어공을 위한 것이 2/3 이상이라고 할 정도로 막대한 비중을 차지하고 있을 뿐 아니라, 국가의 일 중 어공과 진상에 관계된 것이 10에 8·9가 될 정도로 그 폐단이 심각했다.

국가재정이 곧 왕실재정이라고 할 수 있었다. 하지만 왕설재정은 정부재정과 분리되지 않은 소위 '공상(供上, 공물)'의 영역에 해당한다. 공상이란 정부재정을 담당한 호조 및 선혜청이 공물의 일부를 왕실 소용으로 조달한 것을 말한다. 이 조달업무 수행은 다수의 공상 관서를 통해 이루어 졌으며, 조선후기에는 호조와 선혜청이 이들 관서에 대동세로 공가를 지급하는 방식으로 운영되었다.

《만기요람》의 〈재용편〉에는 19세기 초반 공상 관서에서 왕실에 연례적으로 공납한 물자가 총괄 정리되어 있다. 주목할 만한 사실은 공상이 〈재용편〉의 가장 처음에 수록되어 있다는 점이며, 이는 공상이 다른 어떤 항목보다도 상징적 · 제도적으로 중요한 위상을 차지하고 있었음을 보여준다. 즉 정부재정에서 가장 중요한 세출항목이 왕실에 대한 물자조달이었던 것이다. 〈재용편〉에 수록된 호조와 선혜청으로부터 왕실에 공상된 물자를 쌀로 환산한 내역은 다음 〈표 3-2〉와 같다. 〈재용편〉에 수록된 공상 대상의 각전과 각궁은 대전, 중궁전, 왕대비전, 혜경궁, 가순궁(嘉順宮, 순조의 생모 박씨)의 다섯 곳으로 한정되어

---

163) 《반계수록》 전제후록 상 경비.

있지만 모두 다 포함된 것은 아니었다. 때문에 표의 왕실 공상 내역은 대부분이 생략되어 있다고 볼 수 있다.

표 3-2	1807년의 공상액		(단위 : 쌀(석))
궁	호조	선혜청	합계
대전	10,643	10,572	21,215
중궁전	10,229	1,862	12,091
왕대비전	12,073	2,747	14,820
혜경궁	11,259	3,544	14,803
가순궁	9,534	1,566	11,100
합계	53,738	20,291	74,029

자료 : 조영준, 〈19세기 왕실재정의 운영실태와 변화양상〉 서울대학교 대학원, 박사학위논문, 2008. 〈표 1-1〉 참조

표를 보면 1807년 1년간의 공상액은 쌀로 약 74,000여석 수준이다. 그 중에서 약 54,000여석은 호조에 의해서, 나머지 약 20,000여석은 선혜청에 의해서 공상되었다. 즉 공상의 70% 이상이 호조에 의해 이루어지고 있었다.[164] 18세기 중엽 왕실 공상은 《선혜청정례》에 약 78,285석(391,425냥), 19세기 초에는 약 74,028석(370,140냥)으로 나타나 있다.[165] 이 공상 물품의 대부분은 왕실 각전의 의식(衣食)에 소용된 것이며, 궁궐의 유지·보수 및 연료 그리고 궁궐에 속한 인원들에 대한 인건비 지출은 포함되어 있지 않다. 또한 제향, 길연(吉宴), 예장(禮葬) 등 왕실의 관혼상제에 관련된 비용도 모두 호조로부터 내수사를 통해서 왕실에 지급되었기 때문에 실제로 왕실에 소용되는 경비는 공상의 범위를 크게 넘어

---

164) 조영준, "조선후기 왕실재정의 구조와 규모", 〈한국문화〉 47, 2009, .224-246쪽.
165) 최주희, "18세기 중반 定例類에 나타난 왕실공상의 범위와 성격", 〈장서각〉 27, 2012, 58-64쪽.

섰다. 그리고 무엇보다 왕실은 국가재정에서 지급하는 경비 외에 명례궁 등의 궁방에 소속된 재산으로 이루어진 사적재정을 보유하고 있었다.

《육전조례(1866)》에 나타난 전체 중앙재정의 1년 세입을 물종별로 살펴보면, 쌀 310,809석, 콩 69,312석, 팥 168석, 무명 305,944필, 베 36,693필, 동전 2,387,472냥, 은 500냥이었다. 이를 쌀로 환산하면 1,000,696석이다. 이 중 호조, 선혜청, 균역청과 같은 재정기관이 포함되어 있는 호전(戶典)이 697,298석으로 가장 큰 비중을 차지하고 있으며, 군포 수입을 갖고 있는 병조와 군영이 소속된 병전(兵典)이 206,140석으로 그 다음이었다. 호전이 중앙재정의 약 70%를 차지하고 있으며, 병전과 합치면 903,438석으로 전체 세입의 90.3%를 차지하고 있다. 호전 속에는 대동세의 수입을 갖고 있는 선혜청이 263,065석으로 수위를 차지하고 있으며, 전세 수입을 갖고 있는 호조가 233,901석으로 그 다음을 차지하였다. 그리고 균역법으로 감면된 군포 수입을 보충하기 위한 결작(結作)[166]등의 수입을 갖고 있는 균역청이 177,741석의 세입을 갖고 있었다. 호조와 선혜청의 전세와 대동세는 지방에 유치된 부분이 상당하였지만 균역청의 수입은 그 창설 목적에 따라서 전량 중앙으로 상납되었다.[167]

다음 〈표 3-3〉은 《육전조례》의 대동세 유치미와 상납미를 분석한 것이다.

---

166) 균역법의 실시로 인한 재정상의 부족을 보충하기 위해 만든 세제로, 평안·함경의 양도를 제외한 6도의 토지에서 1결당 쌀 2말 또는 전(錢) 5전(산군)을 징수하였다.
167) 김재호, "조선후기 중앙재정의 운영 :《육전조례》의 분석을 중심으로", 〈경제사학〉 2007.

표 3-3 **《육전조례》상 대동세의 유치미와 상납미**

(단위 : 쌀환산 석)

도별	징수액	유치미	상납	상납률
경기	27,010	12,793	7,822	29.0
충청	79,488	15,745	48,782	61.4
전라	155,483	17,685	82,998	53.4
경상	144,762	29,406	75,068	51.9
강원	8,238	4,232	4,246	51.5
황해	68,001	19,973	24,092	35.4
합계	482,982	99,834	243,008	50.3
비율(%)	100	20.6	50.3	

자료 : 김재호, "조선후기 중앙재정의 운영:《육전조례》의 분석을 중심으로", 〈경제사학〉, 2007. 〈표 6〉 참조

표를 보면 쌀로 환산한 대동세 총 482,982석 중에서 유치미와 각처에 획급(劃給, 일정한 몫으로 떼어줌)한 것을 제외한 상납미는 50.3%에 해당하는 243,008석이었다. 대동세 총액 중에서 최소 절반이 중앙으로 상납되었다고 볼 수 있다.《만기요람》에 의하면 영조 35년(1759)에 선혜청의 상납 세수는 쌀로 321,847석이었으며, 정조 19년(1795)에는 200,849석, 순조 7년(1807)에는 273,379석이었다. 매년 선혜청의 대동세 수입이 차이가 나는 것을 알 수 있다.

1860년대 정부재정의 수입규모가 쌀로 환산하여 약 100만석으로 추정되므로, 왕실의 '사적재정(궁방재정)' 15만석은 정부재정의 15%에 상당하며, 공상은 약 10만석 수준이었다. 요컨대 정부재정(왕실 공재정 포함)과 궁방재정을 포괄하는 중앙재정의 규모는 약 115만석 정도였으며, 그 중에서 순수한 정부재정이 90만석, 공·사를 포괄한 왕실

재정이 25만석이었을 것으로 추정하였다.[168]

그 중 왕실재정의 공상을 약 10만석 수준으로 계산하면, 선혜청 상납미의 41%가 왕실재정에 지출된 것이다. 여기에 진상된 가액은 당연히 제외되었다. 따라서 세종 대에 진상을 포함한 공물가가 쌀 12만석, 조익이 제시한 공물가가 9만석인 것을 감안한다면, 대동법 시행 후 순수 왕실재정이 대동법 시행 전 총 공물가와 비슷한 것을 알 수 있다. 조선초에 비해 3~4배로 늘어난 공물 수입, 즉 대동세의 수입이 나라의 재정보다는 왕실의 비용만 늘린 것이다. 국가재정의 궁핍을 해결하겠다고 공물가의 4~5배를 더 징수한 조세정책이 처음부터 잘못된 것이다. 만약 유형원의 말처럼 선혜청의 공물 중 어공이 2/3 이상이라고 한다면 이러한 문제는 더욱 심각했을 것이다.

대동세의 수입으로 공물을 충당하고 나머지를 국가재정에 전용하려 했어도, 왕실 등의 경비 사용이 우선인 대동세의 지출은 왜곡될 수밖에 없었다. 거기에 호조에서도 매년 쌀 5만석 이상의 공상을 제공한 것을 감안하면 왕실재정의 공상은 15만석 이상이 된다. 왕실 비용이 전체 전세 수입과 같은 정도에 해당하며, 신료의 녹봉과 군사비를 합한 금액보다 더 많이 지출된 것이다. 그러니 국왕의 재정 남용과 국가재정의 부실은 지속될 수밖에 없었다. 대동법은 정상적인 재정 기능을 왜곡시켜 공물을 충당하기 위한 세금을 국가재정의 절대적인 세목으로 만들었고, 나라의 핵심 세목인 전세는 그 상세 기능을 완전히 잃어버린 비합리적인 결과를 가져왔다.

---

168) 조영준, "조선후기 왕실재정의 구조와 규모", 〈한국문화〉 47, 2009, 224-246쪽.

제4장

대동법 이후 심화된
민생의 양극화

「난리가 난 뒤로 어디를 보나 황무지뿐인데 기경하는 대로 수세하는 규정을 둔 것은 실로 부득이하기 때문에 나온 것이라 하겠습니다. 그러나 인심이 교활하여 호족과 간활한 무리들은 넓은 전토를 가지고 있는데도 1부(負)도 토지 대장에 기록되지 않는 반면, 성실한 자세로 가난하게 사는 사람들은 손바닥만한 땅을 일구어도 결부(結負)가 배나 기록되고 있습니다.」

《선조실록》 34년 7월 30일.

1. 부자 양반들의 광작(廣作)

15세기 말 이래 농촌사회에서는 양반들의 토지겸병이 광범위하게 전개되고 있었으며, 이와 같은 사적경제의 확대는 국가의 공적경제 기반을 약화시켰다. 게다가 공적 질서가 무너지면서 지배층의 농민에 대한 수탈이 가중되었고, 이는 떠돌이 농민을 유발시켜 결과적으로 국가재정의 과세 기반을 붕괴시켰다. 이와 같은 사회경제적 변동 속에 마침내 전 국토를 유린한 임진왜란은 그나마 유지되어 오던 국가 재정을 파국으로 몰고 갔다. 이에 조선 정부는 체제의 유지가 어려울 정도로 17세기의 재정 위기는 심각하였다.[169]

그 주된 원인 중 하나가 광작(廣作)이다. 광작이란 경작지를 확대하여 넓은 농토를 경작하는 것을 말하는데 대체로 이앙법의 보급 시기와 일치된다. 조선후기의 광작은 직접적으로 이앙법의 발달로 촉진될 수 있었기 때문이다.

이앙법은 16세기에 들어서 점차 전라도와 충청도뿐 아니라 삼남 전역에도 보급되었는데, 이처럼 확대될 수 있었던 것은 강남농법[170]의 도입과 천방(川防, 보)의 설치 때문이었다. 따라서 이앙법은 17세기에 들어서 더 많이 보급되고, 17세기 후반에는 일반화되었다. 이앙법이 일반화될 수 있었던 것은 농업생산력의 측면에서 장점이 있었기 때문

---

169) 방기중, "17 · 18세기 전반 금납조세의 성립과 전개", 〈동방학지〉 45, 1984, 146쪽.
170) 강남은 중국 양쯔 강 이남의 지역을 말하며, 이 지역을 중심으로 품종 개량, 집약 농법, 쌀과 보리의 2모작 개발 등으로 농업 생산력을 비약적으로 발전시켰다.

이다. 첫째로 벼 직파법에서는 4∼5차의 제초 작업을 해야만 결실을 얻을 수 있었는데, 이앙법에서는 2∼3차로써 족하였다. 게다가 이앙법은 노동력을 집중적으로 투입할 수 있는 장점이 있었다. 둘째로 이앙법은 직파법에 비해 생산량이 두 배가 되었다. 노동력이 절약도 되고 수확도 배가 되었으므로 이앙법은 어떠한 위험을 감수해서라도 채택할 만한 농법이 되었다. 게다가 벼 생산 외에 보리를 함께 이모작할 수 있었다. 이앙법은 못자리에서 모를 길러 적당히 자란 뒤에 이를 뽑아 논에 옮겨서 기르는 농법을 말하는데, 모를 기르는 동안 논은 물을 빼고 밭처럼 보리를 기를 수가 있어서 벼와 보리의 이모작이 가능하게 되었다. 물론 이모작이 가능하게 된 것에는 소의 힘으로 경작하는 소의 논갈이가 보편화되고, 쟁기의 구조가 볏이 없는 것에서 볏이 있는 것으로 발전하여 땅을 깊이 갈 수 있게 되고, 이랑을 높게 하는 경작법이 생겨난 데에도 그 원인이 있었다.

서유구(1764∼1845)가 쓴 《임원경제지》에는 모내기의 이유를, "이앙을 하는 것은 세 가지 이유다. 김매기 노력을 더는 것이 첫째요, 두 땅의 힘으로 모 하나를 서로 기르는 것이 둘째며, 좋지 않은 것은 솎아 내고 싱싱하고 튼튼한 것을 고를 수 있는 것이 셋째다. 어떤 사람은 큰 가뭄을 만나면 모든 노력이 헛되니 이를 위험하다고 하나 그렇지 않다."라고 하여 이앙법을 적극 지지하였다. 이같이 벼와 보리의 이모작에 의한 농토의 집약적 이용으로 말미암아 토지의 수확량이 크게 증대하게 되었다. 그런데 이앙법이 장점이 많다고 하더라도 전국적으로 확산될 수 있는 여건이 마련되지 않았다면 일반화는 불가능하였을 것이다. 즉 농업기술적 측면에서 수리 문제는 반드시 뒷받침되어야 했기 때문이다. 그래서 이앙법이 도입되기 시작한 초기에 조선 정부는 이를 금지했었다. 17세기말 숙종 연간의 「권농절목」은 이같은 문제를 집중적으로 검토하고 있는데, 그 귀결은 물이 가까우면 이앙을 허용하되 물이 없고 높은 곳에서는 그것을 철저히 금한다는 것이었다. 영·정조 이후의 이앙에 대한 논의도 모두 마찬가지였다.

그래서 영조 때에도 이앙법을 금하였음을 알 수 있다. 영의정 김상로는 "이앙법은 본래 금령이 매우 엄한데 근래에는 소민이 농사에 게으르고 이끗을 탐하여 광작하고 싶어서 이앙이 해마다 증가하여 지금은 모든 도에 두루 퍼져 있어 어떻게 막을 수가 없습니다. 그리하여 해마다 4~5월 사이에 날씨가 가물면 제때에 옮겨 심지 못하여 허다한 농토가 공연스레 묵어버립니다. 금년의 일로만 보더라도 이 폐단은 불가불 엄히 금해야 하겠습니다."[171] 하였다. 이앙법의 문제를 논하면서 이앙을 보다 엄히 금하고 건파(乾播, 마른논에 씨를 뿌림)를 하게 하자고 하였다. 이처럼 신농법 중 대표적인 이앙법은 가뭄에 취약하기 때문에 정부가 계속 법으로 금지하고 있었음에도 불구하고 삼남 지방을 중심으로 전국적으로 확산되었다. 이는 이앙법이 이전의 직파법과는 달리 단위 면적당 수확량이 높은 반면 노동력은 훨씬 절감되기 때문이다. 밭농사에서는 골뿌림법이 새로 개발되어 보리와 밀농사에 큰

171) 《비변사등록》 영조 36년 6월 19일.

효과를 보았다. 이렇게 되자 농업생산성이 급격히 높아지고 지주들이 적극적으로 토지를 늘려가게 되었다.

물을 끌어댈 수 있는 곳의 이앙은 금할 필요가 없지만 물의 근원이 없는 곳은 한재의 피해가 심하기 때문에 계속 금지령을 내렸다.[172] 벼의 이앙은 모를 기르는 데 있어서나 옮겨 심는데 있어서도 물이 절대로 필요하므로 과거보다 수리시설의 문제가 더 절실해졌다. 그러므로 제언(堤堰), 보(洑) 등 저수지가 새로 많이 만들어지고 또 보수 되었다. 저수지 시설은 현종 3년(1662)에 제언사가 설치되고 정조 2년(1778)에 「제언절목(堤堰節目)」이 반포되면서 더욱 국가적인 뒷받침을 받게 되었다. 이에 18세기 말에는 저수지가 총 약 6,000곳에 달했다.

이앙법으로 농민 한 사람이 경작할 수 있는 토지의 면적은 2배 이상으로 늘어나게 되었다. 상당히 넓은 면적의 토지라도 혼자서 경작하는 광작이 크게 보급되었다. 대체로 광작하는 농민들은 부농이었으며 이들은 이미 자신의 소비를 위해서가 아니라 곡물을 상품으로 팔기 위하여 생산하는 기업농이었다. 이렇게 넓은 토지를 광작하는 부농층은 가족의 노동력만으로는 이앙기나 추수기에 집중되는 많은 일을 감당하기 어렵기에, 두레를 조직하여 이에 대응하기도 하고 날품팔이 농민을 고용하였다. 이앙법이 보급되면서 농촌에는 많은 노동력이 불필요하게 되었고, 경작지가 없는 자들은 자연히 이농할 수밖에 없어

---

172) 《신편한국사》 33권 조선 후기의 경제 Ⅰ.생산력의 증대와 사회분화 3.광작과 지주제 1)농촌사회 분해와 광작농의 대두.

날품팔이 농민을 구하기는 매우 쉬웠다. 대부분 영세소농 출신인 이 농자들은 농촌에서 날품팔이도 하고 도시로 가서 남의 집에 기거하면서 일을 해주는 머슴이 되기도 하였지만, 때로는 유민이 되어 걸식하거나 작당하여 도적이 되기도 하였다. 결국 쟁기질의 개량이나 이앙법의 보급으로 인하여 농촌사회는 광작을 하는 부농과 토지를 떠나는 이농자의 양자로 분화되는 현상이 나타냈다.

따라서 생산력의 발전과 그에 따른 농업경영의 변동은 지주제를 더욱 확대시키는 계기가 되었다. 18세기 이후 토지매매도 활발해져서 지주 및 부농과 상인들이 토지를 크게 늘려갔다. 하지만 이러한 경제구조의 변동에 잘 대처하지 못한 영세농민들은 조세부담, 고리대부담, 거기에 농사의 흉작까지 겹치면서 헐값에 자신의 토지를 내놓았고, 지주나 부농층은 이를 틈타 토지를 더 매입하여 늘려갔다.[173] 소작농민들은 소작지를 잃기는 쉬워도 얻기는 어려워졌다. 이렇게 몰락한 농민들은 날품팔이로 생계를 유지하거나, 농촌을 떠나 상공업에 종사하거나, 광산이나 포구의 날품팔이로 전락했다.

조선후기의 실학자 정상기(1678~1752)는 《농포문답》에서, "부농층은 땅이 넓어서 빈민을 농업 노동에 고용함으로써 농사를 짓지 않고서도 향락을 누릴 수 있고, 빈농층 가운데 어떤 농민은 지주의 농지를 빌려 경작함으로써 살아갈 수 있으며, 그들 가운데 어떤 자는 농지를

---

173) 《신편한국사》 36권 조선 후기 민중사회의 성장 Ⅲ.19세기의 민중운동 2.삼남지방의 민중항쟁 1)사회경제적 배경과 정치적 여건 (1)사회경제적 배경.

얻을 수가 없으므로 날품팔이가 되어 타인에게 고용됨으로써 생계를 유지한다. 그리고 그것도 할 수 없는 농민들은 농촌을 떠나 유리걸식하게 된다."라고 하였다. 그리고 이익(1681~1763)은 《성호사설》에서 다음과 같이 말했다.

「남쪽 지방은 모두 이앙을 하는데 모내기하는 공력을 파종하는 공력에 비기면 5분의 4가 적게 든다. 그러므로 부리는 사람이 많은 자는 한없이 경작할 수 있으며, 전지가 없는 자는 〈소작지를〉 얻어 경작할 수도 없다. (중략) 〈이앙법은〉 힘 안들고 해도 없어 아래로는 백성의 재산이 넉넉하여지고, 위로는 국가의 비용이 풍부하여질 것인데 어찌 금할 수 있으랴? 이 때문에 부자의 권세는 더욱 중하여지고 가난한 사람은 힘을 쓸 데가 없어, 살아갈 수 없게 된다.」[174]

때문에 정조 23년(1799)에 홍천의 유생 이광한은, "광작은 농사에 폐해가 많습니다. 사람의 힘은 한계가 있는데 토지를 광점하면 논밭을 갈고 김매는 일을 제때에 하지 못하고 거름이 부족하며, 남쪽 논밭에 모종을 옮기는 사이 서쪽 논밭이 황폐해져서 하루 종일 일해도 시간이 부족합니다. 그리하여 양전 옥토가 척박한 땅으로 변하고, 토질이 나빠져 조세의 등급에 착오가 생기게 되니, 한 사람의 겸병으로 뭇 사람이 그 해를 입습니다. 이런 까닭에 호구의 등급을 나누고 전부를

---

174) 《성호사설》 제7권 인사문 본정서(本政書).

다시 측량하는 것이 광작을 금지하는 방법이 됩니다."[175] 라고 하며, 광작의 금지를 주장하였다. 조선후기 학자 우하영(1741~1812)은 국정의 개혁안을 논한《천일록》에서, "요즘은 오로지 광작을 능사로 여기는 풍조가 성행한다. 그리하여 가족이 몇 명 되지 않는 집에서도 모두 수 석락지(石落地, 15마지기 정도)의 논을 경작한다."고 하였다.

따라서 대부분의 사학자들은 조선후기 광작의 주된 이유를 이앙법의 보급과 확대에 초점을 맞추어 설명하고 있다. 하지만 광작의 이유가 이러한 이앙법에만 있는 것은 아니었다. 부자 양반들은 황무지 개간과 매매를 통해서 토지를 넓혀가기도 하였다. 또한 불법 혹은 합법을 가장한 불법을 동원해 사실상 양민의 토지를 약탈하기도 했다. 특히 조세징수 담당자들에 의한 토지 약탈로 인해 농민들의 조세를 대신 납부하고 거기에 고리대 이자를 붙여 받으니, 그 이자가 너무 높아서 가난한 농민들은 결국 자기 땅을 저당잡히지 않을 수 없었고 대개 빚을 갚지 못하기 때문에 그 땅은 조세징수 담당자에게 넘어갔다. 이렇게 몰락한 농민들은 소작인이나 날품팔이로 전락하거나 새 삶을 찾아 고향을 뜨게 되었다.[176]

더구나 대동법이 실시되면서 18세기경 상품 유통이 활발해지고 상업적 농업이 발달하기 시작했다. 쌀, 인삼, 담배, 채소, 약재의 재배에서 그러한 현상이 두드러졌는데, 특히 쌀의 상품화가 활발해졌다. 일

---

175) 《일성록》 정조 23년 3월 22일.
176) 《신편한국사》 33 조선 후기의 경제 Ⅱ.상품화폐경제의 발달 3.금속화폐의 보급과 조세금납화 2)조세금납화와 봉건적 수취체제의 해체 (1) 조세금납의 성립조건 17세기 수취제도의 모순.

부 농민들은 상품 작물을 재배하여 시장에 내다 팔아 농가 수입을 올렸다. 목화, 담배, 채소, 약재와 인삼 등을 많이 심었는데, 가장 인기 있는 상품 작물은 인삼과 담배였다. 18세기에 재배법이 개발된 인삼은 청과 일본에서 수요가 높아 개성을 중심으로 경상도, 전라도, 충청도 각지에서 널리 재배되었다. 기호품 혹은 약재로 취급되던 담배 역시 전국적으로 재배되었다. 17세기 초 일본에서 전래된 담배는 농촌의 소득 증대에 이바지했다. 서울 근교의 왕십리, 송파 등지에서는 채소 재배가 성행했으며, 쌀이 많이 거래되면서 밭을 논으로 바꾸는 현상도 활발했다. 농법 개량, 상품작물 재배, 광작 경영 등을 통해 소득이 늘어난 일부 농민은 부농층으로 성장했고, 지주도 더 많은 수익을 올릴 수 있었다. 그 결과 농민층의 양극화 현상은 더욱 심해졌다.

19세기 초 호남지역의 농가 호수의 자경지 비중에 대해 정약용은, "오늘날 호남민을 살펴볼 때 대략 100호가 있으면 다른 사람에게 토지를 주고 지대를 수취하는 자는 불과 5호이며, 스스로 토지를 경작하는 자는 25호, 다른 사람의 토지를 경작하며 지대를 바치는 자는 70여 호에 달한다."[177]고 주장하였다. 전체 호수 가운데 지주는 5%, 자작농은 25%, 나머지 소작농이 70%에 달했다. 헌종 12년(1846)에 경상도 진주 「나동리(奈洞里) 양안」의 토지 소유 상황을 보면 15.5%의 소유자가 61.8%의 농지를 가지고 있었다.[178] 이처럼 17세기 이후 광작이 사회

---

177) 정약용, 《여유당전서》 권9, 의엄금호남제읍전부수조지속차자(擬嚴禁湖南諸邑佃夫輸租之俗箚子).
178) 《신편한국사》 36, 조선 후기 민중사회의 성장 Ⅲ. 19세기의 민중운동 2.삼남지방의 민중항쟁
   1)사회경제적 배경과 정치적 여건 (1) 사회경제적 배경.

문제로 등장하기 시작한 것은 지주제 확대로 인해 초래된 농촌사회의 위기 때문이었다. 대농, 부농 등으로 불리던 광작농이 경작지를 더욱 넓혀감에 따라 자작농이나 소작인의 경우 경작지를 확보하지 못해 몰락해갈 수밖에 없었다. 여기에 대동법은 이러한 현상을 더욱 심화시켰다.

2. 대동법 실시 후 급증한 소민의 전답 매도

임진왜란과 두 호란 이후 토호 지주들의 팽창이 더욱 급속히 진행되었다. 그 이유는 전쟁으로 인한 백성의 유리와 감소, 황무지의 대량 발생, 일반농민들의 농량(農糧, 농사짓는 동안 먹을 양식)·종자·농구 등의 극심한 부족, 전적(田籍, 토지대장)의 소실, 국가의 조세제도 혼란 등을 이용함으로써 자들의 무제한적 탐욕을 추구했기 때문이다.[179] 이러한 사실들은《조선왕조실록》에서 다음과 같이 확인할 수 있다. 그 중심에는 세금이 있었다.

「난리가 난 뒤로 어디를 보나 황무지뿐인데 기경하는 대로 수세하는 규정을 둔 것은 실로 부득이 하기 때문에 나온 것이라 하겠습니다. 그러나 인심이 교활하여 호족과 간활한 무리들은 넓은 전토를 가지고 있는데도 1부

179) 박시형, 〈조선 토지제도사(중)〉, 신서원, 1994, 264쪽.

(負)도 토지 대장에 기록되지 않는 반면, 성실한 자세로 가난하게 사는 사람들은 손바닥만한 땅을 일구어도 결부(結負)가 배나 기록되고 있습니다.」[180]

조선후기에는 이처럼 여러 가지 원인으로 광점이 일어나면서 토지는 소수의 지주에게 집중되었고, 대부분의 농민은 토지를 상실하고 소작인으로 전락했다.[181] 뿐만 아니라 부호들이 많은 땅을 광점하면서 백성들은 생업을 잃고 유리하게 되었다.[182]

이정수와 김희호는 경상도의 월성군 손동만씨, 영덕군 이근화씨, 예천군 권창룡씨, 안동군 김준식씨, 의성 김씨 등 다섯 집안과 전라도의 구례 문화류씨, 해남 윤씨, 부안 김씨 등 세 집안 등 모두 여덟 집안이 소장한 1590~1900년 사이의 '전답매매문건' 총 1,810건을 분석하여, 토지의 매매 건수와 매매 규모, 매매한 토지의 종류 등에 따른 양반들의 토지 소유 실태를 연구하였다.

1590~1900년 사이에 경상도와 전라도 양반층의 논에 대한 매도와 매입 건수는 각 459건, 663건으로 매입 건수가 204건 정도 더 많았고, 논의 매입 규모도 3,312두락으로 2,227두락의 매도보다 약 1,085두락이 더 많았다. 이는 논의 매입 규모가 48%나 증가해 논에 대한 토지의 집적이 지속적으로 이루어졌다고 본다. 밭의 경우도 동 기간에 양반층의 매도와 매입 건수는 각각 153건, 209건으로 매입 건수가 56건

---

180) 《선조실록》 34년 7월 30일.
181) 김용섭, 〈조선후기농학사연구〉, 지식산업사, 2009, 150-154쪽.
182) 《숙종실록》 18년 7월 6일.

정도 더 많았고, 매입 규모도 992두락으로 698두락의 매도보다 294두락이 더 많다. 여기서 양반층은 밭에 비해 논에 대한 매입이 더욱 많았음을 볼 수 있다. 이는 양반들이 밭보다는 논을 더 선호했기 때문이다. 특히 1651~1790년의 사이에 양반층의 토지매매가 활발하게 전개되면서 토지 집적이 급격하게 증가했는데, 그 중에서도 1651~1690년 사이에 양반층의 토지 매입이 가장 많이 일어났다. 반대로 일반 백성인 상민 등(양반 이외 포함)의 토지 매도는 1651~1890년 사이에 지속적으로 진행되었으며, 그 중에서도 1651~1690년 사이에 토지매도가 가장 많이 일어났다.[183]

그런대 전라도와 경상도의 양반집에서 논밭의 매매가 집중적으로 일어난 시기인 1651~1690년은 두 지역에 대동법이 본격적으로 실시된 때이다. 일반 백성들이 토지를 집중적으로 매도하는 1651~1690년 사이에 전라도 27개 해읍에는 1658년, 26개 산군에는 1662년(현종 3)에 대동법이 실시되었으며, 경상도의 경우 1677년(숙종 3)에 실시되었다. 즉, 1658년에서 1677년 사이에 전라도와 경상도에 대동법이 시행된 것을 고려한다면, 상민 등이 집중적으로 토지를 매도한 시기인 1651~1690년과 매우 밀접한 관계를 가지고 있다고 볼 수 있다.

〈표 4-1〉은 대동법 시행 전후 100년 동안 전라도 상민 등의 논 매매 실태를 분석한 것이다. 상민 등은 1601~1700년 사이에 논을 총 1,670.4두락

---

183) 이정수 · 김희호, "조선후기 양반층의 토지소유규모 변화", 〈지방사와 지방문화〉, 역사문화학회, 211-213쪽.

매도하고 총 1,024.5두락 매수해 매도율(매도규모/매수규모)이 163%에 달했다. 대동법 시행 전에는 매도율은 147%였지만, 시행 후에는 173%로 늘어나 매도가 약 4분의 1정도 증가하였다. 대동법 시행 이후 상민 등의 토지 매도가 더 늘어난 것이다.

연도	논매도		논매수		매도율(매도/매수)
	규모(두락)	거래수	규모(두락)	거래수	
1601~1610	103	6	64.5	5	160%
1611~1620	58.5	7	29	4	202%
1621~1630	153.9	22	93	13	165%
1631~1640	197.2	29	143.3	21	138%
1641~1650	56	8	56	8	100%
소계(대동법 시행전)	568.6	72	385.8	51	147%
1651~1660	437.6	85	217.2	42	201%
1661~1670	116.4	20	96	16	121%
1671~1680	221	43	141.2	28	157%
1681~1690	221.1	45	84	16	263%
1691~1700	105.7	33	100.3	28	105%
소계(대동법 시행후)	1,101.8	226	638.7	130	173%
합계	1,670.4	298	1,024.5	181	163%

표 4-1 **대동법 시행 전후 100년간 전라도 상민 등의 논 매매**

자료 : 이정수 · 김희호, "조선후기 양반층의 토지소유규모 변화", 〈지방사와 지방문화〉, 역사문화학회, 〈부록 표〉 참조

〈그림 4-1〉은 앞 표에 따라 전라도 상민 등의 논 매매 규모의 추이를 나타낸 것이다. 100년 동안 상민들은 논의 경우 매수보다 매도를 더 많이 하였으며, 특히 1658년 전라도 연해 27개 군현에 대동법이 시행된 시기가 포함된 10년 동안 논의 매도가 최고로 많았으며, 그 이후에도 논의 매도가 대동법 시행 이전보다 더 많은 것을 볼 수 있다.

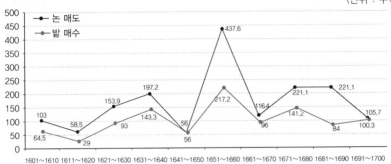

그림 4-1 대동법 시행 전후 100년간 전라도 상민 등의 논 매매 추이

(단위 : 두락)

다음 〈표 4-2〉는 전라도 상민 등의 밭 매매 실태를 분석한 것이다. 상민 등은 1601~1700년 사이의 100년 동안 밭은 471.9두락 매도하고 330.3두락 매수해 매도율이 143%에 달했다. 밭의 경우 대동법 시행 전의 매도율이 85%로 매수가 오히려 많았지만, 대동법이 시행된 이후 매도율은 154%로 매도가 1.5배나 크게 상승하였다. 규모로 살펴보아도 밭의 경우 대동법의 시행 전에는 매수가 8두락 많았지만, 대동법이 시행된 후에는 매도가 149.6두락이나 더 많았다.

표 4-2   대동법 시행 전후 100년간 전라도 상민 등의 밭 매매

연도	밭매도(두락)		밭매수		매도율 (매도/매수)
	규모(두락)	거래수	규모(두락)	거래수	
1601~1610	20	3	20	3	100%
1611~1620	0	0	0	0	–
1621~1630	5	1	5	1	100%
1631~1640	6	1	12	2	50%
1641~1650	15	4	17	4	88%
소계(대동법 시행전)	46	9	54	10	85%

연도	밭매도(두락)		밭매수		매도율 (매도/매수)
	규모(두락)	거래수	규모(두락)	거래수	
1651~1660	164	28	104	18	158%
1661~1670	27	6	31.5	7	86%
1671~1680	137	28	102	21	134%
1681~1690	34.3	10	22.3	8	154%
1691~1700	63.6	13	16.5	4	385%
소계(대동법 시행후)	425.9	85	276.3	58	154%
합계	471.9	94	330.3	68	143%

자료 : 이정수 · 김희호, 앞의 논문, 〈부록 표〉 참조

〈그림 4-2〉는 앞 표에 따라 전라도 상민 등의 밭 매매의 규모 추이
를 나타낸 것이다. 100년 동안 중 1658년 전라도 해읍에 대동법이 시
행된 시기가 포함된 10년 동안 밭의 매도가 최고로 많았다. 그리고 산
군에 대동법이 시행된 1662년 후인 1671~1680년 사이에 밭의 매도가
두 번째로 많았다. 이러한 현상은 대동법을 시행하기 전에 상민 등의
밭 매수와 매도가 거의 같거나 매수가 약간 많은 것과는 대조적이다.
밭의 매도에 대동법이 영향을 주었다고 볼 수 있다.

그림 4-2　대동법 시행 전후 100년간 전라도 상민 등의 밭 매매의 추이

(단위 : 두락)

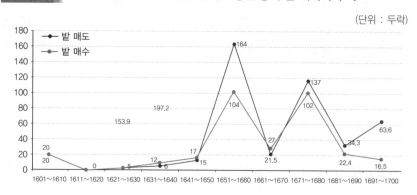

〈표 4-3〉은 대동법 시행 전후 100년간 경상도 상민 등의 논 매매 실태를 분석한 것이다. 상민 등은 1621~1720년 사이의 100년 동안 논은 186.1두락 매도하고 126.8두락 매수해 매도율이 147%에 달했다. 문제는 대동법 시행(1677년) 전후를 비교해보면 그 차이가 확연하다. 논의 경우 대동법 시행 전 50년 동안 매도율은 96%이었지만, 대동법이 시행된 후 50년 동안 매도율은 166%로 상승하였다. 대동법 시행 전에는 상민 등의 논 매도와 매수가 거의 같았는데 시행 후에는 매도가 73%나 더 많았다. 대동법 시행 후 논 매도의 거래와 규모가 급증한 것을 확인할 수 있다.

표 4-3 대동법 시행 전후 100년간 경상도 상민 등의 논 매매

연도	논매도		논매수		매도율(매도/매수)
	규모(두락)	거래수	규모(두락)	거래수	
1621~1630	11.5	1	23.0	2	50%
1631~1640	0	0	0.0	0	–
1641~1650	0	0	0.0	0	–
1651~1660	0	0	0.0	0	–
1661~1670	22	2	12.0	2	183%
소계(대동법 시행전)	33.5	3	35.0	4	96%
1671~1680	34	4	34.0	4	100%
1681~1690	0	0	5.0	1	0%
1691~1700	57.4	5	20.0	4	287%
1701~1710	43.2	9	19.3	4	224%
1711~1720	18	4	13.5	3	133%
소계(대동법 시행후)	152.6	22	91.8	12	166%
합계	186.1	25	126.8	16	147%

자료 : 이정수 · 김희호, 앞의 논문, 〈부록 표〉 참조

〈그림 4-3〉은 앞 표에 따라 경상도 상민 등의 논 매매의 추이를 나타낸 것이다. 100년 동안 상민 등은 전반적으로 논의 매수보다 매도가 더 많았다. 다만, 대동법을 시행할 시기에는 논의 매도와 매수가 거의 같았지만, 대동법이 시행된지 20년 후에는 논의 매도가 급격히 늘어났다. 대동법 시행 전후를 비교해보면 상민 등의 논 매도가 완전히 대조적이다. 대동법 시행 이후 상민 등의 논 매도가 크게 증가한 것이다.

그림 4-3　대동법 시행 전후 100년간 경상도 상민 등의 논 매매의 추이

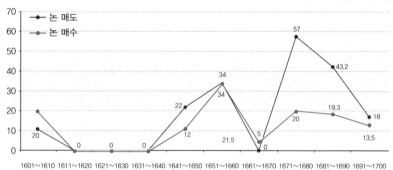

(단위 : 두락)

　〈표 4-4〉는 대동법 시행 전후 100년간 경상도 상민 등의 밭 매매 실태를 분석한 것이다. 상민 등은 1621~1720년 사이의 100년 동안 밭은 53.2두락 매도하고 29.4두락 매수해 매도율은 181%에 달했다. 대동법 시행 전의 밭 매도율은 100%였지만, 대동법이 시행된 이후의 밭 매도율은 329%로 매도가 3.3배나 급증하였다.

표 4-4 대동법 시행 전후 100년간 경상도 상민 등의 밭 매매 실태

연도	밭매도		밭매수		매도율 (매도/매수)
	규모(두락)	거래수	규모(두락)	거래수	
1621~1630	4.0	1	4	1	100%
1631~1640	15.0	1	15	1	100%
1641~1650	0.0	0	0	0	–
1651~1660	0.0	0	0	0	–
1661~1670	0.0	0	0	0	–
소계(대동법 시행전)	19.0	2	19	2	100%
1671~1680	0.0	0	4	1	0%
1681~1690	3.0	1	3	1	100%
1691~1700	29.2	8	3.4	1	859%
1701~1710	0.0	0	0	0	–
1711~1720	2.0	1	0	0	–
소계(대동법 시행후)	34.2	10	10.4	3	329%
합계	53.2	12	29.4	5	181%

자료 : 이정수·김희호, 앞의 논문, 〈부록 표〉 참조

〈그림 4-4〉는 앞 표에 따라 경상도 상민 등의 밭 매매의 추이를 나타낸 것이다. 그 기간 동안 중 상민 등은 대동법을 시행한 시기에 밭의 매도가 전라도와 같이 최고에 달했다. 대동법 시행 전에는 밭의 매수와 매도가 없거나 거의 같았지만, 대동법이 시행된 이후 밭의 매도가 훨씬 많았다. 특히 대동법 시행 20년 후에 밭의 매도가 크게 증가하였다.

그림 4-4 **대동법 시행 전후 100년간 경상도 상민 등의 밭 매매의 추이**

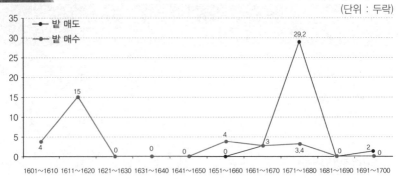

(단위 : 두락)

이처럼 전라도와 경상도 두 지역을 분석한 결과 대동법이 실시된 후 상민 등의 논밭 매도가 급격히 증가한 것을 볼 수 있다. 이는 대동법의 시행이 전답 매매에 어느 정도 영향을 주었다고 본다. 따라서 대동법 시행이 상민 등과 같은 소농민의 경제적인 몰락을 가속화시킨 한 요인이라고 볼 수 있다. 더구나 전라도와 경상도의 대동법 시행 시기는 20년이나 차이가 나지만, 두 지역 모두 대동법 실시 후 상민 등의 논밭 매도가 급증하였다는 것은, 대동법 실시가 상민들의 논밭 매도에 크게 영향을 끼쳤다는 근거이다.

3. 양반들의 조세부담이 적은 논 집적

조선후기에 부자 양반들이 논을 더 선호한 이유는 크게 두 가지로 살펴 볼 수 있다.

첫째는 논의 생산성이 밭보다 더 높았기 때문이다. 밭보다 논의 생산성 더 높다는 것은 앞에서 여러차례 언급하였다. 18세기 말 자료에 의하면 경기도 수원부의 농민들이 돈을 마련하는 방법은 오로지 농사에 있었으며, 농사 중에서도 벼농사에 가장 힘쓰고 있었다. 그런 까닭에 시장에 나오는 것은 모두 쌀이었다. 농민들이 쌀을 상품화하고 있는 실정을 알려주고 있다. 그리하여 18세기 중엽 이후에는 밭을 논으로 바꾸는 반답(反畓) 현상이 유행하였고, 19세기 초에는 그러한 반답이 전체 논의 1/3에 달할 정도였다.[184] 농민들은 쌀의 수요가 많고 값이 높자 그 상품성에 주목하여 계획적으로 그리고 집약적으로 벼를 재배하였다. 더구나 19세기를 전후 모내기법의 보급과 이모작에 의한 생산성의 향상으로 벼의 재배가 촉진되었는데, 일부 농민들은 쌀의 수요가 많아지면서 쌀의 상품 작물화에 주력하였다.[185]

둘째는 조세부담 측면에서 논이 밭보다 훨씬 유리했기 때문이다. 정약용은 《경세유표》에서 "법전에 기입된 것은 1결에 대한 징수액이 대략 쌀 21말(전세 4말, 대동세 12말, 삼수미 1.2말, 결작 2말 등)이나, 민간에서 납부하는 수량은 1년을 통계하면 쌀 40말 이상이다."[186]고 하였다. 조선후기 밭 1결 산출량은 콩과 보리로 600말, 논 1결 산출량은 쌀 800말이었으니 밭의 산출량은 논의 2/3정도였다. 이러한 상황을 고

---

184) 김용섭, 〈조선후기 농업사 연구 II〉, 일조각, 1971, 363쪽.
185) 《국사관논총》 제65집 조선후기의 도고상업과 물가변동(최완기) II.조선후기 상품의 유통 1.곡물의 유통.
186) 《경세유표》 제7권 지관수제 전제8.

려한 1결당 논밭의 조세부담률을 살펴보면 다음 〈표 4-5〉와 같다.

구분	논 조세부담률	밭 조세부담률	밭/논 비율
1결당 수확량	쌀 800말	쌀 300말 (콩 600말)	–
대동세 (1결 12말)	1.5%	4.0%	2.66배
법정 징수액 (1결 21말)	2.6%	6.3%	2.42배
최고 징수액 (1결 40말)	5.0%	12.7%	2.54배

표 4-5　　논과 밭의 1결당 수확량과 조세부담률

* 전세(1결 4말)의 경우 논은 쌀, 밭은 콩으로 계산함.

　표에 따르면 밭을 소유한 사람은 논보다 2.7배나 높은 대동세의 조세부담을 져야 했다. 그리고 정약용이 말한 모든 세금을 포함하여 계산하면 밭이 논보다 2.4배 이상 높았다. 전세의 경우에는 논은 쌀로 밭은 콩으로 징수했기 때문에 차이가 난 것이다. 밭을 가진 가난한 백성이 비옥한 논을 소유한 양반보다 세금을 더 많이 낼 수밖에 없었다. 더구나 밭은 논에 비해 척박하기 때문에 1결의 면적이 더 넓어 노동력이나 종자의 비용이 더 많이 든 것까지 고려한다면 실질적이 조세부담률은 훨씬 높았을 것이다. 왜 양반들이 밭보다 논을 더 선호했는지 명확히 알 수 있다. 원칙적으로 논밭 1결당 수확량은 같았다. 세종은 공법을 제정할 때 논 1결에서는 쌀 400말, 밭 1결에서는 콩(보리) 400말을 수확량으로 계산하여, 전세를 20분의 1인 1결당 논은 쌀 20말, 밭은 콩으로 20말을 징수하였다. 하지만 조선후기에는 이앙법 보급 등 농법의 발달로 수확량이 급증하여 논은 세종 때보다 배가 늘어났으나 밭은 50%에 그쳤다. 그만큼 논과 밭의 생산량 격차가 더 벌어졌는데도 대동세는 논과 밭의 세금을 똑같이 부과한 것이다. 대동법으로 인해 가난한 소농민들의 조세부담률이 폭증한 것이다.

다음 〈표 4-6〉은 칠곡 감사댁 「전답안」에서 논밭의 매득 연도와 규모를 분석한 것이다. 김건태는 1701년에 작성된 '전답안'을 통해 칠곡, 성주, 고령 등에 소재한 논밭 281필지(26결 24부)의 유래를 분석하였는데, 199필지(19결 53부)는 매득, 21필지(2결 84부 9속)는 상속, 7필지(45부 5속)는 노비기상(奴婢記上, 노비 것인 양 적어 신고함), 1필지(8부 5속)는 입안(立案, 개간으로 획득한 것)한 것이고, 나머지 53필지(3결 32부 1속)는 획득한 경위가 드러나지 않았다. 집적의 경위가 밝혀진 논밭 가운데서 매득한 논밭이 85%, 상속 · 노비기상 · 개간 등으로 획득된 논밭이 15%를 점했다. 칠곡 감사댁 부자(父子, 이원정과 아들 이담명)는 거의 해마다 토지를 매입했는데, 농민들이 조세납부와 생계유지 등을 위해 논밭을 방매할 수밖에 없는 현실을 틈타 손쉽게 대규모 논밭을 매득할수 있었다. 17세기 중·후반 경상도 중·서부지역에서는 소규모 토지를 소유한 농민들이 무토지민(無土地民)으로 전락하는 현상이 다수 나타났다고 하였다.[187]

---

187) 김건태, 《조선시대 양반가의 농업경영》, 제5장 지주제의 강화 1. 칠곡 감사댁(역사비평사, 2008.)

표 4-6	칠곡 감사댁의 논밭 매득 연도와 규모				
연도	필지 결-부-속	년도	필지 결-부-속	년도	필지 결-부-속
1642	14 1-45-0	1670	2 9-7	1690	6 40-2
1643	4 32-4	1671	2 12-1	1691	10 90-6
1645	1 3-3	1673	1 11-4	1692	5 57-5
1647	3 16-6	1674	1 13-1	1693	2 43-4
小計	22 1-97-3	1677	3 68-6	1694	4 36-9
1651	4 23-5	1678	1 7-5	1695	2 16-6
1652	1 3-0	1679	3 24-8	1696	15 1-30-6
1653	1 24-7	小計	13 1-47-2	1697	2 19-1
1654	2 24-8	1681	3 19-5	1698	2 18-3
小計	8 76-0	1683	6 56-9	1699	5 61-3
1660	1 2-6	1684	7 25-1	小計	140 5-14-5
1662	5 35-1	1686	1 10-7	1700	7 47-3
1663	3 30-4	1687	3 13-8	1701	4 13-9
1666	4 42-9	小計	20 1-26-0	小計	11 61-2
1669	1 29-2				
小計	14 1-40-2			合計	228 12-62-4

비고 : 매득연도가 기재되지 않은 53필지는 계산에서 제외했음.
자료 : 김건태, 《조선시대 양반가의 농업경영》, 역사비평사, 2008. 〈표 5-1〉 참조

칠곡 감사댁은 1640~1701년 사이에 지속적으로 논밭을 매득하고 있다. 특이한 것은 논밭 방매인 74명 가운데 13명은 토지를 관찰사댁에 매각하고, 이어 병작을 조건으로 관찰사댁 논밭을 경작하는 소작인으로 전락하였다는 것이다. 표를 보면 1690~1699년 사이에 무려 140필지 (5결 14부 5속)의 논밭을 매수하여 가장 많은 집적이 일어났다. 그런데 이러한 집적은 앞에서 살펴본 경상도 상민들의 논밭 매도 시기와 너무나 일치하고 있다. 1677년(숙종 3) 경상도에 대동법 시행된 이후 칠곡

감사댁도 토지를 더 많이 매집한 것이다. 앞에서 이용된 자료는 경상도 칠곡 이외의 지역으로 월성군 손동만씨, 영덕군 이근화씨, 예천군 권창룡씨, 안동군 김준식씨, 의성 김씨 등의 17세기 이후의 전답매매명문을 분석한 것이다. 지역과 지주들이 완전히 다른데 이처럼 똑같이 경상도에 대동법이 시행된 지 10년 후에 양반 지주가 전답을 가장 많이 매수한 것이다.

감사댁에서 가장 많은 논밭을 소유한 사람은 1690년에 경상도 관찰사가 된 아들 이담명이었다. 그는 아버지 이원정에게 적지 않은 논밭을 상속받은 데다가 또 적극적으로 매입하기도 하여 칠곡에서 손꼽히는 대지주로 성장했다. 이담명은 약 2,000두락 정도의 논밭을 소유한 대지주였다. 이조 판서(이원정)와 경상도 관찰사를 지낸 이들 부자는 녹봉과 선물 등의 명목으로 받은 재화를 논밭 매득에 사용했다고 본다. 이 사실은 관직에서 물러난 이담명이 1697년 한 해 동안 받은 선물의 양이 적지 않은 데에서 잘 드러난다. 이담명은 1694~1700년 사이에 당해 연도의 시헌력 마지막 부분의 이면에 증정인, 종류, 물량 등 선물에 관해 여러 가지 사실을 자세히 정리해두었다. 1697년 한 해 동안 587명으로부터 1,404종류의 물품을 선물로 받았다. 이는 고관을 지내지 않은 사람들로서는 기대하기 어려운 양이다. 한 해 동안 대략 2일 단위로 3명이 8종류의 물품을 선물한 셈이다. 이러한 막대한 양으로 미루어보건대 이원정과 이담명 부자가 현직에 있을 때 받은 녹봉과 선물의 양은 더 대단했을 것임을 짐작할 수 있다.

또한 이들 부자는 다른 양반들처럼 기존 농지에서 획득한 곡물과 장리로 늘린 이식도 농지 매입에 투자했다. 그리고 그의 호노(戶奴)가 외방노비 거주지를 순회하며 노비신공을 거두어들인 것으로 보아 노비에게서 거두어들인 신공의 일부도 논밭 매입에 사용되었다고 여겨진다. 1708년에 작성된 감사댁의 「분재기」에 190명의 노비가 실려 있는 점을 감안하면 이담명은 적지 않은 양의 노비신공을 거두어들였을 것이다.

〈표 4-7〉은 이담명의 손자 이유중이 소유한 1740년대 칠곡, 인동, 성주에 소재한 논밭 465.2두락을 분석한 것이다. 이담명의 둘째 아들 이세경(이유중 父)은 상속 이전에 이미 사망했기 때문에 그 부인과 관직에 나아가지 못한 외아들 이유중이 상속받았다. 그런데 이유중의 1740년대 논밭 규모는 상속받은 1708년에 비해 80% 이상 증가했다. 관직에 오르지 않은 이유중이 상속받은 논밭을 기반으로 30년 동안 적지 않은 논밭을 매득했음을 알 수 있다. 칠곡의 석전 마을에서 일생을 마친 이들 모자는 많은 토지를 집적했는데, 그 중 밭이 45%를 점하고 있으며, 논은 55%를 차지하고 있다.

표 4-7 **1740년대 이유중의 전답 소유 규모**

(단위 : 두락)

지역	유래	밭	논	합	비고
칠곡	매득	53.9	92.4	146.3	1742~1746연 전답안
	상속	17	50.3	67.3	
	상환		10	10	

칠곡	불명	93.6	45	138.6	
	소계	164.5	197.7	362.2	1742~1746연 전답안
인동	매득	27.7		27.7	
	소계	27.7		27.7	
성주	불명		58	58	1743년 추수기
	소계		58	58	
합계		209.5	255.7	465.2	

자료 : 김건태, 앞의 책, 〈표 5-3〉 참조

표를 보면 이유중이 칠곡, 인동에 소재한 논밭 가운데 170여 두락은 매득한 사실이 확인된다. 이유중은 일반 양반들처럼 지주 경영으로 약간의 부를 축적하고, 이것을 다시 논밭 매입에 투자했을 것으로 여겨진다. 감사댁과 이유중가에서 대규모의 토지를 매입했다는 사실에 더하여 그들이 밭보다 논을 더 많이 집적했다는 점도 주목을 끈다.

〈표 4-8〉은 칠곡 감사댁의 1708년에 작성된 「분재기」에서 논밭의 구성을 살펴본 것이다. 여섯 지역 모두 논의 결부수가 밭에 비해 압도적으로 많다. 밭은 불과 21%밖에 안 되었으며, 논이 79%에 달한다. 그 중 칠곡과 그 주변 지역인 성주 · 인주의 세 곳을 보면 밭은 28%이며 논은 72%이다.

표 4-8 **1708년에 작성된 〈분재기〉의 전답 규모**

지역	밭	논	합계
	필지 결-부-속	필지 결-부-속	필지 결-부-속
칠곡	27 3-97-7	78 8-15-8	105 12-13-5
성주	11 85-2	41 6-23-2	52 7-08-4
인동	4 1-43-3	15 1-83-5	19 3-26-8

고령	1 5-9	17 2-20-3	18 2-26-2
임천	10 1-15-0	47 10-49-8	57 11-64-8
광주	1 11-4	1 5-0	2 16-4
영천	2 18-1	5 53-1	7 71-2
계	56 7-76-6	204 29-50-7	260 37-37-3

자료 : 김건태, 앞의 책, 〈표 5-4〉 참조

감사댁이 소유한 논밭 구성비는 18세기 칠곡, 성주, 인동의 논밭 실태와 완전히 반대이다. 경상도의 농지는 전체적으로 밭이 논보다 많았다. 다음 〈표 4-9〉는 18세기 중엽에 편찬된 《여지도서(輿地圖書)》[188]에서 칠곡, 성주, 인동 지역의 논밭 구성을 살펴본 것이다.

표 4-9 1708년에 작성된 〈분재기〉의 전답 규모와 구성비

지역	밭(결, %)	논 (결, %)	합계(결, %)
칠곡	1,757 (53%)	1554 (47%)	3,311 (100%)
성주	6086 (52%)	5641 (48%)	11,727 (100%)
인동	2863 (62%)	1778 (38%)	4,641 (100%)
합계	10,706 (54%)	8,973 (46%)	19,679 (100%)

칠곡은 밭 1,756결 69부와 논 1,553결 80부, 성주는 밭 6,086결 40부와 논 5,640부 70부 1속, 인동은 밭 2,863결 4부 7속과 논 1,777결 66부 2속이다. 세 고을 모두 밭이 논보다 약간씩 많은 곳으로 전체적으로

---

188) 1757년(영조 33)~1765년에 각 읍에서 편찬한 읍지를 모아 만든 전국 읍지.

밭이 54%로 논보다 8%정도 많다.[189] 이처럼 감사댁과 이유중가는 논보다 밭이 더 많은 지역에 거주하면서도 밭보다 논을 더 많이 집적했던 것이다. 그 이유는 두말할 필요 없이 논이 밭보다 생산성이 훨씬 높았기 때문이며, 조세부담에 있어서도 논이 밭보다 더 유리했기 때문이었다.

4. 대동법 이후 양반들의 비옥한 논밭 소유

김건태는 경자양전(1720년) 때 작성된 양안 「금동어리대장(金冬於里大張)」을 분석하였다. 경자양전은 전국 8도 중 함경도와 평안도를 제외한 6개도에서 대동법이 실시된 지 12년이 지난 시점에서 실시되었다. 숙종 34년(1708)에 황해도에 마지막으로 대동법이 시행되었다. 「금동어리대장」은 1720년에 작성된 양안은 아니다. 누군가 갑진년(甲辰年, 1744)에 정본을 등사하고 그 내용을 관으로부터 추인받은 것으로 보인다. 현 경상도 진주시 금곡면에 위치한 '금동어리'는 조선후기에 금동어면으로 승격했다. 하지만 20세기 초반 행정구역 통폐합조치에 따라 금곡면 정자리, 검암리, 인담리, 동례리의 일부로 편입되면서 소멸되었다.

「금동어리대장」에는 신분별로 논밭의 소유실태를 기록하고 있는데

---

189) 김건태, 〈조선시대 양반가의 농업경영〉, 제5장 지주제의 강화 1. 칠곡 관찰사댁 2) 토지 규모.

이를 분석하며 다음 〈표 4-10〉과 같다. 전체 농지의 50%를 양반들이 소유하고 있다. 그 뒤를 상민, 천민 순으로 농지를 소유하고 있다. 19%의 양반 지주가 금동어리 논밭의 절반 이상을 차지하고 있었다.

표 4-10	1708년에 작성된 〈분재기〉의 전답 규모				
신분	밭	논	합계	인원(명)	1인당 소유면적
양반	21-94-8 (38)	60-60-1 (59)	82-54-9 (52)	71(19)	1-16-3
중인	6-87-6 (12)	11-11-3 (11)	17-98-9 (11)	46(12)	39-1
상민	15-06-6 (26)	21-38-3 (21)	36-44-9 (23)	153(40)	23-8
천민	8-71-6 (15)	7-85-6 (8)	16-57-5 (10)	103(27)	16-1
기타	1-6	49-2 (1)	50-8	5	10-2
무주	5-37-8 (9)	47-3	5-87-1(4)	–	–
합계	58-00-3(100)	101-91-8(100)	159-94-1(100)	378(100)	40-8

비고 ; 괄호 안의 숫자는 %임.
자료 : 김건태, 앞의 책, 〈표 4-23〉 참조

표를 보면 양반 1명의 평균 소유면적 또한 다른 신분층에 비해 월등히 많다. 양반들은 1명당 1결 16부 3속을 소유했지만, 노비들은 평균 16부 1속밖에 소유하지 못하였다. 신분적 서열이 높을수록 1명당 소유면적이 크다. 조선이 신분사회, 그것도 양반 중심의 사회였음을 명확히 보여주는 부분이다. 여기에 양반 소유지의 비중이 실제보다 조금 과소평가되었다는 사실을 염두에 둘 필요가 있다. 당시에는 여전히 분할상속이 시행되고 있었기 때문에 금동어리에 다른 리(里), 다른 면, 나아가 다른 군현 거주자의 소유지가 있었기 때문이다. 당시 부재지주지의 상당수가 호노(戶奴)의 이름으로 양안에 기록되어 있었음을 감안하면, 양반 소유지의 비중은 더 높아진다. 금동어리의 양반들 역시 다른 사족들처럼 많은 전답을 확보하고 있었을 뿐 아니라 밭보다 논을 선호했다. 양반들은 전체 농지 중 논 59%, 밭 38%를 소유하고 있었다. 당시 양반들이 논을 선호한 까닭은 지주제가 논을 중심으로 발달하고 있었기 때문이다. 논에서는 병작반수 혹은 생산량의 절반에 가까운 지대량을 수취하는 도지가 적용되었으나, 대부분의 밭에서는 지대량이 명목적 수준에 지나지 않았다.

다음 〈표 4-11〉은 앞 표에서 신분별 논밭 구성비를 살펴본 것이다. 논과 밭의 비중은 대동세의 평가에 있어서 매우 중요한 요인이기 때문이다. 양반은 소유 농지 중 논을 73%를 소유하고 있는 반면 밭은 고작 27%를 소유하였다. 그리고 중인은 논 62% · 밭 38%, 상민은 논 59% · 밭 41%, 노비는 논 47% · 밭 53%를 소유하였다. 신분이 낮을수록 소유한 논의 비중이 낮아지고 밭의 비중이 높아지는 것이 확연하다. 앞에서 살펴본 것처럼 밭의 조세부담이 논보다 높기 때문에 신분이 낮을수록 세금의 부담이 더 클 수밖에 없었다. 그래도 금동어리는 아주 비옥한 지역으로 전체 농지에서 밭의 비중이 36%밖에 안 되었기 때문에, 양반 이외 계층의 조세부담도 다른 지역에 비해서 적었다고 본다.

표 4-11 **금동어리의 신분별 논밭 구성비**

(단위 : 결-부-속)

	밭	논	합계
양반	21-94-8 (27)	60-60-1 (73)	82-54-9(100)
중인	6-87-6 (38)	11-11-3 (62)	17-98-9(100)

상민	15-06-6 (41)	21-38-3 (59)	36-44-9(100)
천민	8-71-6 (53)	7-85-6 (47)	16-57-5(100)
기타	1-6	49-2	50-8(100)
합계	**58-00-3(36)**	**101-91-8(64)**	**159-94-1(100)**

비고 : 무주는 제외하였으며, 괄호 안의 숫자는 %임.
자료 : 김건태, 앞의 책, 〈표 4-23〉 참조

〈표 4-12〉는 「금동어리대장」에서 각 신분별 소유한 전답의 등급을 분석한 것이다. 세종이 제정한 전분6등법에 따른 구분이다. 소유자 신분층과 전답 비옥도 사이의 밀접한 관련성이 그대로 드러난다. 소유 면적으로 보면 1등급을 제외한 모든 등급에서 양반의 소유지가 제일 많다.

표 4-12 **금동어리의 신분별 논밭 구성비**

(단위 : 결-부-속)

신분	1등급	2등급	3등급	4등급	5등급	6등급	합계
양반	1-79-2	19-78-5	43-42-0	12-33-2	3-55-3	1-61-7	82-54-6
	(2)	(24)	(53)	(15)	(4)	(2)	(100)
중인	68-5	5-11-2	7-07-5	3-78-5	93-0	40-2	17-98-9
	(4)	(29)	(39)	(21)	(5)	(2)	(100)
상민	1-85-0	9-57-8	15-12-0	6-52-0	2-36-7	1-01-4	36-44-9
	(5)	(26)	(41)	(18)	(6)	(3)	(100)
천민	21-8	1-86-1	7-87-9	4-13-3	1-59-0	85-3	16-57-5
	(1)	(11)	(48)	(25)	(10)	(5)	(100)
기타	–	13-7	35-5	01-6	–	–	0-50-8
	–	–	–	–	–	–	–
합계	**4-54-5**	**36-48-3**	**75-03-3**	**28-45-6**	**10-15-8**	**5-15-5**	**159-94-1**
	(3)	**(23)**	**(48)**	**(18)**	**(6)**	**(3)**	**(100)**

비고 : 무주지는 제외했음. 괄호 안의 숫자는 %임
자료 : 김건태, 앞의 책, 〈표 4-24〉 참조

등급별로 살펴보면 2등급과 3등급의 절반 이상을 양반이 소유하고 있으며, 4등급 이하로 내려갈수록 양반 이외의 신분층에 속한 전주들의 토지점유율이 높아진다. 그런데 문제는 금동어리 양반들이 절대적으로 논을 많이 가지고 있음에도 불구하고 1~2등급은 불과 26%밖에 안 되며, 양반들이 소유한 논밭 53%가 3등급이다. 세종은 공법의 전분 6등제를 제정하면서 일반적으로 논은 밭보다 더 비옥하고 물대기가 좋은 곳이므로 전품을 1~2등급에 두도록 하였다.[190] 따라서 양반이 논을 73% 소유하고 있다면 적어도 1~2등급의 비율도 그 정도는 되어야 한다고 본다. 반대로 밭을 53% 가진 천민은 3~4등급에 83%나 차지했다. 양반들의 토지 등급이 실제보다 낮게 평가되었다고 볼 수 있다. 물론 금동어리를 중심으로 한 이러한 분석은 지역적으로 경상도란 한계를 가질 수 있다.

김용섭은 조선후기 농민층의 토지소유실태와 그 계층분화현상을 밝히기 위하여 양안을 분석하였다. 이때 사용된 자료는 충청도 회인현 양안(1669, 현종 10년), 경상도 의성군 귀산면 양안(1720, 숙종 46년), 그리고 전라도 완산군 완전면 양안(1719, 숙종 45년) 등 삼남지방에서 각각 하나씩을 뽑아 분석한 것이다.[191] 이 세 지역의 기주별 신분관계 구성을 분석하면 다음 〈표 4-13〉과 같다. 기타에는 향리와 신분관계 불명자 및 승려(의성은 55명, 전주는 51명)가 포함되어 있다.

---

190) 《세종실록》 25년 11월 5일.
191) 김용섭, "양안의 연구(상)-조선후기의 농가경제-", 〈사학연구〉 7, 1960, 1~96쪽.

표 4-13	회인 · 의성 · 전주지역의 기주별 신분관계 구성				
지역	양반	상민	노비	기타	합계
회인	116(31.4)	139(37.7)	114(30.9)	–	369(100)
의성	147(22.0)	128(19.1)	394(58.8)	67(0.1)	736(100)
전주	273(22.7)	869(72.1)	12(1.0)	51(4.2)	1,205(100)

비고 : 괄호 안의 숫자는 %이다.
자료 : 김용섭, "양안의 연구(상)-조선후기의 농가경제-", 〈사학연구〉 7, 1960. 〈도표 1~7〉 참조

표를 보면 지역에 따라서 토지를 소유한 기주의 신분이 크게 차이가 난다. 충청도 회인의 경우 양반 · 상민 · 노비의 구성비가 30% 내외로 형성되었지만, 경상도 의성은 상민이 가장 적은 반면 양반은 22%이며 노비가 무려 58.8%를 차지하고 있다. 전라도 전주의 경우 이와 반대로 상민이 72.1%를 차지하고 있으며 양반은 22.7%로 의성과 비슷하다.

다음 〈표 4-14〉는 앞 표의 세 지역 논밭 구성비를 《세종실록》 지리지와 비교 분석한 것이다.

표 4-14	회인 · 의성 · 전주지역의 양안과 《세종실록》 지리지 논밭 구성			
지역	밭		논	
	양안	《세종실록》 지리지	양안	《세종실록》 지리지
회인 (충청도 청주목) 현종 10년(1669)	80%	89%	20%	11%
의성 (경상도 안동 대도호부–귀산면) 숙종 46년(1720)	74%	80%	26%	20%
전주 (전라도 전주부 완전면) 숙종 45년(1719)	45%	논이 조금 많다.	55%	논이 조금 많다.

충청도 회인 지역은 아주 척박한 지역으로 양안에는 밭의 비율이 80%이지만《세종실록》지리지에는 89%가 밭인 그야말로 첩첩산중의 고을이었다. 경상도 의성 지역 역시 척박한 지역으로 양안상 밭의 비율은 74%이었으나《세종실록》지리지에는 80%이다. 반면 전라도 전주 지역은 밭이 45%로 논이 더 많은 비옥한 지역으로《세종실록》지리지에는 논이 조금 많다고 하였다. 이 세지역의 논밭 비율은 300여년 전에 작성된《세종실록》지리지의 수치와 거의 비슷하지만, 전반적으로 논이 세종 때보다는 5~10% 증가하였다.

다음 〈표 4-15〉는 회인·의성·전주 양안의 전분6등에 따른 논밭의 규묘와 비율을 살펴본 것이다. 척박한 회인의 경우 밭은 78%가 5~6등급이며, 논은 82%가 3~4등급에 속할 정도의 하등지역이다. 의성의 경우 역시 밭은 75%가 3~4등급에 속하며, 논은 61%가 3등급에 속하는 하등지역이다. 전주는 호남의 곡창지대로 밭의 경우 71%가 3~4등급에 속하며, 논은 85%가 1~3등급에 속하는 상등지역이다. 그런데 논의 비중이 55%인 전주의 경우 1~2등급의 논이 34%밖에 안 되었다.

표 4-15 회인 · 의성 · 전주지역 등급별 농지분표 현황

지역		1등급	2등급	3등급	4등급	5등급	6등급	합계
회인	밭	–	–	3–10–7 (4%)	15–7–6 (18%)	28–69–4 (34%)	37–44–6 (44%)	84–32–3 (100%)
	논	–	–	8–93–0 (43%)	8–6–9 (39%)	3–82–2 (18%)	0–1	20–82–2 (100%)
의성	밭	–	7–71–2 (4%)	77–57–7 (37%)	78–97–6 (38%)	31–65–8 (15%)	13–47–3 (6%)	209–39–6 (100%)
	논	61–4 (1%)	11–36–6 (15%)	45–97–1 (61%)	14–16–9 (19%)	2–52–9 (3%)	32–8 (1%)	74–97–7 (100%)

전주	밭	21-60-6 (7%)	15-33-4 (5%)	104-91-4 (35%)	108-17-2 (36%)	49-54-2 (17%)	10-1 –	299-66-9 (100%)
	논	52-56-3 (14%)	73-24-0 (20%)	188-91-9 (51%)	50-73-0 (14%)	1-47-8 (1%)	–	366-93-0 (100%)

비고 : 괄호 안의 숫자는 %이다.
자료 : 김용섭, 앞의 논문, 〈도표 9〉 참조

다음 〈표 4-16〉은 회인의 신분별 논밭의 소유 규모와 비율을 분석한 것이다. 밭이 많은 회인지역에서는 신분 구별 없이 절대적으로 밭을 많이 소유한 것으로 나타났다. 회인지역은 농지 중 밭이 80%를 차지하기 때문에 논의 희소성 때문에 양반들도 밭을 더 소유하고 있었다고 본다. 그래도 양반은 논을 조금 더 많이 가지고 있었으며, 기주별 논 평균의 소유 규모를 볼 때 양반은 8부 5속으로 상민이나 천민보다 거의 2배 정도이다.

표 4-16　회인지역 신분별 논밭 소유 규모

신분	밭		논		합계	기주별		
						기주수	밭평균	논평균
양반	34-38-0	78%	9-81-0	22%	44-19-0	116	29-6	8-5
상민	24-19-6	80%	6-13-0	20%	30-32-6	139	17-4	4-4
노비	25-74-7	84%	4-88-2	16%	30-62-9	114	22-6	4-3
총계	84-32-3	80%	20-82-2	20%	105-14-5	369	22-9	5-6

자료 : 김용섭, 앞의 논문, 〈도표 30〉 참조

다음 〈표 4-17〉은 의성의 신분별 논밭의 소유 규모와 비율을 분석한 것이다. 의성지역도 전체 농지 중 밭이 74%로 회인 지역보다는 약간 토질이 좋지만 그래도 척박한 지역이다. 논밭의 소유 비율로 볼 때

다른 지역과는 완전히 다르게 노비들이 논과 밭 모두 거의 50%를 차지하고 있다. 하지만 이는 노비의 기주수가 60%에 달하기 때문이다. 양반은 논의 소유 비율이 다른 계층에 비해 조금 높으며, 기주별 논의 소유 면적 역시 18부 4속으로 상민이나 천민 보다 2배정도 많다.

표 4-17 의성지역 신분별 논밭 소유 규모

신분	밭		논		합계	기주별		
						기주수	밭평균	논평균
양반	56-98-3	68%	27-37-0	33%	84-2-0	147	38-8	18-4
상민	50-19-0	81%	11-66-3	19%	61-85-3	128	39-2	9-1
노비	110-05-8	80%	36-27-7	26%	137-33-5	394	25-6	9-2
총계	208-23-1*	74%	74-97-7	26%	283-20-8	670	31-2	11-2

* 향리 1 명이 가진 밭 1-16-5가 빠짐
자료 : 김용섭, 앞의 논문, 〈도표 31〉 참조

다음 〈표 4-18〉은 전주의 신분별 논밭의 소유 규모를 분석한 것이다. 전주지역의 특징은 전국 8도 중 논이 밭보다 더 많은 가장 비옥한 지역이다. 거기에 기주 중 노비가 1% 밖에 안 된다. 양반은 논을 51% 소유하고, 상민은 논을 59% 차지하고 있어 다른 지역과 달리 상민이 약간 더 많이 소유하고 있다. 하지만 기주별 평균 소유의 논을 보면 양반은 56부 1속으로 상민의 2배 이상을 소유하고, 밭은 상민보다 3배 정도 많은 54부 9속을 소유하고 있다.

표 4-18	전주지역 신분별 논밭 소유 규모							
신분	밭		논		합계	기주별		
						기주수	밭평균	논평균
양반	149–88–6	49%	153–09–0	51%	302–97–6	273	54–9	56–1
상민	149–02–0	41%	213–14–7	59%	362–16–7	869	17–2	24–5
노비	76–3	52%	69–3	48%	1–45–6	12	6–3	5–8
총계	299–66–9	45%	366–93–0	55%	666–59–9	1,154	26–0	31–8

자료 : 김용섭 앞의 논문, 〈도표 32〉 참조

다음 〈표 4-19〉는 회인의 신분별 농지 등급별 전답의 소유 비율을 분석한 것이다. 회인은 척박한 지역으로 밭의 경우 신분에 관계없이 6등급이 40% 이상을 차지하고 있다. 그런데 논의 경우 노비는 61.9%가 3등급인 반면 양반은 46.5%가 4등급이다. 양반 소유의 논이 상민이나 노비의 논보다 등급이 낮아 더 척박하다는 것인데, 이는 사실과 다르다고 볼 수 있다.

표 4-19	회인의 신분별 농지 등급별 전답의 소유비							
신분		1등급	2등급	3등급	4등급	5등급	6등급	합계
양반	밭	–	–	5.1	19.2	35.5	40.2	100
	논	–	–	37.4	46.5	16.1	–	100
상민	밭	–	–	1.7	15.0	36.7	46.6	100
	논	–	–	36.5	37.7	25.8	–	100
노비	밭	–	–	3.6	18.7	29.7	48.0	100
	논	–	–	61.9	24.6	13.5	–	100

자료 : 김용섭, "양안의 연구(상)–조선후기의 농가경제–", 〈사학연구〉 7, 1960, 〈도표 15~22〉 참조

다음 〈표 4-20〉은 의성의 신분별 농지 등급별 전답의 소유비를 분석한 것이다. 의성은 밭의 경우 양반과 노비는 3등급이 40% 이상을

차지하고 있지만, 상민은 47%가 4등급으로 많았다. 그런데 논의 경우 노비는 64.8%가 3등급이며 양반은 약간 낮은 62.1%가 3등급이다. 논 1~2등급을 따져보면 양반은 14.6%를 가지고 있으며, 노비는 19.1%을 차지하고 있다. 전체적으로 회인지역처럼 노비의 전품이 더 높게 형성된 것을 알 수 있다.

표 4-20		의성의 신분별 농지 등급별 전답의 소유비						
신분		1등급	2등급	3등급	4등급	5등급	6등급	합계
양반	밭	–	4.2	41.3	34.3	15.7	4.5	100
	논	0.1	14.5	62.1	20.6	2.5	0.2	100
상민	밭	–	1.3	19.7	47.5	20.6	10.9	100
	논	0.3	9.3	48.6	32.2	9.4	0.2	100
노비	밭	–	4.6	43.6	35.3	11.1	5.4	100
	논	1.6	17.5	64.8	13.3	2.1	0.7	100

자료 : 김용섭, 앞의 논문, 〈도표 15~22〉 참조

다음 〈표 4-21〉은 전주의 신분별 농지 등급별 전답의 소유비를 분석한 것이다. 전주는 아주 비옥한 지역이다. 그런데 의외로 밭의 경우 양반은 4등급이 35.5%인 반면, 상민과 노비는 3등급이 각각 38.8%, 44.0%로 더 많았다. 거기에 양반은 5등급 밭이 21%나 되어 다른 신분들보다 좋지 않은 농지를 소유한 것으로 나타났다. 사실과 다른 낮은 등급의 분표라 할 수 있다. 논의 경우에도 양반은 3등급이 53.5%나 되며, 1~2등급도 32.3%로 다른 신분보다 비중이 낮다. 노비는 논의 경우 무려 63.3%가 2등급이며, 상민은 논 1등급이 19.9%로 양반보다 3배나 높다. 신분 계층과 논밭의 등급이 완전히 반비례하고 있다.

표 4-21 **전주의 신분별 농지 등급별 전답의 소유비**

신분		1등급	2등급	3등급	4등급	5등급	6등급	합계
양반	밭	6.3	5.2	31.1	35.5	21.0	-	100
	논	6.6	25.7	53.5	13.8	0.4	-	100
상민	밭	8.1	5.1	38.8	36.7	11.2	0.1	100
	논	19.9	15.7	50.1	13.9	0.4	-	100
노비	밭	12.6	-	44.0	34.0	9.4	-	100
	논	0	63.3	36.7	-	-	-	100

자료 : 김용섭, 앞의 논문, 〈도표 15~22〉 참조

이처럼 신분별 논밭 소유 실태를 등급별로 분석한 결과 충청도 회안, 경산도 의성, 전라도 전주지역 모두 양반의 논밭 등급이 다른 신분 계층보다 낮게 평가된 것을 확인 할 수 있다. 양반들은 해당 지역의 고을별 실제 비척과는 상관없이 전반적으로 논밭의 등급, 특히 논의 등급을 한두 단계 낮추어 세금을 회피하고 있었다고 볼 수 있다. 여기에는 대동세가 크게 작용하였다고 본다. 대동세의 무거운 세금이 결세로 전환되면서 힘과 권력을 동원해 자연스러울 만큼 양반들은 논밭의 전품을 낮추어 세금을 탈세한 것이다. 물론 양반들의 이러한 탈법 현상은 대동법 시행 전에도 분명히 있었겠지만, 이를 분석할 만한 자료가 없어 대동법 실시 이후 얼마나 더 그 현상이 심화되었는지는 비교할 수 없다.

전분6등제에서 전품의 등급이 한 등급씩 낮게 책정될수록 세금은 15%씩 줄어든다. 전분6등법은 한 등급씩 낮아질수록 생산량이 15%씩 감소한 것으로 하여 세금을 계산하기 때문이다. 그래서 만약 1등급 토지를 2등급으로 할 경우 15%의 세금을 적게 내게 되고, 1등급을 3등

급으로 한 경우 30%의 세금을 탈세한 것이다. 양반들은 이 때문에 소유한 논밭의 등급을 낮추기 위해 온갖 협잡을 버렸다. 밭의 경우도 마찬가지였다. 금동어리 양반들이 소유한 밭의 전품 또한 실제로 척박한 5~6등급에 속하지 않았을 것이다. 양전이 제대로 이루어지지 못한 것이다. 양반들은 토지를 많이 소유했을 뿐 아니라, 물 가까이 있어 좀처럼 가뭄이 들지 않는 논과 퇴비를 적게 넣어도 비옥도가 그럭저럭 유지되는 밭, 즉 양전미답(良田美畓)을 소유한 것이 분명한데도 토지의 등급은 낮게 양안에 기록되어 세금을 탈세한 것이다.

제5장

소작인에게 전가된 대동세

「백성들 중 1결을 가진 자가 과연 몇 명이나 되겠습니까? 10호의 마을에서 논밭을 가진 자는 하나나 둘도 못되고, 반수는 남의 밭을 빌려 경작하는 사람들로 일년내내 부지런히 일을 하여도 상세도 내지 못하는데 그 반은 전주에게 실어보내야 하고 또 응당 공사채(公私債)를 갚아야 합니다.」

《경종실록》 1년 9월 6일.

「옛 풍습에 남의 전지를 경작하는 것을 병작(幷作)이라고 하는데, 대개 주인과 경작자가 각각 수확을 반으로 나누되 경작자 혼자서 짓는 것이다. 그 반을 수확함에 있어서 그 세미(稅米)나 씨나락(종자)은 주인이 내고 경작자는 내지 않는 것이 옛 풍습이다. 근래에 들으니, 호서·호남에서는 점점 경작자가 내고 도리어 주인은 내지 않으며, 사람들이 뇌물을 주어도 얻어 경작할 수 없다 하니, 그 딱한 정상이 이 지경에 이르렀다. 백성을 다스리는 자로서는 의당 금지해야 될 터인데, 오늘날 이미 풍습이 이루어졌으니 반드시 놀랍게 여기지 않을 것이다.」

《성호사설》 제7권 인사문 본정서(本政書).

1. 조선후기 급증하는 소작인

17세기 조선사회에서 경제적 번영과 사회적 활력을 체감한 시기는 1630년대 중반이었다. 농업생산력, 경제, 인구 등 3대의 사회경제 지표가 모두 크게 개선되었다. 1630년대에는 전쟁 이전의 경제 규모를 거의 회복하게 되었고, 1660년대까지는 꾸준하게 경제는 성장했다. 게다가 중국과 일본의 중개 무역, 상평통보(1차 1633, 2차 1678)의 발행 등과 같은 대내외적 여건들이 긍정적으로 작용하면서, 조선의 사회경제 발전은 더욱 탄력을 받았다. 그렇지만 조선사회는 1660년대에 이르러 점차 새로운 도전에 직면하게 되었다. 지배층을 중심으로 한 부(富)의 과시와 사치·향락의 만연, 그리고 피지배층을 중심으로 한 대규모 경제적 몰락이 그것이었다. 사회양극화 현상이 출현하게 됨에 따라, 전후 60여년 동안 축적해온 사회안정과 경제발전이 크게 훼손될 위험에 직면하게 되었다.[192]

그 주된 원인은 입안(立案),[193] 궁방전, 둔전 등을 비롯한 각종 명목과 방법으로 전국의 토지가 급속히 왕실, 국가 기관, 귀족 대관들, 지방 양반지주들에게 겸병되어 가는 반면에, 토지를 잃은 농민들은 유리걸식하거나 혹은 지주들의 토지에서 가장 가혹한 조건하에 반작농

---

192) 김성우, "전쟁과 번영 : 17세기 조선을 바라보는 또 다른 관점", 《역사비평》 107, 역사비평사, 2014, 152쪽.
193) 개인의 청원에 따라 매매·양도 등의 사실을 관(官)에서 확인하고 이를 인증해주기 위해 발급한 문서.

으로 전락하는 과정이 더욱 급속히 진행되었기 때문이다.[194] 이에 효종 10년(1659)에 장령 김익렴은 "지방에다 전장(田莊, 개인이 소유하는 논밭)을 사서 설치하는 것은 오늘날의 궁가뿐만이 아니라 그 유래가 이미 오래되었고 국가의 고질적인 폐단이 되어 있습니다. 8도의 인민 가운데 부역을 피하여 여기에 투속(投屬, 귀족이나 세력 있는 자에게 기대어 예속됨)되어 있는 사람이 많은데, 이것이 신구 궁가들의 전장이 아니면 재상이나 명관들의 전장이고, 재상이나 명관들의 전장이 아니면 호강이나 향족들의 울타리안인 것입니다. 호강이나 향족의 위세는 재상이나 명관 정도뿐만이 아닙니다. 이밖에 새나 짐승처럼 거처하고 있는 무리가 모든 도의 산골짜기에 두루 가득찼으니 온 나라 민정(民丁)의 태반이 흩어져 없어진 상태입니다."[195]라고 하였다. 반계 유형원도 이러한 사회 현상에 대해서 다음과 같이 '부익부 빈익빈'이 심화되었다고 했다.

「옛날의 〈고대 중국에서 실시된 정전제(井田制)〉 제도가 이미 폐지된 뒤에 밭은 공유(公有)로 되지 않고 사유가 되어서 부유한 자들은 큰 벌판을 차지하게 되었으나, 가난한 자는 송곳을 세울만한 땅도 없게 되었기 때문에 부유한 자는 점점 더 부유해지고 가난한 자는 점점 더 가난해졌다. 세기가 오래됨을 따라 토지는 모리배들의 수중에 다 점유되고 상민들은 모

---

194) 《반계수록》 해제.(한국고전종합DB)
195) 《효종실록》 10년 윤3월 18일.

두 유리하게 되어 그들의 고용살이를 하게 되니, 그것이 끼친 해독은 이루 다 말할 수 없게 되었다.」[196]

때문에 일반 백성들의 경제 형편은 점점 더 나빠졌다. 사치와 낭비 현상이 두드러지기 시작한 1650년대를 전후하여, 조선사회는 〈토지 겸병 등으로〉 부를 독점하고 그것을 향유하는 소수의 지배층을 한편으로, 경제력을 상실하고 몰락해가는 절대 다수의 피지배층을 다른 편으로 하는 이른바 '사회양극화' 현상을 드러내고 있었다. 사회양극화 현상은 지배층의 사치와 향락 풍조가 한층 심해진 1660년대에는 더욱 깊어졌다. 그런 점에서 1660년대는 전후 60여년 가까이 장기 지속되었던 사회안정과 경제번영이 점차 훼손되어간 시기이기도 했다.[197] 물론 조선후기의 농촌사회 분해는 농민층에게만 해당하는 것은 아니었다. 양반층까지 포함하는 전반적인 해체 현상으로서 양반·상민·천민층의 상승과 몰락은 이 시기 사회변동의 양상을 반영하는 중요한 지표가 되고 있다. '부익부 빈익빈'으로 나타났던 농촌사회의 양극화 현상은 결국 농촌사회의 질서를 재편시켜 갔고, 나아가 새로운 체제를 건설할 수 있는 세력을 탄생시켰다.

18세기 초반 무렵의 대구지방의 양안과 호적 자료가 남아 있어 농민층의 동향을 일목요연하게 알 수 있다. 대구부 조암면은 농지 총 269결

---

196) 《반계수록》 권지2 전제 하. 전제에 관한 각종 문제.
197) 김성우, "17세기의 위기와 숙종대 사회상", 〈역사와현실〉 25, 역사비평사, 1997, 15–39쪽.

중 밭이 116결의 43%, 논이 153결의 57%를 차지한 비옥한 지역이었다.[198] 이곳 농지는 무주(無主)·승려·관아 등의 소유지(17결)를 제외한 나머지가 252결이고, 그 중 타 지역 소유주로 된 것은 90결로서 전 농지의 36%나 되는 곳이다. 조암면 기주의 소유로 되어 있는 것은 162결로서 전 농지의 64%에 불과하였다.[199] 1726년 조암면의 호수는 199호로 인구는 959명(남 363명, 여 596면)이다.[200]

다음 〈표 5-1〉은 「대구부 조암면 양안」(숙종 46년, 1720)과 「대구부 호적」을 결합시켜 양안상의 호(戶)의 토지소유 관계를 분석한 것이다. 호는 주호에 직계 가족이 소유한 토지를 포함한 것이다.

표 5-1	전주의 신분별 농지 등급별 전답의 소유비	
소유규모	1714년 호(%)	1726년 호(%)
2결 이상	12(6.5)	5(2.5)
1결이상	37(20.0)	31(15.6)
50부이상	39(21.0)	32(16.1)
25부이상	27(14.5)	24(12.1)
25부이하	33(17.6)	34(17.1)
무소유	38(20.4)	73(36.6)
합계	186(100)	199(100)

자료 : 정진영, "18세기 호적대장 호(戶)와 그 경제적 기반 −1714년 대구 조암방(組岩坊) 호적을 중심으로−", 〈역사와현실〉 39, 한국역사연구회, 2001, 〈표 7〉 참조

1714년의 경우에는 대체로 부농층(1결 이상)이 26.5%, 중농층이 21%, 소농층이 14.5%, 빈농층이 17.6%, 무전민도 20.4% 정도로 나타났다.

---

198) 김용섭, "조선후기 신분구성의 변동과 농지소유", 〈동방학지〉 82, 1993, 50쪽.
199) 김용섭, 앞의 논문, 75쪽.
200) 정진영, "18세기 호적대장 '호(戶)'와 그 경제적 기반 −1714년 대구 조암방(組岩坊) 호적을 중심으로−", 〈역사와현실〉 39, 한국역사연구회, 2001, 174쪽.

1726년의 경우는 모든 계층의 소유규모가 하향화 되어 부농층은 18.1%, 중농층은 16.1%, 소농층은 12.1%, 빈농층은 17.1%, 무전민은 36.6%로 나타났다. 불과 12년 만에 무전농민이 무려 16% 이상 늘어난 것이다. 소작인이 그 만큼 증가할 수밖에 없었다.

실학자 박지원(1737~1805)은 다음과 같이 당시 부호층이 토지를 늑매(勒買, 억지로 물건을 삼)하지 않더라도 다투어 찾아오는 빈농들의 토지를 가만히 앉아서 겸병할 수 있었다고 하였다.

「겸병하는 호부들도 빈민들의 전토를 강압적으로 팔게 하여 단번에 모두 자기의 소유로 만드는 것은 아닙니다. 부강한 자산을 기반으로 하여 가만히 앉아 아무 소리 하지 않아도 사방에서 전토를 팔려는 사람들이 제 손으로 토지문서를 가지고 매일 부잣집 문전에 찾아옵니다. 왜냐하면, 사람살이란 게 의식(衣食) 문제 외에도 길흉 간에 대사가 없을 수 없기 때문입니다. 또 빚 독촉에 몰리기도 하고, 돈을 벌려다가 도리어 손해를 보는 수도 있습니다. 이에 군색하여 어떻게 할 수 없는 처지에 몰리게 되면, 여간한 농지야 그것이 있어도 생계를 이어줄 수가 없고, 그것이 없어도 더 가난해질 것도 없다는 생각이 들어 이에 저 부자들이 재산을 가두는 소굴임을 깨닫지 못하고, 다투어 돈을 받고 전토를 바치고 맙니다. 저들 부자는 애써 값을 후하게 쳐주어 땅을 팔러 오는 사람이 더욱 많아지게 할 뿐만 아니라, 땅을 사들인 뒤에도 판매한 사람에게 그대로 경작케 하여 우선 그 마음을 안심시킵니다. 땅을 판 빈민의 경우는 한 번의 후한 땅값을 이

득으로 알 뿐만 아니라, 또 오히려 이전 자기 토지에서 수확의 반을 먹을 수 있게 해 주는 것을 은덕으로 여기게 됩니다. 그리하여 땅값이 날로 높아지다 보면 부근의 한 자 한 치의 전토도 깡그리 부자의 손아귀로 들어가고 마는 결과가 됩니다. 진실로 이에 대한 법제가 수립되지 못하였기 때문에 온 나라가 겸병하는 집안에게 매달리고, 군읍은 다만 양전한 헛장부만 끌어안고 있는 셈이 됩니다.」[201]

조세부담, 고리채 이용, 관혼상제 비용 등으로 견딜 수 없게 된 가난한 농민들이 헐값에 자신의 토지를 내놓는 경우가 늘어난 것이다. 이에 소수의 부자양반은 손쉽게 토지를 집적할 수 있었고, 중간 관리자와 날품팔이인 농민을 고용하는 지주로 성장하였다. 반면 양반이라도 농업 경영에 관심을 기울이지 못할 경우 빈농으로 몰락하였다. 이처럼 조선후기 농촌사회는 신분제 붕괴와 토지소유의 양극화 과정을 통해 점차 분해되고 있었다.

문제는 25부 이하의 농지를 가진 빈농보다도 빈농에도 들지 못한 경작지 없는 소작인들이었다. 다산 정약용은 "호남의 백성 대략 1백 호(戶) 중에 남에게 전토를 주고서 그 소작료를 거두는 자는 5호에 불과하고, 자기의 농토를 자기가 경작하는 자는 25호이고, 남의 전토를 경작하고 세를 바치는 자는 70호이니, 지금 만약 그 구습을 고쳐 모든 도에 명하면 70호는 모두 뛰면서 손뼉을 치며 좋아할 것이고, 25호는 즐

---

201) 박지원, 《연암집》 과농소초(課農小抄) 한민명전의(限民名田議).

거움과 괴로움이 상관되지 않을 것입니다. 민심은 가득한 것을 미워하여 대체로 부자를 꺼리고 가난한 자를 구휼하려는 것이니, 역시 즐거워하는 쪽에 속할 것이요 슬퍼하며 즐거워하지 않는 자는 5인(人)에 불과할 뿐입니다. 5인이 슬퍼하는 것을 두려워하여 95인이 손벽을 치며 좋아할 정사를 하지 않는다면, 누가 왕이 조화의 권형(權衡)을 가졌다고 말할 수 있겠습니까?"[202]라고 하였다. 농업경영에 있어 가장 중요한 것은 생산 수단, 즉 경작지의 보유였는데 농지 보유에 있어 불균이 극도로 심화되었다. '농부들은 자기 전지가 없고, 모두 남의 전지를 경작한다(農夫無田, 皆耕人田)'는 다산의 말처럼 농민층 가운데 절대 다수가 소작에 관계되어 있고, 지역에 따라 약간의 차이는 있었지만 대개 기경전의 60% 내외의 면적이 소작지인 것은 당시의 현실이었다.[203] 앞의 〈표 5-1〉과 비교하면 거의 100년만에 무전농이 40% 정도 급증하였다.

과전법이 시행된 조선초에 있어서는 거의 농민 100%가 보유지(민전)의 자작농이었다. 보유지는 원칙적으로 농민이 관습적 보유권을 가지고 경영, 경작하는 토지이며, 고려초기로부터 이를 민전이라고 불렀다. 과전법 이후 여말선초에 있어서 농민의 존재형태는 보유지 자작농이었으며, 이들 표준적 소규모 보유농은 생산양식의 기본적 토대를 형성하고 있었다. 이 농민 보유지는 조(租)의 귀속관계에 따라 국가

---

202) 《다산시문집》 제9권 소 호남 제읍의 전부(佃夫)가 조세 바치는 풍속을 엄금하기를 청하려던 차자.
203) 김용섭, 《조선후기농업사연구1》, 일조각, 1970, 230쪽.

수조지로서의 공전(公田)과 과전과 공신전 등 기타 사인(양반 관리) 수조지로서의 사전(私田)으로 구분되었다. 그리고 이 보유지의 매수와 겸병이 상당히 진행된 임진란 직전에 있어서도 소작농은 30~40% 정도에 불과하였고, 나머지 60~70%에 달하는 과반수 이상의 농민이 자작농의 지위를 유지하고 있었다. 하지만 임진왜란 이후 급속히 진행된 농민층 분해로 말미암아 조선왕조의 말기에는 소작농이 60~70%의 다수를 차지하게 되었다.[204] 자작농 중심이던 조선경제가 양란 이후 농민층의 분해와 상품경제 발달로 지주제 중심으로 변한 것이다.

특히 임진란을 겪은 17세기 이후의 조선후기에는 농민층 분화가 전기와는 달리 비교적 빠른 속도로 진행되어 갔다. 그 요인은 이 시기에 사회적 분업의 전개에 따른 상품·화폐경제의 발전, 대동법을 근간으로 하는 과세체계의 변화, 재정위기의 확대에 따른 지대 주구의 강화, 조정 기강의 이완에 수반한 지방관·향리층에 의한 자의적 중간 수탈의 강화와 인구증가 등에 있다. 이러한 요인으로 말미암은 농민층의 분화 과정에서 보유지를 상실한 무전농민이 대량으로 발생하는 반면에 양반귀족, 궁방·각급관부, 향리, 부자들이 보유지를 집적하여 지주적 경영지를 확대해 갔다. 이들 지주층에 의한 토지 집적이 급격히 진행되는 과정에서 발생한 대량의 무전농민은 탈농민화가 제약된 사회경제적 조건아래 대부분은 소작농으로 전락해 갔다.[205]

---

204) 김옥근, "조선시대 소작제와 농장", 〈경제사학〉 3, 경제사학회, 1979, 39-40쪽.
205) 이정수·김희호·혜안, "조선후기 토지소유계층과 지가 변동"《역사와 경계》 80, 부산경남사학회, 2011, 293쪽.

전라도 순천 부사 황익재(1682~1747)는 이러한 상황에 대해, "양전미답은 궁가의 소유가 아니면 사대부의 가장(家庄)이니, 토착의 백성은 가히 경작할 토지가 없고 토지를 경작하려면 타인의 땅을 빌려야 한다. 그런데 공짜로는 빌릴 수 없고 얻는 데는 반드시 값을 지불하는 자를 기다려서 허락하는 까닭에 답주(畓主)의 농간에 토지를 차경하기 위한 자들의 다툼이 분분한데, 이들의 대부분은 빈천한 사람들이다. 값을 주고 땅을 얻으니 여기에든 비용이 이미 많이 들어 농량(農糧, 농사짓는 동안 먹을 양식)과 농우 또한 구비할 수가 없다. 미리 추수의 수입을 담보로 삼는 까닭에 비록 풍년을 만나더라도 추수한 수확의 반은 땅주인의 창고로 들어가고 나머지는 빌려준 사람에게 돌아간다."[206]라고 하였다.

대다수 무전농민은 남의 땅을 빌려 농사짓는 소작인이 되는 경우가 많았다. 또한 무전농민 뿐만 아니라 자신의 영세한 농지의 경작만으로는 생활을 유지하기 어려웠던 소빈농이 소작을 겸하는 경우도 많았다. 이러저러한 이유로 영세자작농의 소작민화는 토지의 집적과 함께 증가하여 18세기 말에서 19세기 초에 이르면 전농민의 태반 또는 8, 9할이 소작인이라고 할 정도였다.[207] 정약용과 동시대에 살면서 《임원경제지》를 저술한 서유구는, "근년에 경기도 백리 내외의 인민들이 짐을 지고 서울로 연이어 들어오는데, 이는 대개 세금 독촉으로 인해 곤

---

206) 황익재, 《화재집》 권2 논읍폐구조(論邑弊九條).
207) 〈국사관논총〉 제72집 19세기 전반 유민에 관한 연구(정형지) Ⅱ. 유민발생 배경

궁해졌기 때문입니다. 부역을 피하기에 급하여 가벼이 전택을 버리고 떠나는 것을 달게 여기나, 이들 모두가 반드시 게을러서 농사에 종사하지 않고자 하는 사람은 아닙니다."[208]라고 하였다. 세금 때문에 백성들이 토지를 잃은 것이다.

2. 소작지의 영세화

영조 3년(1727)에 그 유명한 어사 박문수(1691~1756)는, "신이 호서에 오래 있었으므로 민폐를 익히 알고 있어 감히 이를 앙달합니다. 농민의 일을 말씀드리면 전답은 모두 사대부 · 향족 · 부호에게 점유되어 있습니다. 그러므로 그들이 경작하는 땅은 병작 아닌 것이 없고 많이 얻는 자라야 10두락의 논에 불과합니다. 하루의 일은 반드시 10인이 있어야 하고, 김을 매는 한 사람에게는 품삯으로 쌀 3되와 돈 5푼을 지급합니다. 3차례 김을 매야 하고 한 차례 수확하고 한 차례 타작해야 하므로 이에 들어가는 인부는 50인 가까이 되니 마침내 소득이란 것은 〈벼〉 20석에 지나지 않습니다. 그리고 이 가운데 10석은 지주에게 돌아가고 10석만이 그들의 소유물인데, 경작할 때 대여 받은 것은 모두가 토호나 부민에게 빚을 낸 것입니다. 그러므로 가을에 가서 세금이나 사채를 따져 제하고 또 이것으로 몸을 가릴 밑천으로 삼는다면 하나도

---

208) 서유구, 《금화지비집》 〈의상경계책〉.

남는 것이 없으니 가엾은 백성이 어찌 살아갈 수 있겠습니까?"[209]라고 하였다. 그러면서 그는 대책으로 "전에 직파법으로 종자를 심을 때에는 힘써 농사를 짓는 자도 많아야 수 3석지기에 불과했기 때문에 농토가 많은 자는 반드시 병작을 주웠는데, 이앙법 이후 욕심이 많은 자는 논두둑을 연이어 경작하므로 토지 없는 자는 병작도 할 수 없어 그 폐단 역시 적지 않았습니다."[210] 하며, 이앙법의 금지를 요청했다. 지금 말로 일자리를 늘리기 위해 이앙법을 금지해야 한다는 주장이다.

그 당시 소작인의 경제 상태를 보면 18세기 초반 호서 지역에서 소작인이 차경할 수 있는 최고가 10두락이라고 한 것으로 보면, 대부분이 그 미만이었음을 알 수 있다. 소작농은 1년 농사를 지어 가을에 수확을 거두어도 조세와 지대, 그리고 빌린 고리대를 갚고 나면 아무 것도 남는 것이 없어서 그해 10월부터 다시 사채를 꾸는 악순환이 계속되었다. 비교적 차경지가 넓은 소작인의 형편이 이러했다면 영세소작농은 소작만으로는 생계의 유지조차 어려웠을 것이다. 이들은 자신의 노동력을 팔아 생활에 보태며 연명해 갔다.[211] 그러다가 만약 흉년이라도 들면 상황은 더욱 악화되어 결국 농촌을 떠나 유망하게 되었다.[212]

조선후기에는 넓은 토지를 병작하는 소작인은 시간이 흐를수록 점점 줄어들었다. 김건태가 분석한 칠곡 감사댁과 이유중가의 '추수기'에서 그러한 사실을 구체적으로 확인할 수 있다. 다음 〈표 5-2〉는 칠

---

209) 《비변사등록》 영조 3년 10월 22일.
210) 《비변사등록》 영조 7년 8월 24일.
211) 김용섭, 〈한국근대농업사연구〉, 일조각, 1988, 19쪽.
212) 〈국사관논총〉 제72집 19세기 전반 유민에 관한 연구(정형지) Ⅱ. 유민발생 배경.

곡 관찰사댁과 이유중가의 1인당 논밭의 소작지를 분석한 것이다.

표 5-2	칠곡 관찰사댁과 이유중가의 1인당 소작지										
관찰사댁 칠곡(논)				관찰사댁 성주(밭)				이유중가 칠곡(논)			
연도	소작인수	면적(두락)	1인당 소작지	연도	소작인수	면적(두락)	1인당 소작지	연도	소작인수	면적(두락)	1인당 소작지
1685	28	154.1	5.5	1707	7	184	26.3	1724	15	72.3	4.8
1690	42	149.7	3.6	1708	7	184	26.3	1725	13	68.3	5.3
1695	38	212.5	5.6	1709	7	183	26.1	1726	13	56.3	4.3
1701	64	392.7	6.1	1710	8	184	23.0	1727	12	59	4.9
1707	35	212.3	6.1	1711	7	184	26.3	1728	18	96.8	5.4
1712	41	232.3	5.7	1712	7	184	26.3	1729	18	108.8	6.0
1717	40	217.8	5.4	1714	7	172	24.6	1730	17	102.8	6.0
1724	38	196.6	5.2	1715	8	184	23.0	1731	11	69.3	6.3
1729	41	212.9	5.2	1716	6	174	29.0	1732	12	70.3	5.9
1733	33	192.9	5.8	1717	7	149	21.3	1733	18	91.3	5.1
1737	46	225.5	4.9	1718	7	149	21.3	1734	19	84.3	4.4
1742	29	148.3	5.1	1719	7	149	21.3	1735	16	84.3	5.3
1746	41	185.3	4.5	1720	7	149	21.3	1736	17	87.3	5.1
1752	42	186.8	4.4	1721	7	149	21.3	1737	15	71.3	4.8
1764	27	113.5	4.2	1724	9	149	16.6	1738	15	74.8	5.0
1776	42	190.1	4.5	1725	9	149	16.6	1739	23	94.3	4.1
1781	18	65.6	3.6	1731	8	160	20.0	1740	23	95.3	4.1
1787	20	71.6	3.6	1735	9	130	14.4	1741	23	111.3	4.8
-	-	-	-	1736	11	160	14.5	1742	22	109.3	5.0
-	-	-	-	1744	8	143	17.9	1743	23	116.3	5.1
평균	36.9	186.7	5.0	평균	7.7	163.5	21.9	평균	17.2	86.2	5.1

자료 : 김건태, 《조선시대 양반가의 농업경영》, 역사비평사, 2008. 〈표 6-3〉 〈표 6-4〉 〈표 6-6〉 참조

감사댁에서 논을 소작한 사람은 평균 36.9명으로, 이들이 186.7두락을 경작하여 평균 1인당 5두락을 소작하는 것으로 나타났다. 이러한 모습은 이유중가에서도 비슷하게 나타난다. 평균 17.2명의 소작인이 86.2

두락을 소작하여 1인당 5.1두락을 소작하였다. 박문수가 10두락이라고 말한 것의 절반밖에 안된 것이다. 이는 지역적인 차이라고 볼 수 있겠지만 소작지가 축소된 것이라고 본다. 칠곡에서 논 10두락 이상을 병작한 소작인층의 동향을 보면 1685~1733년까지는 큰 변화가 없으나, 1737년부터 감소하기 시작하여 1776년 이후에는 완전히 사라져버렸다. 논 2두락 미만을 경작한 농민층은 단기적으로는 감소와 증가를 반복했지만, 장기적으로는 감소하였다. 이같이 시간이 흐를수록 최상층 구간과 최하층 구간에 속한 농민은 줄어들고, 2~4두락, 4~6두락, 6~8두락의 논을 병작한 소작인은 오히려 늘어났다. 즉 상·하층 구간의 소작인이 감소하고, 중간층에 속한 소작인이 증가하는 추세를 보여, 소작인들의 하향평준화 현상이 일어났다고 할 수 있다.

밭의 경우에는 평균 7.7명의 소작인 163.5두락을 경작하여 1인당 21.9두락을 소작한 것으로 나타났다. 밭의 소작지가 논보다 4배 이상으로 많은 것이다. 그 이유는 밭의 생산성이 논에 훨씬 미치지 못하고, 투입된 노동력이 논보다는 적기 때문이라고 본다. 감사댁에서는 밭 50두락 이상을 병작한 소작인이 1720년까지는 있었으며, 나아가 밭 40~50두락을 병작한 소작인도 1731년까지는 존재했다. 하지만 시간이 흐를수록 상층구간에 속한 소작인은 줄어들면서 밭 10~20두락, 20~30두락을 경작한 농민은 늘어났다. 밭 역시 소작인들의 하향평준화 현상이 진행되었다.

〈그림 5-1〉은 앞 표에 따른 감사댁 칠곡 소작인의 1인당 논 경작규

모의 추세를 나타낸 것이다. 1685년부터 1787년까지 약 100년 사이에 소작인 1명이 경작하는 논이 계속적으로 줄어들고 있는 현상이 확연히 보인다. 추세선을 보면 1685년에는 약 5.7두락에서 시작하여 1787년에는 4.2두락으로 감소하여 약 26%가 축소되었다.

그림 5-1 관찰사댁 칠곡 소작인의 1인당 논 경작규모의 추세

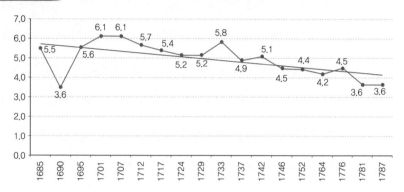

〈그림 5-2〉는 관찰사댁 칠곡 소작인의 1인당 밭 경작규모의 추세를 나타낸 것이다. 1707년부터 1744년까지 약 40년 사이에 소작인 1명이 경작하는 밭 역시 지속적으로 줄어들고 있는 현상이 논처럼 확연하다. 추세선을 보면 1707년에는 약 27두락에서 시작하여 1744년에는 16두락으로 감소하여 약 40%가 축소되었다. 밭의 하향화 추세가 논보다 더 급격히 이루어진 것이다.

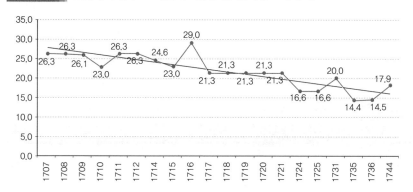

그림 5-2 관찰사댁 성주 소작인의 1인당 밭 경작규모의 추세

〈그림 5-3〉은 이유중가 칠곡 소작인의 1인당 논 경작규모의 추세를 나타낸 것이다. 1724년부터 1743년까지 약 20년의 짧은 사이에도 소작인 1명이 경작하는 논의 규모가 줄어들고 있다. 추세선을 보면 1724년에는 약 5.4두락에서 시작하여 1743년에는 4.8두락으로 감소하여 약 11%가 축소되었다. 분석하는 기간이 관찰사댁보다 1/5 밖에 안 되어 추세가 완만하게 보인다.

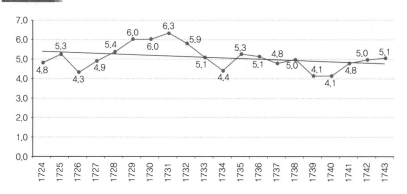

그림 5-3 이유중가 칠곡 소작인의 1인당 논 경작 규모의 추세

다음 〈표 5-3〉은 칠곡 감사댁 소작지의 논 1두락당 벼 생산량을 분석한 것이다. 1685년부터 1714년까지 약 30년간의 1두락당 평균 벼 수확량을 보면 25.2말이다.

표 5-3	칠곡지역 관찰사댁 소작지의 1두락당 생산량					
연도	1두락당 수확량	연도	2두락당 수확량	연도	3두락당 수확량
1685	26.3	1715	30.2	1743	12.7
1687	38.2	1716	20.1	1744	29.8
1688	34.7	1717	25	1745	20.8
1689	38.2	1718	22.6	1746	23.3
1690	31.2	1719	25.8	1747	25.1
1691	25.9	1720	14.6	1748	33.1
1692	28.4	1721	21.9	1749	25.8
1693	32.5	1724	30	1750	29.2
1695	17.2	1725	16.7	1752	29.4
1696	27	1726	21.4	1753	28.1
1697	22.6	1727	18.8	1754	26.7
1698	28.6	1728	23.1	1764	25.1
1701	27.6	1729	29.5	1776	25.7
1702	25.1	1730	27.7	1777	28.1
1703	32.8	1731	9.5	1778	17.8
1705	19.5	1732	15.5	1779	19.9
1706	27	1733	22.5	1780	28.6
1707	29.4	1734	25.9	1781	19.1
1708	20.2	1735	29.8	1782	16
1709	22.6	1736	26.1	1783	28
1710	35.1	1737	17.9	1784	26.2
1711	24.4	1738	16.1	1785	22.2
1712	32.6	1739	35.5	1786	15.3
1713	19.7	1740	29.2	1787	22.7
1714	15.4	1742	31.7	평균	25.2

자료 : 김건태, 앞의 책, 〈표 6-14〉 참조

시간이 흐름에 따라 벼 생산량이 정체 내지 소폭 감소하며, 단기적으로는 증감을 반복했지만 장기적으로는 조금씩 줄어든 것이다. 수확량이 늘어나 소작지가 줄어든 것은 아니다. 다만 1781~1787년 사이의 실제 수량은 이 표에서 나타난 것보다 약간 더 많을 수 있다. 왜냐하면 그 시기의 추수기 일부가 누락되어 전해지지 않기 때문이다.

한편 1764~1787년 사이에 경상도 칠곡군 석전 지역의 논 1두락당 벼 생산량은 평균 24.3말였다. 이때 병작인의 몫은 벼 12~13말 정도였다고 할 수 있는데, 여기서 종자 1말과 결세 3말을 공제하면, 그들의 실수입은 벼 8~9말에 불과했다. 벼 8~9말은 두락당 경작에 소요된 경비보다 훨씬 적은 양이다.[213]

3. 모든 결세를 떠안은 소작인

조선초까지만 하여도 병작반수(竝作半收)는 공식적으로 금지되었다. 태종 6년(1406)에 좌의정 하륜 등이 "고려의 말년에 민폐가 많았으나 조선에 이르러 점차 혁파하였습니다. 그러나 아직도 민간에 그 여폐가 남아 있습니다. (중략) 품관과 향리들이 전토를 널리 점령하고 유망인을 불러들여 병작하여 그 반을 거두니, 그 폐단이 사전보다도

---

213) 김건태, 〈조선시대 양반가의 농업경영〉 제6장 양반의 토지에 묶인 하민들 2.궁핍해지는 생계 3)줄어드는 소득.

심합니다. 사전 1결에서는 풍년이 든 해에만 2석(30말)을 거두는데, 병작 1결에서는 많으면 10여 석까지는 취합니다. (중략) 전지의 병작은 환과고독(鰥寡孤獨)으로 자식이 없고, 노비가 없는 자로서 3·4결 이하를 경작하는 자 이외는 일절 금단하소서."[214]하여, 병작반수를 금지시킨 것이다. 물론 병작반수를 금했다 해도 그 예외조치를 허용하지 않을 수 없어, 지금의 기초생활수급자에 속한다고 볼 수 있는 환과고독 중 자식이나 노비가 없는 사람으로 3~4결 이하의 논밭을 보유한 경우에는 병작반수를 허용하였다. 이 때 병작반수는 차경인 만큼 그 전호(佃戶)는 비록 빈농이지만 독립의 생계를 유지하는 호로서, 타인의 토지를 경작하여 조·용·조 가운데 조(組)는 전주에 바치고, 용·조는 나라에 바치는 농민이었다.

하지만 토지의 매매가 허용되고 사유화가 인정되면서 병작반수는 갈수록 일반화되었다. 세종 6년에 경기도 관찰사가 "무릇 전지를 방매한 사람은 부모의 장례나, 오래 묵은 빚의 상환이나, 집이 가난해서 살아갈 수 없는 등 모두 어찌할 수 없는 사정으로 하는데, 〈전답의 매매를 금하고〉 그 값을 모두 관에서 몰수하니 원통하고 억울함이 적지 아니합니다. 또 서울 안에서는 주택을 건축할 대지와 채전(菜田, 채소밭)은 방매를 허가하면서 유독 외방에 있는 전지의 매매를 금하는 것은 옳지 못한 일이니, 청컨대 매매를 금하지 말도록 하소서."[215]하여, 전

---

214) 《태종실록》 6년 11월 23일.
215) 《세종실록》 6년 3월 23일.

답의 매매가 허용된 것이다. 이후 전답의 매매가 허용되니 전답 없는 농민들이 늘어나 세조 4년(1458년)에는 무토농이 거의 10분지 3이나 되었다.[216] 이 늘어난 무전농은 소작인이 될 수밖에 없었고, 병작반수가 일반화되기 시작하였다. 그러니 예종 1년(1469)에는 민전뿐만이 아니라 심지어 둔전에까지 병작반수가 실시되었다.[217] 더구나 18세기 전반에는 전국적으로 확산되어 토지가 없는 농민들은 병작도 얻기가 어렵게 되었다. 이는 농촌 사회의 분화를 촉진하여 토지를 잃는 농민을 갈수록 증가시켰다. 때문에 18세기 초 경종 때에는 밭을 빌린 소작인들이 다음과 같이 일년 내내 부지런히 일을 하여도 세금도 내지 못하였으며, 수확한 곡식의 절반을 전주에게 실어 보내야 했다.

「백성들 중 1결을 가진 자가 과연 몇 명이나 되겠습니까? 10호의 마을에서 논밭을 가진 자는 하나나 둘도 못되고, 반수는 남의 밭을 빌려 경작하는 사람들로 일년내내 부지런히 일을 하여도 상세도 내지 못하는데 그 반은 전주에게 실어보내야 하고 또 응당 공사채(公私債)를 갚아야 합니다.」[218]

그런데도 남아 있는 인력이 농촌을 떠나지 못하고 눌려 살게 되면서 빈농이나 무전농들간에 소작지를 얻기 위한 치열한 쟁탈전이 벌어졌다. 더구나 지역마다 군소 지주가 날림하면서 소작지를 얻는 것이 더

216) 《세조실록》 4년 1월 17일.
217) 《예종실록》 1년 6월 12일.
218) 《경종실록》 1년 9월 6일.

욱 힘들어졌다. 소자작농의 몰락으로 늘어나는 소작인들은 반작뿐만 아니라 종자와 결세(結稅)까지 부담하면서 소작지를 얻기 위해 아귀다툼을 하였다. 이익은 《성호사설》에서 "옛 풍습에 남의 전지를 경작하는 것을 병작(幷作)이라고 하는데, 대개 주인과 경작자가 각각 수확을 반으로 나누되 경작자 혼자서 농사지었다. 그 반을 수확함에 있어서 세미(稅米)나 씨나락(종자)은 주인이 내고 경작자는 내지 않는 것이 옛 풍습이었다. 근래에 들으니, 호서·호남에서는 점점 경작자가 세미와 씨나락을 내고 도리어 주인은 내지 않으며, 사람들이 뇌물을 주어도 얻어 경작할 수 없다 하니, 그 딱한 정상이 이 지경에 이르렀다. 백성을 다스리는 자로서는 의당 금지해야 될 터인데, 오늘날 이미 풍습이 이루어졌으니 반드시 놀랍게 여기지 않을 것이다."[219]라고 하였다. 소작인들이 세금과 종자를 스스로 부담하면서 소작하려 뇌물까지 주는 현실을 개탄한 것이다.

이처럼 조선후기에는 이앙법 등에 의한 광작, 상업적 농업의 등장 등으로 소작인의 부담이 병작반수보다 더 커졌다. 18세기 초만 하더라도 소작인들이 전세를 부담하는 관행은 완전히 정착되지 않았는데, 중엽부터는 이미 종자와 결세를 대개 소작인이 부담하였다. 18세기 전반에는 일부 소작인들이 전세의 전량 혹은 1/2을 부담했었다. 그러나 시간이 흐르면서 점차 모든 결세가 다 소작인에게 전가되었다. 18세기의

---

219) 《성호사설》 제7권 인사문 본정서(本政書).

결세는 1결당 벼 100말(쌀 50말) 정도,[220] 즉 1두락당 벼 3말 정도였다. 결세는 파종량의 3배로 수확량의 1할 정도 되었다. 적지 않은 양이기 때문에 지주와 소작인은 결세 문제를 놓고 신경을 곤두세울 수밖에 없었다.[221] 하지만 소작인들은 고작 수확의 3분의 1 정도를 가져갔다.

이러한 사실을 칠곡 감사댁 '추수기'에서 구체적으로 확인할 수 있다. 관찰사댁 추수기에는 종자 문제와 관련된 표식으로 '종병(種并=兼種)', '종급(種給=給種)', '종입(種入)' 등이 기록되어 있다. 이 세 종류의 표식은 의미를 조금씩 달리하는데, '종병'은 추수기에 적힌 곡물량에 종자가 포함되어 있다는 뜻이다. '종급'과 '종입'은 서로 반대되는 의미로 쓰였는데, '종급'은 봄에 지급한 종자를 가을에 회수하지 않았다는 뜻이다. 이 경우 관찰사댁이 종자를 부담한 셈이다. '종입'은 봄에 지급한 종자를 가을에 거두어들인다는 뜻으로 소작인이 종자를 부담한 셈이다.[222]

'종병'과 '종급', '종입'이 붙은 필지의 성격은 뚜렷이 대비되는데, '종병'은 특정 식년의 추수기를 제외하면 대체로 가작지(家作地, 자기 땅에 자기가 직접 농사를 지음)에 붙어 있다. 유독 가작지에 '종병'이 많은 까닭은 경작 주체와 지주가 모두 관찰사댁이기 때문이다. 종자를 주고받

---

220) 김건태는 결세가 아닌 '전세(田稅)'란 용어로 사용하고 있다. 하지만 전세는 영정법에 따라 쌀 4~6두를 징수하였으므로 '전세를 1결당 벼 100두(쌀 50두)'라고 하는 것은 잘못된 표현이다. 전세와 대동세 등을 포함한 결세로 하는 것이 타당하다고 본다.
221) 김건태, 〈조선시대 양반가의 농업경영〉 제5장 지주제의 강화 3. 지주권의 강화 1) 병작 관행의 병화
222) 김건태, 〈조선시대 양반가의 농업경영〉 제5장 지주제의 강화 3. 지주권의 강화 1) 병작 관행의 병화

을 필요가 없었던 것이다. 한편 '종입'과 '종급'은 주로 병작지에서 확인되는데, 이는 종자를 무상으로 주었는지 아니면 봄철에 나누어 주었다가 가을에 받아들였는지를 구분할 필요가 있었기 때문이다. 파종을 위해서는 논 1두락에 대략 벼 1두 정도가 필요했다. 그런데 봄철에 이러한 종자를 마련한다는 것은 누구에게나 부담스러운 일이었다. 양식조차 마련하기 어려운 가난한 농민들은 더욱 그러했다. 그런데 18세기의 100여 년 사이에 종자를 부담하는 주체가 지주에서 소작인으로 완전히 바뀌었다. 추수기에 기재된 '종입'과 '종급'의 변화상을 통해 그것을 확인할 수 있다. 〈표 5-4〉는 '종급'과 '종입'이 모두 확인되는 13개년의 논 추수기를 정리한 것이다.

표 5-4 칠곡 감사댁 추수기의 종급과 종입의 현황

연도	1689	1776	1777	1778	1779	1780	1781	1782	1783	1784	1785	1786	1787
종급	6	13	19	10	14	15	3	2	3	3	6	2	5
종입	1	33	33	29	30	28	16	16	19	19	17	21	16

자료 : 김건태, 앞의 책, 〈표 5-14〉 참조

1689년에는 '종급'의 비율이 훨씬 높지만, 1776년부터는 '종입'의 비율이 압도적으로 높다. 봄철에 소작인들에게 나누어준 종자를 17세기 후반에는 거의 회수하지 않았는데, 18세기 후반에는 대부분 거두어들였다. 이로써 17세기 후반에는 지주가, 18세기 후반에는 소작인이 전반적으로 종자를 부담했다.

또한 18세기 전반만 하더라도 소작인들이 결세를 부담하는 관행은 완전히 정착되지 않았다. 소작인이 결세를 부담하는 관행은 18세기 중엽을 지나면서 정착되었다. 〈표 5-5〉는 이유중가에서 논 소작인들에게 지급한 결세 내역을 정리한 것이다.[223]

표 5-5	이유중가에서 논 소작인에게 지급한 결세량													(단위 : 벼, 말)
지역/ 년도	1725	1727	1728	1729	1730	1733	1734	1735	1736	1737	1739	1740	1741	1742	1743
① 칠곡 상원 6두락 답			10	12											
② 칠곡 상원 3두락 답						4	4	4	3	2	4	4	4	2	4
③ 칠곡 지당 5두락 답											3	4	4	4	3
④ 성주 칠산원 2두 5승락 답	7	6		6	6	1.5	3	4	5		2	2		2	1
⑤ 성주 부신원 8두락 답				7			3	8	8	6					
⑥ 성주 상지복원 7두 5승락 답								20	20		6	10	10	10	2

자료 : 김건태, 앞의 책, 〈표 5-18〉 참조

④번 필지의 경우 논 소작인에게 지급한 결세는 1725년 벼 7말(두락 당 2.8말)에서 1743년 벼 1말로 감소한다. 그리고 ⑥번 필지의 경우 소작인에게 지급한 결세는 1735년 벼 20말(두락당 2.7말)에서 1743년 벼 2말로 줄어들었다. 한편 ④·⑥번 필지를 제외한 나머지 필지의 소작인들에게 지급된 결세량은 대부분 두락당 벼 1~2말 정도였다. 이유중가는 결세의 전량을 부담하다가 얼마 후 절반 정도만 부담했고, 마침내는 그것마저 모두 소작인에게 전가했던 것이다. 소작인들이 결세를 부담하는 관행이 정착되었기 때문에 이러한 현상이 일어났다고 보인다. 18세기 중엽 무렵부터 종자와 결세의 부담자가 지주에서 소작인으로 바뀌었

---

223) 김건태, 〈조선시대 양반가의 농업경영〉 제5장 지주제의 강화 3. 지주권의 강화 1) 병작 관행의 병화

다는 사실은 18세기 후반으로 갈수록 지주제가 더욱 강화되었음을 의미한다.

한편 밭의 종자 부담 관행은 논과는 약간 달랐다. 18세기 관찰사댁은 논의 종자를 점차 소작인에게 전가했지만 밭의 종자는 스스로 떠맡다. 그 까닭은 18세기 이후부터 지주와 소작인이 수확물의 절반을 나누어 갖는 병작이 밭에서도 빠르게 확산되었기 때문이라고 보았다. 18세기 지주제의 경우 밭에서는 지주가 종자를 부담하는 단계에 머물렀고, 논에서는 소작인이 종자를 부담하는 단계에까지 이르렀다. 병작이 밭보다 논에서 더 빠르게 실시된 원인은 지주들이 생산성이 좋은 논에 더 많은 관심을 두었기 때문이다. 지주들이 논과 밭에 쏟은 관심은 오래 전부터 달랐다. 16세기 농장에서도 작개지(作介地)[224]는 논을 중심으로, 사경지(私耕地)[225]는 밭을 중심으로 구성되어 있었다. 더구나 지주들이 논에 더 관심을 가질 수밖에 없는 이유는 조세부담 때문이었다. 생산성이 떨어지는 밭에 종자와 세금까지 부담시키면 당연히 소작인들이 나서지 않았을 것이다.

때문에 시간이 흐를수록 논을 병작하던 소작인들의 몫은 더욱 줄어들었다. 18세기 초반까지는 대략 벼 수확량의 1할 정도에 해당하는 결세를 지주들이 부담했으나, 18세기 후반에는 소작인들이 전부 부담했다. 그러니 18세기 후반의 소작인들은 벼 수입의 3할 정도를 종자와 결

---

224) 외거노비가 주인에게서 받아 경작하는 토지 중 주인에게 수확량을 전부를 받치는 땅
225) 외거노비가 주인에게서 받아 경작하는 토지 중 자신이 모든 수확량을 가지는 땅

세 등의 명목으로 지출하였다.

여기서 소작인이 결세를 부담했다는 것은 소작인이 대동세를 부담하였다는 뜻이다. 그러니 대동법 시행으로 공물 부담에서 일시적으로 벗어난 무전농들은, 결세의 전가로 방납 때보다 더 어려워졌다. 대동세가 부메랑이 되어 논밭이 없는 백성들에게 되돌아 온 것이다. 조선 말기 전체 인구 중 소작농이 60~70%인 상태에서 결세 중 무거운 대동세까지 소작인이 부담하는 것은 가난한 농민의 삶이 더욱 참혹해질 수밖에 없었다. 대동법 시행 전 대부분의 지역에서 공물 부담은 전세보다 10배 이상 무거웠다.[226] 1결당 거의 쌀 40~60말에 해당하는 공물을 부담한 것이다.[227] 그런데 대동법이 시행된 후 얼마 되지 않아 그에 상당하는 조세부담이 모두 소작인에게 전가된 것이다. 논밭이 없는 소작인들은 대동법 시행으로 사라졌다고 생각한 공물에 대한 조세부담을 또다시 지게 되었다. 조세의 전가(轉嫁)이다. 이에 다산 정약용은 다음과 같이 개탄하였다.[228]

「1결의 논에서 수확하는 곡식이 많으면 〈쌀〉 800말이요, 적게는 600말이요, 더 적으면 400말일 뿐이다. 농부들은 제 땅이 없고 모두 남의 땅을 경작하는데 일년 내내 고생하여도 여덟 식구의 식량과 이웃에 주는 품삯을

226) 이정철, 《대동법, 조선 최고의 개혁》, 역사비평사, 2012.(http://www.krpia.co.kr)
227) 《효종실록》 8년 7월 11일.
228) 《목민심서》 권2 제6부 호전 육조1 제2장 세법 하.

치러야 하는데, 추수 때가 되면 전주가 수확의 반을 나누어가니 600말[229] 을 추수한 농부가 제 몫으로 가지는 것은 300말뿐이다. 종자를 제하고 빚을 갚고 세전(歲前, 새해가 되기 이전)의 양식을 제하면 남는 것은 100말이 되지 않는데, 조세로 긁어가고 빼앗아가는 것이 이와 같이 극도에 이르니, 슬프다 이 가난한 백성들이 어찌 살겠는가.」[230]

대동법의 시행으로 토지없는 백성들은 구사일생으로 아사 직전에 구출되었지만, 치밀하지 못한 조세정책의 폐단으로 소농민들을 그나마 가지고 있던 몇 두락의 논밭을 처분하고 소작인으로 전락시켰고,[231] 조세의 전가로 또다시 백성들은 대동세의 부담을 짊어질 수밖에 없었다.

4. 대동법 시행 후 증가한 빈농

농민층의 몰락은 17세기 이래 극히 소수의 부농층에 의해 토지가 집적되면서 대부분의 농민들이 영세한 소작농이나 무전농으로 전락했기 때문이다. 이러한 현상은 19세기에 이르러 더욱 심해졌다. 19세기

---

229) 《경세유표》 등에도 "1결당 수확량이 400두에서 1,000두이고 평균 600두"(이영학, 〈농업생산력의 발달과 지주제의 변동〉 한길사, 2010)
230) 《목민심서》 제2권 제6부 호전 육조1 제2장 세법 하.
231) 오기수, 〈세종 공법〉, 조율, 2016, 569–571쪽.

중엽 진주 지역의 토지소유 상황을 보면 1결 이상 소유자는 5.8%, 50
부 이상 소유자는 9.7%, 25부 이상 소유자는 21.7%, 25부 미만 소유자
는 62.8%였다. 6% 정도의 지주층과 부농층이 44% 정도의 농지를 소
유하였고, 63% 정도의 빈농층이 18% 정도의 농지를 소유하고 있었다.
소수의 지주층이나 부농층이 대다수의 농지를 점유함으로써 대부분
의 농민은 극히 영세한 토지소유자로 전락하였다. 이는 지역에 따라
차이가 있지만 대체로 전국 8도 어느 곳에서나 일어나고 있는 현상이
었다.[232] 1결 이상의 농지를 소유한 농민은 지주층이나 부농층이며, 50
부 내지 1결을 소유한 농민은 중농층, 25부 내지 50부를 소유한 농민
은 소농층, 25부 미만을 소유한 농민은 빈농층으로 간주한다.[233] 따라
서 빈농들은 대체로 25부 미만의 자작지나 50부 미만의 소작지를 경
작하고 있었다.[234]

김건태는 갑술양전(1634)년과 경자양전(1720)년 시기의 농촌상황을
연구하면서 경상도 진주지역에 남아 있는 양안 「금동어리대장」과 「나
동리대장」을 분석하였다. 금동어리와 나동리는 서로 가까운 지역으로
금동어리에서 서쪽으로 약 12km 남짓한 거리에 나동리가 있다. 나동
리는 진주민란(1862)의 발생에 직접적 계기를 제공한 청천교장(菁川敎
場)이 가깝고, 민란 모의가 처음 이루어진 유곡지역과 이웃하고 있다.
경상도에는 대동법이 1677년(숙종 3)에 실시되었기 때문에 갑술양전은

---

232) 〈국사관논총〉 제72집 19세기 전반 유민에 관한 연구(정형지) Ⅱ.유민발생 배경.
233) 김용섭,〈(증보판) 한국근대농업사연구 상〉 일조각, 1988, 5–6쪽.
234) 〈한국사〉 (한길사) 중세사회의 해체 / 반봉건투쟁의 격화 / 1862 전국농민항쟁.

대동법이 시행되기 43년 전이고, 경자양전은 대동법이 시행된 후 정확히 43년이 되던 해이다. 따라서 두 시점의 양안을 분석하여 논밭의 소유실태를 비교한다면 대동법이 농촌 경제에 어떤 영향을 주었는지를 알 수 있다고 본다. 물론 사회 경제적 현상은 어느 한 요인에 의해서만 작용될 수 없다는 점은 유의해야 하겠다.[235]

「금동어리대장」을 통해 구주(舊主)와 금주의 토지소유현황을 비교해보면 시간이 흐를수록 토지집중도가 높아지는 양상이 분명히 드러났다. 1720년 금동어리의 토지집중도는 1634년보다 더 높아졌다. 다음 〈표 5-6〉은 대동법 시행 전후 금동어리의 기주별 논밭의 소유 현황을 분석한 것이다.

표 5-6	대동법 시행 전후 금동어리의 기주별 논밭 소유 현황 (단위 : 결-부-속)			
구분	1634년(대동법 시행 전 43년)		1720년(대동법 시행 후 43년)	
	전주수	결-부-속	전주수	결-부-속
10결 이상			2(0.5)	25-97-1(16.9)
5~10결	2(0.8)	18-08-1(11.7)	2(0.5)	12-56-3(8.2)
1~5결	39(14.8)	80-69-7(52.1)	25(6.6)	47-53-7(30.9)
50부~1결	36(13.7)	25-50-0(16.5)	34(9.0)	23-31-7(15.1)
25~50부	36(13.7)	13-36-2(8.6)	52(13.8)	17-91-7(11.6)
25부 미만	150(57.0)	17-19-0(11.1)	263(69.6)	26-76-5(17.4)
합계	263(100)	154-83-0(100)	378(100)	154-07-0(100)

비고 : 무주지는 계산에서 제외했음. 괄호 안의 숫자는 %임
자료 : 김건태, 앞의 책, 〈표 4-26〉 참조

---

235) 김건태, 〈조선시대 양반가의 농업경영〉 제4장 영세 지주들 2.진주지역의 풍경 3)소수의 대지주

전주수를 살펴보면 1634년 263명에서 1720년 378명으로 늘어 약 43.7%가 증가했다. 그러나 결수에서는 크게 차이가 나지 않으며 1720년에 오히려 63부가 줄어들었다. 전주수는 늘어났는데 논밭 결수가 변하지 않은 것은 전주 1명당 소유 면적이 줄어들었다는 것을 의미한다. 그 결과 갑술양전 당시 1인당 58부 9속이던 소유면적은 약 30% 감소하여 1720년에는 40부 8속에 머물렀다. 다만, 소유 규모에 따른 계층의 증감은 차이가 있었다. 5결 이상을 소유한 지주와 25부 미만을 소유한 전주는 늘어났다. 전자의 경우 지주는 2명에서 4명으로 늘어나면서 이들의 논밭은 113%가 증가하였다. 후자의 경우 전주는 150명에서 263명으로 75%가 늘어나면서 이들이 소유한 논밭은 56%가 증가했다. 대동법 시행 전후 86년 동안 금동어리에서는 소수의 지주가 더 많은 토지를 집적하면서 다수의 전주들이 영세농으로 전락해 토지소유의 양극화 현상이 심화된 것이다.

시간이 흐를수록 소수의 지주가 더 많은 토지를 집적해감으로써 영세농이 더 많이 생겨난 현상은 나동리에서도 확인된다. 1720년 나동리의 토지집중도 역시 1634년보다 더 높아졌다. 다음 〈표 5-7〉은 1634년과 1720년에 나동리에서 기주별 논밭의 소유 현황을 분석한 것이다. 나동리는 개간에 힘입어 1634~1720년 사이에 논밭 규모가 1.5결 정도 조금 늘어났다. 전주의 증가추세는 금동어리보다 약간 낮아 1720년 전주수는 1634년에 비해 34% 정도 증가했다. 그 결과 1634년 당시 1인당 63부 7속이던 소유면적이 1720년에는 47부 9속으로 줄어들었다. 대동법 시행 전후 86년 사이에 약 24%가 감소한 것이다.

표 5-7	대동법 시행 전후 나동리 기주별 논밭소유 현황				(단위 : 결-부-속)
	1634년(대동법 시행 43년)		1720년(대동법 시행 43년)		
	전주수	결-부-속	전주수	결-부-속	
10결 이상	1(0.4)	13-40-4(9.2)	1(0.3)	44-45-4(30.1)	
5~10결	2(0.9)	13-42-3(9.2)	-	-	
1~5결	32(14.0)	67-71-7(46.4)	27(8.8)	39-49-0(26.8)	
50부~1결	31(13.5)	21-24-5(14.6)	33(10.7)	23-06-0(15.6)	
25~50부	48(21.0)	16-81-3(11.5)	57(18.5)	20-12-0(13.6)	
25부 미만	115(50.2)	13-36-3(9.1)	190(61.7)	20-41-0(13.9)	
합계	229(100)	145-96-5(100)	308(100)	147-53-4(100)	

비고 : 괄호 안의 숫자는 %임.
자료 : 김건태, 앞의 책, 〈표 4-27〉 참조

1인당 평균 소유면적 감소는 1720년 당시 무려 44결 45부 4속을 소유한 노(奴) 상복 때문이다. 그의 토지규모는 나동리 농지의 30%를 상회하고, 2결 66부 2속을 소유한 두번째 지주의 17배에 해당한다. 상복이 방대한 토지를 집적한 결과 나동리의 전주는 대부분 자작농 혹은 영세농으로 전락하고 말았다. 1결을 넘긴 지주는 27명에 불과했고, 50부도 못 되는 농지를 소유하고 살아가는 전주가 전체의 80%를 상회했다. 25부 이하 빈농층은 전주수가 65% 정도 늘어났는데도 결수는 고작 52%정도 늘어나 더욱 가난해졌다.

제6장

토지세의 근본인
양전 없는 대동법

「임진년의 변란 때에 여러 고을의 전안(토지대장)이 병화로 모두 불타 버려서 현재 남아 있는 것은 열 개 중에 한둘도 되지 않습니다. 이 근래 몇 년 사이에 양전하여 세금을 고르게 하는 행정이 아직 거행되지 않았습니다. 더구나 여러 고을 중 더러 옛 전안이 그대로 있는 곳은 결부의 과다함이 새 전안보다 10배나 된다 하니, 부역의 고르지 못하기가 이렇게까지 극심합니다. 현재 호서 지방에서 대동법을 실시하려고 하는데 만일 먼저 그 근본을 바루지 않으면 고르지 못한 폐단이 전날과 같을 것입니다. 이 기회에 즉시 양전을 실시하여 나라에는 일정한 제도가 있게 하고 백성에게는 한쪽만 고통을 당하는 일이 없게 하소서.」

《인조실록》 11년 12월 12일.

1. 결세의 공평에 절대적인 양전

토지는 인간생활과 가장 밀접한 관계가 있으므로 모든 시대에 어느 국가를 막론하고 그 관리에 역점을 두었다. 토지 관리를 잘 하는 국가는 오랜 역사를 가지고 있지만 토지 관리를 못하는 국가는 곧 멸망하였다. 그러므로 모든 국가는 부족국가 시대부터 현재까지 각 시대에 따라 명칭만 다른 뿐 토지제도를 확립시키기 위하여 노력하였다. 우리나라에서 양전(量田)은 이러한 토지를 측량하는 제도로서 상고시대부터 조선시대까지 전정(田政)에 있어서 가장 중요한 정책이자 행정이었다. 즉, 양전은 토지소유자를 확인하고 토지의 면적, 등급, 위치 등에 관한 정보를 파악하여 지금의 토지대장에 해당하는 양안(量案)을 작성하는 사업이다. 국가는 양전을 통해 과세권으로부터 탈루된 토지를 조사하고, 동시에 토지의 등급을 사정하여 공평과세를 실현할 수 있었다.

세종은 전분6등·연분9등의 공법을 1444년(세종 26) 11월에 제정하였지만 바로 시행하지 않고, 충청도의 청안·비인, 전라도의 고산·광양, 경상도의 고령·함안 등 여섯 고을에 5년 동안 시험하였다. 세종은 무려 17년 걸려 여론조사와 각종 시험을 거쳐 공법을 완성하였지만 백성에게 혹시나 불편이 있을까 염려해서 그리한 것이다. 그리고 5년이 지나 세종 30년에 신해년(세종 13년)에 양전하여 만든 구 양안(量案, 토지대장)을 가지고 전라도만 전분6등법으로 수정하도록 명하였다. 전분6등법에 따라 양전을 시행하려면 적어도 1년 이상의 기간이 소요되고, 많은 인원이 동원되어야 했기 때문이다. 따라서 세종 10~13년에 실시된 양전에 의한 과거 3등급으로 되어 있는 구 양안을 기초로, 토지대장에 서 있는 전답의 실태를 현장에서 확인하여 새로운 6등급으로 나누는 개정 작업을 하게 하였다.

그리고 세종 32년 2월에 좌참찬 정분(?~1454)을 전라도에 보내 개정한 양안에 왕의 인장을 찍어 주게 했다. 이로써 전라도에 공법을 실시하기 위해 전분6등법에 따른 양안을 처음으로 만들었다. 전라도에 공법을 시행하기 위한 마무리 작업이 끝난 것이다. 만약 완성되지 않은 양안으로 세금을 거두면 관리와 아전들이 농간을 부릴까 염려하여, 먼저 조정 대신을 보내 농지와 대장을 확인하여 도장을 찍게 한 것이다. 세종이 승하하기 7일의 전의 일이다. 세종은 죽기 직전 전라도에 최종 공법을 시행하게 함으로써 자신의 조세개혁을 매듭짓고자 한 것이다. 그러나 세종은 혼신을 다하여 시행하고자 한 공법의 마지막 결과를 보지 못하고 승하하였다. 그래도 공법을 전라도에 시행하게 한 것은 큰 의미가 있었다. 그 결과 문종은 즉위한 해(1450년)에 전라도에서 공법으로 전세를 징수하게 하였다. 정말 어렵사리 공법 시행이 첫발을 내딛게 된 것이다.

하지만 세조 6년 《경국대전》의 〈호전〉이 편찬되기까지는 공법은 전국적으로 확대 시행되지 못했다. 공법을 시행하기 위해서는 모든 전지를 전분6등법으로 양전 해야 하는 절차가 선행되어야 했기 때문이다.

특히 거국적인 양전사업에는 많은 재원과 인력이 소요되기 때문에 강력한 행정력과 정치적 추진력이 필요했다. 그러나 문종의 짧은 재위로 강력한 힘이 필요한 공법의 시행에 어려움이 봉착했다.

이러한 현실 속에서 단종이 폐위되고 세조가 왕에 올랐다. 세조는 부왕 세종이 공법의 제정과 시행을 위해 만든 「전제상정소」의 도제조를 지냈었다. 때문에 세조는 공법에 대한 세종의 유훈과 그 중요성에 대해 그 누구보다 더 잘 알고 있었다. 그러나 세조도 바로 공법의 확대 시행은 하지 못하였다.

세조는 재위 6년에 《경국대전》 중 먼저 편찬된 〈호전〉에 세종이 제정한 공법의 전분6등과 연분9등을 수록하여 국법으로 확고히 세우고, 그 다음해부터 공법의 확대 시행을 적극적으로 추진하였다. 이때 「전제상정소」에서는 "여러 도의 논밭을 측량한 것이 이미 오래 되고 변해서 내와 연못이 되고, 혹은 묵은 땅을 개간하여 경계가 달라지고 결부가 증감되어서, 이로 인하여 세금을 거두는 것이 한결같지 않고 부역이 고르지 않습니다. 전라도는 6등으로 전세를 거두는데 경기 · 충청도 · 경상도는 〈구〉 3등으로 세를 거두어서 많고 적은 것이 같지 않습니다. 여러 도의 논밭을 양전하는 것은 일시에 거행하기 어렵고 경기와 전라도는 전품이 이미 균등하게 나누어졌으니, 지금 신사년(세조 7) 10월을 기준하여 논밭을 양전하는 데 필요한 여러 가지 일을 여러 도로 하여금 미리 갖추어 놓도록 하소서."[236] 하며, 공법 시행을 위한 양전의 실시를 주

---

236) 《세조실록》 7년 4월 15일.

청하였다. 이에 경기도는 세조 7년에, 충청도와 전라도는 세조 8년에, 경상도는 세조 9년에 양전을 마치고, 이미 공법을 실시하고 있는 전라도를 제외한 경기·충청·경상도에 곧바로 공법을 시행하게 했다.

이처럼 양전은 정부의 핵심적인 국가사업이자 공평과세의 초석이었다. 하지만 양전은 많은 인력이 동원되고 막대한 비용이 소요되므로, 국가의 강력한 행정력이 뒷받침되지 않으면 실시될 수 없는 대사업이었다. 그래서 양전을 얼마나 정확하게 실시했느냐는 조선 정치의 시금석이라 할 수 있다.

성종 6년에 「전제상정소」는 "경기·하삼도와 황해도에는 이미 양전을 하여 공법을 시행했으며, 강원·평안·함경도에는 지금까지 양전을 하지 않아 구 답험손실법을 시행하고 있습니다. 그러니 한 나라의 제도가 남방과 북방이 다를 뿐만 아니라 조세가 바르지 못하고 부역이 고르지 못하며, 수세의 많고 적음이 매우 같지 않습니다. 청컨대 북방의 각 도를 전례에 의거하여 양전을 하도록 하소서."라고 하면서, "강원도 양전을 위해 관찰사로 하여금 공평·청렴하고 근실하면서 글과 산술을 잘 이해하는 사람을 선발해, 전지 3백결마다 산사(算士)와 위관 각 1인씩을 임명하여 미리 산술을 익히도록 하소서. 그리고 토지의 측량에 필요한 노끈은 백성들에게 강요해서 취하지 말도록 하여, 각 고을에서 사용하는 산마(山麻)와 칡껍질 등의 물건은 미리 준비하도록 하소서. 수령이 경차관과 함께 토지를 측량하면, 관찰사는 순찰사와 함께 검사하도록 하소서."[237] 했다.

양전을 위해 사전에 필요한 인원을 선발하여 산술을 익히게 하고, 측량에 쓰일 줄자의 재료인 산마나 칡껍질을 관에서 직접 준비하도록 한 것이다. 전지 3백결마다 산사와 위관이 각각 한 사람씩 필요했으니, 그 당시 강원도의 결수를 6만여결로 계산하면 양전에 필요한 산사와 위관은 약 400명이 넘었다. 거기에 조정에서 파견된 경차관 40여명과 그 수행원까지 합하면 강원도 양전에 동원된 사람은 거의 500명에 달했다. 이처럼 양전은 국가의 거국적인 사업으로 막대한 예산이 소용되며, 이에 따른 모든 비용은 현지 백성들이 부담해야 하였다.

하지만 이처럼 철저히 준비한 양전도 재해를 당하면 어쩔 수 없었다. 결국 강원도의 양전은 성종 9년에 다시 진행되었으며, 양전이 끝나고 공법이 시행되었다. 평안도는 성종 17년 말에 양전을 완료하고 다음 해부터 공법을 시행하였다. 마지막으로 함경도의 양전은 성종 17년부터 시작되었으나 여러 차례 중지된 후, 성종 20년에 완료하고 공법을 시행하였다. 성종은 강원도를 비롯한 척박한 땅이 많은 북부 지역의 양전을 온전히 마치고, 전국 8도에 공법 시행을 완성하였다. 세종 26년에 공법이 최종 제정되고, 세종 32년에 가장 먼저 전라도에 시행된 이후 무려 40년이 걸려 전국 8도의 양전이 끝나면서 온 나라에 공법이 시행된 것이다. 세종이 그토록 혼신을 다한 공법의 시행이 끝을 본 것이다.

---

237) 《성종실록》 6년 8월 8일.

이처럼 양전한 후에 공법을 시행한 이유는 명확하고 공정한 과세를 위해서이다. 양전 없는 과세는 조세 정치를 포기한 것이라 할 수 있다. 《맹자》의 〈등문공상〉편에 "어진 정치는 경계를 바로 하는 것으로부터 시작된다."(仁政必自經界始)라는 말이 있다. 이 말은 토지의 경계가 바로 서지 않으면 전정(田政)이 문란해지고 백성들에게 부과되는 세금이 형평성을 잃게 되어 어진 정치가 불가능하다는 의미이다. 여기서 경계를 바르게 하는 것이 곧 양전이었다.

조선시대에 있어서 논밭에 부과되는 전세는 국가 재정수입에서 큰 비중을 차지하였다. 특히 조선후기 대동세를 비롯한 거의 모든 세금이 논밭에 집중된 상황 속에서 양전을 통하여 논밭에 대한 정확한 정보를 파악하고, 이를 기준으로 과세표준을 마련하여 과세하는 것은 정부의 가장 중요한 임무였다. 때문에 조선의 많은 왕들은 백성의 안녕을 위해 경계를 바로 세우는 양전에 관심을 가지고, 양전의 실시를 위해 노력하였다. 그런데도 16세기에는 중종대에만 양전이 한 차례 행해겼을 뿐이다. 오랫동안 양전이 제대로 시행되지 못했던 이유는 국가 지배력의 약화와 조정 기강의 문란도 있었겠지만, 문란한 토지 제도 속에서 이익을 누리고 있던 호우들의 방해도 컸다고 본다. 조정의 신료들이 양전 논의가 있을 때마다 흉년이나 국가가 다사(多事)하다는 등의 이유를 들어 그 시행을 반대한 것도 이 때문이라 생각된다.[238]

---

238) 박도식, "율곡 이이의 공납제 개혁안 연구", 〈율곡학연구〉, 2008.

2. 가장 무능한 선조도 실시한 양전

양전은 논밭의 소유자를 명확히 조사하여 실명과세가 이루어지게 하고, 비척에 따라 논밭의 전분을 정확히 6등급으로 나누어 공평과세가 실시되도록 하기 위한 절대적인 조세행정 절차이다. 그래서 《경국대전》에는 20년마다 모든 전답을 양전하도록 규정되어 있다. 하지만 중종대에 강원과 전라 및 평안도에 양전이 실시된 이후 양전은 법대로 시행되지 못하였다. 더구나 조선후기에 들어서면서 무능한 조선 정부는 더 이상 양전을 할 수 없었다. 선조 7년 부제학(정3품) 유희춘 (1513~1577)은 양전이 실시되지 못한 이유에 대해 다음과 같이 중국의 예를 들면서 호우들이 달갑게 여기지 않아 온갖 간사한 말로 방해했기 때문이라고 했다.

「송나라 고종(1107~1187) 무렵에 시행한 〈토지의〉 경계법은 지금의 양전과 같은 것입니다. 이 법을 시행하자 경계가 바로잡히고 부세가 공평해졌는데도, 유독 천주·장주·정주의 3주(州)에서는 다 시행하지 못하고 중지했습니다. 광종 무렵에 주자(朱子. 1130~1200)가 장주의 태수가 되었을 적에 3주에도 모두 시행하기를 청하고, 크게 계획하고 조치하여 기필코 시행하기로 정했습니다. 그러나 호우들이 달갑게 여기지 않고 온갖 간사한 말로 방해했는데, 때마침 주자가 장자의 초상을 만나서 벼슬을 그만두었으므로 일이 마침내 폐지되었습니다. 백성들은 대개 원했지만 권문세

가들이 원하지 않았기 때문에 시행되지 못했으니, 임금께서는 이러한 실
정을 알지 못해서는 안 됩니다.」[239]

   중국의 이야기를 빗대어 당시 조선의 실세들이 반대하는 양전 실태
를 간접적으로 비난한 것이다. 문란한 정치 속에서 조세부담을 회피
하며 이익을 누리고 있던 양반 관리들이 양전의 시행을 저지하고 있
었던 것이다. 그들은 양전의 실시를 논의할 때마다 백성을 핑계대고
흉년이나 국가의 중대사 등을 이유로 그 시행을 반대하였다. 그 당시
유희춘은 "왕(선조)이 바야흐로 유학에 뜻을 두어 경연관 유희춘과 이
이가 아뢰는 말을 채택하여 받아들이는 것이 많았다."[240]라고 할 정도
로, 율곡 이이와 견줄 만한 인물이었다.

   그때 이이는 "나라의 기강이 흔들리고 관리들이 부패한 상태에서
양전을 하면 부자들은 세금을 줄이기 위해서 관리에게 뇌물을 써서
좋은 땅을 나쁜 땅으로 만들 것이고, 가난한 자의 땅은 나쁜 땅도 좋은
땅으로 분류될 것이니, 양전을 잘못할 바에야 아니하는 것이 낫다"고
하였다.[241] 이 말은 조선후기 정치·사회의 폐단을 콕 집은 말이다. 하지
만 구더기 무서워 장 못 담그겠는가! 오죽하면 그렇게 눈감아 버리고
싶었겠는가! 이미 100년 이상 양전하지 못하여 전국 논밭의 전품과 소
유 실명이 맞는 것이 거의 없었다.

---

239) 《선조실록》 7년 2월 5일.
240) 《선조실록》 7년 1월 27일.
241) 《율곡전서》 권30 경연일기(經筵日記).

우여 곡절 끝에 선조는 재위 10년(1577)에 양전을 명했으나 곧 철회되고 말았다. 그 이유는 단지 양전에 파견할 경차관을 구하지 못해서였다. 그 당시 중앙에서 파견해야 할 필요한 양전경차관이 100여 명에 이르렀는데, 조정에서 지원자가 없어 모두 산관(散官. 일정한 관직이 없고 관계만을 보유하던 관원)들로 충원하려 했다. 그런데 그 산관들마저 일의 고달픔을 싫어하여 모두 왕명에 따르지 않았다. 호조에서 재차 재촉했으나 나온 사람은 겨우 5~6명뿐 이었다. 무능한 선조는 그 후 임진왜란 전까지 양전은 논의조차 못하였다. 그리고 전란 후 10년 동안은 유린된 국토를 양전은 할 수 없었다. 결세(토지세)의 핵심인 양전을 실시하지 못했다는 것은 공평과세 뿐만 아니라 조세체계가 와해되었다는 것을 뜻한다. 이미 경기도와 충청도는 양전을 실시한지 140년이 되었으며, 황해도는 130년, 함경도는 110년 이상 양전이 실시되지 못했다. 나라의 국고라 할 수 있는 전라도도 거의 80년, 경상도는 90년 동안 양전하지 못했다. 8도 평균 100년 이상을 양전하지 못한 것이다. 아니 양전하지 않은 것이다. 《경국대전》에 규정된 양전이 법대로 20년마다 시행되는 것은 꿈도 꾸지 못한 것이다.

그러니 선조 33년에 좌의정 이항복은 "금년의 가장 급한 업무는 전결을 양전하는 일입니다." 하며, 양전의 시행을 주청하였다. 이때 선조는 "수령들이 마음을 쓰지 않은 때문에 그런가, 아니면 난리 뒤에 〈전답의〉 원 결수가 없어서 그런 것인가?"라고 물었다. 국정을 바로 살피지 못한 무능한 선조다운 질문이다. 이에 이항복은 "수령들이 양전할 줄 모르는 것이 아니라 크고 작은 요역(공물 등)들은 반드시 전결에 의거하여 배정함으로 사실대로 하는 고을은 부역이 매우 무겁게 되어 백성의 원망이 한이 없게 되기 때문에, 수령들이 백성을 위하여 전결의 상정을 간략하게 됩니다. 8도가 다 똑같이 양전한 뒤에야 부역이 고르게 되고 백성들이 편안해질 수 있습니다."[242]라고 대답했다.

다음해 사간원은 "왕정의 요체는 먼저 전지의 경계를 바로잡는 데에 있는데, 난리 이후 토지제도가 무너져 세입이 점차 줄어드니 양전을 하지 않을 수 없습니다."[243]라고 하면서, 추수 이후에 양전할 것을 주장하였다. 이항복 역시 그 당시의 상황을 다음과 같이 말하면서 폐단이 따르더라도 곧바로 양전할 것을 다시 한 번 주청했다.

「인구수는 평시에 비해 겨우 10분의 1입니다. 그런데 평시에는 사족만 전장(田庄)을 소유하고 백성들은 한 평도 가진게 없어 다 함께 아울러 갈아 먹었는데, 난리 후에는 사람들이 스스로 경작하기 때문에 개간한 것은 평시에 비해 크게 감소되지 않았으나, 토지제도가 무너저 힘없는 백성들만 유독 고통을 당하고 있습니다. 전결의 숫자는 전라도가 40여 만결, 경상도가 30여 만결, 충청도가 27만결인데, 근세 이래로 잇따라 하하년(1결 4말)으로 세를 받아들여, 비록 평시라 해도 세입이 겨우 20만 석이어서 국초에 비하면 절반이 줄어든 것입니다. 그런데 전란 후에 8도의 전결이 겨

242) 《선조실록》 33년 6월 15일.
243) 《선조실록》 34년 2월 27일.

우 30여 만결로 평상시 전라도 한 도에도 미치지 못하니 어떻게 나라의 모양을 이룰 수가 있겠습니까? 이번 양전은 반드시 큰 어려움을 물리치고 실행한 연후에야 성공할 수 있을 것으로, 폐단 또한 많을 것이나 따질 필요가 없습니다.」[244]

이항복은 묻지도 따지지도 말고 양전하자고 했다. 이에 선조도 양전을 명했지만 양전은 순조롭게 진행되지 못했다. 크고 작은 각종 세금이 논밭에 부과되고 있는 상황에서, 전결이 늘어나는 결과를 가져올 양전을 수령들이 쉽사리 결정하여 시행하기 힘든 일이었다. 조정의 확고한 의지가 없이는 불가능한 사업이었다. 그러니 경기도 양주에서는 경차관이 양전할 때에 측량해야 할 위관과 서리 및 결부를 속인 백성이 모두 도망가 측량도 시작하지 못한 일이 발생했다. 이에 우의정 윤승훈(1549~1611)은 그 원인을 나라 기강이 해이해졌기 때문이라고 했다.[245]

선조 34년(1601) 10월부터 시작해 다음해 1월까지 완료하도록 한 양전은 수령들이 제대로 봉행하지 않아 정해진 기한 내에 끝내지 못하였다. 이때 사간원은 "예전 태평하던 시절 기강이 확립되고 호령이 행해지던 때에도 양전 어사를 파견하면 간사한 술수를 부리는 폐단이 없지 않았습니다. 하물며 지금 같이 사람들이 법을 두려워하지 않아

244) 《선조실록》 34년 8월 13일.
245) 《선조실록》 34년 10월 25일.

온갖 일이 해이된 때에, 단지 각 읍의 수령으로 하여금 스스로 전답을 양전하게 한다면 과연 그 경계를 정확하게 하고 호강자들이 몰래 점유하는 것을 적발해 내어 백성들의 고통을 풀어줄 수 있겠습니까?" 하면서, 양전의 중지를 주청하였다. 사간원의 말은 힘없는 정부의 무기력한 변론에 불과한 것이다. 부정부패를 일삼는 관리와 호강자들 때문에 조세의 근본인 양전의 실시를 중단한다는 것은 나라가 백성을 위한 일이라 할 수 없다. 관리와 호강자들이 온 나라의 전답을 차지하고 있었기 때문이다.

그래서 부원군 이항복(1556~1618)은 "만약 지엽적인 문제를 제거하고 근본적인 것을 먼저 착실히 힘써 행한다면, 양전하는 일은 그만두기 어려운 일입니다. 양전을 하지 않으면 제사를 지내고 빈객을 접대하고 궁궐을 수축하는 일을 하지 못하게 되고, 군무를 다스리고 녹을 주는 것을 마련해 낼 데가 없게 됩니다. 나라가 지금까지 나라답지 못한 것이 반드시 전적으로 여기에서 비롯되었다고는 말할 수 없겠지만, 필시 전제에 법도가 없어서 그렇게 된 것이 아니겠습니까? 정월로 기한을 정했는데도 아직껏 끝내지 않았으니 기강이 어떠한지 알 만합니다. 모두 양전한다 하더라도 사실대로 한다는 것을 온전히 할 수는 없고, 번거롭기만 할 뿐 보탬은 없을 것입니다. 그러나 어쩔 도리가 없다는 핑계로 버려두어서는 안 됩니다. 호조의 계획대로 추수 뒤에 즉시 끝내도록 하는 것이 마땅합니다."[246]고 양전의 마무리를 재촉했

---

246) 《선조실록》 36년 2월 12일.

다. 이항복은 진심으로 나라를 걱정하면서 올바른 조세정치를 위해 고군분투한 것이다.

결국 양전은 선조 36년(1603) 가을에 다시 추진되어 다음해 봄에 끝마쳤으며, 이를 계묘양전(癸卯量田)이라 한다. 선조 34년에 시작된 양전은 조정에서 불과 몇 명의 양전어사를 파견하여 추첨으로 각 군현의 전결을 조사하는 데 그쳤을 뿐, 모든 군현의 토지를 남김없이 조사하지는 못했다. 그야말로 수박겉핥기 식의 부분적인 양전이었다. 때문에 전라우도 양전어사 조존성은 다음과 같이 양전했으나 전품이나 등제가 백에 하나만이 실지와 같다고 하였다.

「양전에 관한 일을 지난해 가을에 호조가 정성을 다하여 계하(啓下, 임금의 재가)한 뒤에도 각 고을에서 버려두고 거행하지 않다가, 신이 전라도에 당도했을 때에야 비로소 조정의 사목(법규)이 지극히 엄하다는 말을 듣고 죄책을 면하기 어려운 줄 스스로 알고서, 현재 양전하고 있다고 하거나 지난해에 이미 양전했으나 아직 양안을 만들지 못했다고 속여서 고합니다. 여러 고을을 돌면서 그 곡절을 살펴보니, 이른바 현재 양전하고 있다는 것은 모두 신이 도착했다는 말을 듣고서 목마름에 임박하여 우물을 판 격이었습니다. (중략) 그 당시에 수령들이 조정에서 도마다 추첨한다는 말을 듣고 죄를 면하기에 바빠, 오직 많게 하는 것만을 상책으로 생각했기 때문에 전형이나 등제가 백에 하나만이 실지와 같습니다.」[247]

247) 《선조실록》 37년 2월 10일.

무기력한 왕권과 기강이 서지 못한 조정, 그리고 지방의 탐관오리들로 인하여 양전이 제대로 시행되지 못한 것이다. 양전이 기대만큼 성과를 내지는 못했지만 전국의 논밭은 542,000여 결로 양전 이전에 비해 2배 가까이 증가하였다.[248]

3. 대동법 실시를 위한 인조의 양전

세금이 무거운 대동법을 실시하기 위해서 가장 먼저 해야할 일은 정확히 양안(토지대장)을 만드는 것이다. 논밭에 세금을 집중시키면서 양전을 하지 않는 것은 바둑판 없이 바둑을 두는 것과 같은 일이다. 조세의 정책이나 원칙이 보이지 않는다는 뜻이다. 부실한 양전 역시 마찬가지이다. 선조 36년에 실시된 계묘양전은 감관과 색리 등 중간 실무 담당자의 부정 등으로 인하여 토호의 전답은 1·2등을 5·6등으로 내리고, 곤궁한 백성의 전답은 4·5등을 1·2등으로 올리는 결과를 낳았다. 이 말은 다음과 같이 광해군 3년(1611)에 호조 판서 황신이 경기도에 대동법이 실시되고 있을 때 한 말이다.

「계묘년(선조 36) 무렵에 이르러 양전을 시행하게 되었는데, 그 때의 각

---

248) 임성수, "17~18세기 전반 은결·누결·여결의 존재 양태와 정부의 대응 변화", 〈역사학보〉 234, 2017, 195–230쪽.

고을이 오로지 일시적 변통만을 일삼아 능히 지난날의 폐단을 철저히 개혁하지 못하고 대충 감관과 서원을 내보내 마치 연분을 답험하는 것처럼 한 것이 있었습니다. 그런데 등수의 오르고 내림과 결부의 증감을 모두 감관과 색리의 손에 맡긴 까닭에 토호는 위세로써 판정하고 간악한 백성은 뇌물을 주어서 평시의 1·2등을 5·6등으로 내리기도 하고, 평시의 1·2결을 감하여 수 30부(負)에 이르게까지도 하거나, 전부를 누락시키기도 하였습니다. 곤궁한 백성과 세력 없는 자에게는 당초의 4·5등을 1·2등으로 올리고 당초의 수 30부를 늘리어 1·2결로 만들거나, 다른 사람의 결부를 덧붙여 기록하기도 하였습니다. 그러니 한 고을 안에서 긴함과 긴하지 않음이 각각 다르고, 한 도 안에서 경중이 현격하게 다르게 되어, 양전의 고르지 못한 것이 이때보다 심한 적이 없었습니다. 우리나라의 전지를 6등급으로 나누어 경기·황해도·강원도·양계는 5·6등이 많고 2·3등이 적으며, 하삼도는 1·2등이 많고 5·6등이 적었으니, 이것이 조종조에서 이미 정한 옛 법도입니다. 계묘년의 양전은 그렇지 아니하여 하삼도에서 5·6등이 많은 것이 위의 5도와 다름이 없었으니, 전결의 감축이 오로지 이에 말미암은 것입니다.」

그런데도 광해군은 즉위하면서 경기도에 대동법을 시행하였다. 따라서 경기도에 실시된 대동법은 제대로 된 양전에 기초한 것이라고 볼 수 없다. 더 심각한 문제는 인조 2년(1624)에 강원도에 실시된 대동법이다. 계묘양전을 실시한지 이미 20년이 지났기 때문이다. 그때 강원도를 비롯해 충청도 및 전라도에도 대동법을 확대 실시했으나 조정 안팎의 반발로 최종 강원도만 시행된 것이다. 아마 양전 없이 호서와 호남에 대동법을 확대하는 것을 반대했기 때문이다. 그래서 인조도 "양전한 뒤에 선혜청을 설치할 수 있다"고 하였다.[249] 물론 강원도의 경우 철원 유생들이 대동법의 시행을 요청했었는데,[250] 아마 강원도의 논밭이 전라도에 비해 거의 10분의 1에 불과했기 때문에 양전에 크게 영향을 받지 않았기 때문이라고 본다.

인조 1년 좌의정 윤방은 "중외에서 모두 대동법을 시행해서는 안 된다고들 합니다. 처음에는 호민들이 싫어했는데 지금은 잔민(殘民)들도 모두 싫어하고, 처음에는 큰 고을이 괴롭게 여겼는데 지금은 작은 고을도 모두 불편하게 여긴다 합니다."[251]라고 하면서, 대동법을 반대하였다. 이조 참판 최명길은 "대저 인정(仁政)은 반드시 〈토지의〉 경계에서 비롯되는 것입니다. 경계가 바르지 않으면 부역이 고르지 않으므로 백성을 사랑하는 마음이 있더라도 백성이 그 혜택을 입지 못할 것입니다. 국가에서 계묘년(1603)에 양전한 뒤로 이제 이미 20여 년이 지났고 또 반정을 겪어서 간사하게 속이는 일이 방자하게 행해져, 새로 개간한 것은 전안에 실리지 않고 전안에 실려 있는 것은 대부분 묵은 것들입니다."[252]라고 하면서, 양전을 주장하였다.

---

249) 《인조실록》 1년 9월 14일.
250) 《인조실록》 3년 1월 3일.
251) 《인조실록》 1년 7월 12일.
252) 《인조실록》 2년 7월 24일.

다음해 대동법의 원조인 영의정 이원익도, "대동법은 실로 신이 품하여 시행하게 되었습니다. 당초의 생각은 방납을 방지하고 부역을 균등하게 하여 지방의 폐해를 구제하려고 한 것인데, 절목을 반포하고 난 다음에는 불편하다는 설이 이루 헤아릴 수 없이 분분하게 나왔고, 게다가 지난해에는 수재와 한해까지 당하게 되었습니다."라고 하면서, 대동법의 폐지를 주청하였다.[253] 결국 인조초에 충청도와 전라도에 시행하려던 대동법은 폐지되고 말았다. 대동법 시행을 위한 선행 조치인 양전이 실시되지 못했기 때문이다.

그래서 인조 10년 호조 판서 김신국은 "양전하는 법을 행하지 않을수 없습니다. 전라도로 말하면 평시에는 50만 결이던 것이 지금은 10만결로 되었으니, 어찌 이럴 리가 있겠습니까."라고하며 양전을 주장하였다. 이에 인조는 "균전(均田)은 국용을 위해서가 아니라 민력을 고르게 하고자 해서이니, 만약 선처하지 않으면 백성들이 도리어 해를받게 될 것이므로 경솔히 의논해서는 안 될 듯싶다."[254]라고 물리쳤다.과연 백성을 위해서일까?

인조 11년 사간원에서는 "임진년의 변란 때에 여러 고을의 전안이병화로 모두 불타 버려서 현재 남아 있는 것은 열 개 중에 한둘도 되지 않습니다. 이 근래 몇 년 사이에 양전하여 세금을 고르게 하는 행정이 아직도 거행되지 않았습니다. 더구나 여러 고을 중 더러 옛 전안이

253) 《인조실록》 2년 12월 17일.
254) 《인조실록》 10년 2월 22일.

그대로 있는 곳은 결부의 과다함이 새 전안보다 10배나 된다 하니, 부역의 고르지 못하기가 이렇게까지 극심합니다. 현재 호서 지방에서 대동법을 실시하려고 하는데 만일 먼저 그 근본을 바루지 않으면 고르지 못한 폐단이 전날과 같을 것입니다. 이 기회에 즉시 양전을 실시하여 나라에는 일정한 제도가 있게 하고, 백성에게는 한쪽만 고통을 당하는 일이 없게 하소서."[255] 하였다. 호서에 대동법을 시행하려면 먼저 근본인 양전을 실시해야 한다는 주장이다. 정확한 정책적 판단이었다. 대동법 같은 결세의 확대에는 양전을 실시해 소유자와 전품 등급을 정확히 파악하는 것이 절대적이기 때문이다.

인조는 이러한 현실을 받아들여 재위 12년(1634)에 갑술양전을 실시했다.[256] 그러자 대동법을 실시하자는 의견이 많이 늘어났다. 인조 14년에 대사간 이식이 각 도내에 대동법을 실시하자고 주장했지만 비변사에서는, "대동법을 실시하는 일은 논한 자가 한두 명이 아니나 반드시 잘 변통해야 비로소 유익하고 해로움이 없을 것입니다."[257]라고 미온적으로 대응하였다. 그러니 인조대에서는 대동법이 더 이상 확대되지 못했다. 그래도 인조 24년 참의 유성증은 "반정한 뒤에 바로 대동법에 대한 의논이 있었는데, 조정에서 모두 양전한 뒤에야 시행할 수 있다고 하였습니다."[258]라고 하면서, 대동법의 시행을 주청하였다.

---

255) 《인조실록》 11년 12월 12일.
256) 《인조실록》 12년 8월 1일.
257) 《인조실록》 14년 9월 13일.
258) 《인조실록》 24년 7월 13일.

양전했으니 대동법을 시행해야한다는 것을 강조한 것이다.

하지만 갑술양전이 실시된 지 거의 20여년이 다 된 효종 2년(1651)에서야 충청도에 대동법이 실시되었다. 전라도의 경우 해읍에는 효종 9년(1658)에 대동법이 시행되었다. 그래도 양전을 한 후에 충청도와 전라도에 대동법을 실시했으니, 조정에서는 나름 최선을 다한 것이다. 하지만 현종 1년(1660) 부호군 이유태는, "20년에 한 번씩 다시 양전하게 되어 있는 것이 조종의 법입니다. 지금 하삼도에서 이미 행하였지만 지금부터 갑술년까지는 이미 20년이 넘었습니다. 따라서 시내와 골짜기가 변하여 논밭의 경계가 서로 어긋난 탓으로 향리가 농간을 부리는 일이 많은데다가 수령들은 은결을 두는 폐단이 있으니 지금 잘 다스려서 좋은 성과를 내는 것을 그만둘 수 없습니다. 6도가 모두 급한데 경기의 토질은 척박한데도 조세가 무거우니, 지금 양전하더라도 그 등제를 모두 중하로 따르게 한다면 세금이 고르게 되어 사람들이 원망하지 않게 될 것입니다."[259] 하였다. 양전한 지 20년이 지나니 시내와 골짜기가 변해 논밭의 경계가 이전과는 많이 달라져 향리는 농간을 부리고 수령은 은결을 늘리는 폐단이 발생한 것이다.《경국대전》에 규정된 20년마다의 양전이 실시되지 못한 것이다.

현종 3년(1662) 호조 판서 정치화는, "경기 고을의 토지 결수가 옛날에는 13만 결이었는데 지금에는 3만 결이 되었습니다. 토지가 개간되지 않는 것도 아닌데 결수가 이와 같이 감소되었으니 다스려서 바루

---

259) 《현종개수실록》 1년 5월 9일.

지 않으면 안 됩니다."라고 양전을 주장하였다. 이에 공조 판서 이완은 "양전하는 일이 꼭 행해야 될 일이지만 금년에는 백성들의 역(役)이 많아 단호히 행하기는 어려울 듯합니다."라고 반대하였다. 그러자 예조 판서 김좌명과 이조 참판 김수항 등은, "양전하는 일의 논의는 전에 이미 강구하여 정하였습니다. 경기 고을의 향리 등이 호조에 와서 산법(算法)을 배우고 있었는데, 단지 흉년이 들었다는 이유만으로 지금까지 이리저리 핑계만 대어 왔습니다. 금년은 조금 결실이 되었으니 행하지 않을 수 없습니다."[260]라고 하였다. 조정에서 양전에 대한 찬반 논쟁은 뜨거웠다. 담당 부서인 호조에서 양전의 실시를 주장하였지만 무산되었다. 그럼에도 불구하고 현종 3년(1662)에 반대가 거센 전라도 산군에 양전 없이 대동법을 실시하였다.

현종 4년(1663)에는 대동법의 세율을 조정하는 논의가 있는데, 현종은 "당초 균전(均田, 양전)할 때 백성들과 약속하기를 '양전한 뒤의 결수가 예전의 결수에 배가 되면 16말 중에서 반절을 감해 주겠다.'고 하였다. 그런데 양전한 뒤의 결수가 예전의 결수에 배가 되지 못하니, 10말의 쌀을 거두어들이는 것이 좋겠다."[261]라고 하였다. 아마 갑술양전(1634)의 결과를 말하는 것이다. 누락된 논밭이 그만큼 많았다는 이야기이다.

전라도의 경우 양전이 실시된 지 20년이 지난 후에 대동법이 실시된 것이다. 경상도는 숙종 3년(1667)에 대동법이 실시되었으니, 양전이

---

260) 《현종개수실록》 3년 7월 24일.
261) 《현종실록》 4년 9월 3일.

실시된 지 35년이 넘었다. 문제는 전국 논밭의 75% 이상을 차지하고 있는 하삼도에 양전을 실시한지 20~30년이 넘어서 대동법이 실시된 것이다. 10년이면 강산도 변한다고 했는데 강산이 두 번 변한 상태이다. 황해도는 숙종 34년(1708)에 마지막으로 대동법이 실시되었다. 황해도에 대동법이 시행되기 2년 전에 지사 조태채는, "반드시 양전을 한 뒤라야 대동법을 시행할 수 있는데 해서(황해도)는 결코 양전할 수 없으니, 그 밖의 자질구레한 폐단은 낱낱이 거론하지 않아도 족합니다."[262]하면서 반대하였다. 황해도는 양전한지 무려 70년이 넘었는데 양전 없이 대동법이 시행된 것이다. 양전 없이 고세율의 대동법을 실시하는 것은 전분6등제 하에서는 탈법에 앞장선 부자 양반들에게 절대적으로 유리할 수밖에 없었다.

4. 170년 동안 양전 없는 대동세

숙종 34년(1708) 마지막으로 황해도에 대동법이 실시되었다. 그리고 1720년(숙종 46) 전국 8도에 양전이 실시되었다. 경자양전이다. 갑술양전(인조 12, 1634)이 실시된 후 거의 90년이 되어서 양전이 실시된 것이다.

그 이전에 양전이 실시되지 못하니 세금에 온갖 폐단이 발생할 수밖

---

262) 《숙종실록》 32년 11월 3일.

에 없었다. 숙종 5년 사간원에서, "근래 여러 궁가에서 양안에 주인이 없는 묵정밭(진전)을 가지고 연이어 임금의 재가를 받아 농장을 설치할 계획을 세우고 있습니다. 비록 양안에는 주인이 없더라도 갑술년 이후 40여 년 동안 백성들이 입안(立案, 관에서 개인의 청원에 따라 발급한 문서)에 올리고 힘들여 일구어 그대로 자기 밭을 삼아 서로 매매를 하고 차례차례 건네 준 문서까지 있는데, 이를 통틀어 양안에 주인이 없다 하여 마음대로 빼앗고 있습니다. 청컨대 양전한 뒤에 일구어서 문서가 있는 토지는 도로 내어 주고, 이제부터는 이러한 길을 영원히 막아서 함부로 차지하는 폐단을 막아버리소서."[263] 하였지만 임금은 윤허하지 않았다. 양전을 제때에 하지 못하니 궁가 등에서 백성들이 개간한 논밭을 침탈하는 일이 발생한 것이다.

숙종 9년 좌의정 민정중은, "강원도의 전정(田政)이 가장 문란합니다. 그러나 지금 양전사를 보내라고 명하실 필요는 없습니다. 단지 본도의 관찰사로 하여금 다스리게 하되, 각 고을에서 각자 스스로 양전한 뒤에 따로 경차관을 보내어 간교함을 적발하게 하는 것이 마땅하겠습니다."[264] 라고 하였다. 중앙에서 집권적으로 양전을 할 수 없으니, 지방 수령들에게 맡기어 분권적으로 실시하자는 말이다. 하지만 탐관오리 수령들에게 양전을 맡기는 것은 강도에게 칼을 지어준 것과 같다. 물론 그나마도 시행되지 못하였다. 전정의 문란이 이렇게 심각한

---

263) 《숙종실록》 5년 12월 7일.
264) 《숙종실록》 9년 9월 13일.

상황에서 숙종은 재위 17년에, "우리나라는 〈토지의〉 경계가 바르지 않고 부역도 따라서 고르지 않다. 모든 도의 양전을 한꺼번에 모두 거행하지는 못하더라도, 점차로 양전법을 잘 다스려서 좋은 성과를 올리면, 고르지 않은 대로 맡겨둔 채 서로 잊는 것보다 낫지 않겠는가? 묘당으로 하여금 상의하여 아뢰게 하라."고 명하였다. 왕 스스로 양전의 필요성을 강조한 것이다. 하지만 왕명도 소용이 없었다. 그 뒤로도 양전의 실시를 주장하는 신료들도 몇몇 있었지만 반대하는 신료들이 더 많아 실시되지 못하였다.

그러니 부사직 김세익은 숙종 20년에, "양전을 한 지가 이미 60년이나 되어 그전에는 주인이 없던 땅이 이제는 〈개간되어〉 모두가 주인이 있어 그 자손에게 전해지고 있습니다. 단지 양전에 들지 않은 것 때문에 하루아침에 자기 땅을 잃어버리게 된다면 어찌 원통하지 않을 수 있겠습니까?"[265]라고 하였다. 또한 숙종 35년 동부승지 오명준은, "온 나라 안의 양안이 여러 해가 되어 틀리는 데가 많습니다. 양전을 한 뒤에 더 개간한 것은 모두 교활한 아전의 수중에 들어가버리므로 국가의 세입이 크게 줄어들어 국가의 재정이 고통을 겪고 있습니다. 청컨대 각도에 경차관을 시급히 보내어 양전을 한 뒤에 더 개간하여 경작하고 있는 것들을 모조리 찾아내게 하소서."라고 했지만, 소용이 없었다.

숙종 41년 좌의정 김창집은, "세입이 부족해서 경비의 사용을 이어

265) 《숙종실록》 20년 9월 27일.

가기 어려운데, 이것은 전결의 제도가 허술한 데에서 말미암은 것입니다. 양전을 시행하지 않은 지 오래 되었으니, 청컨대 각도의 관찰사와 수령으로 하여금 먼저 조금 충실한 곳에서부터 시작하여 점차 양전의 정책을 시행케 하소서."라고 주청하였다. 나라의 재정을 위해서라도 양전이 필요하다는 것이다.

다음해 숙종은, "양전 한 지 이미 오래 되어 경계가 바르지 않다. 전정은 본디 중대한 일이니 구습대로 버려둘 수 없다. 이제 8도가 풍년 들기를 기다려서 한꺼번에 하자면 아득하여 기약이 없을 것이다. 지난해에 좌의정이 주장한 사연이 간편하여 내 뜻에 바로 맞고 본디 거행하기 어려운 일이 아니니, 결의하여 거행하는 것이 마땅하다."[266]고 양전 시행의 결단을 내렸다. 그러나 이번에도 흉년으로 양전이 실시되지 못하였다. 그러자 숙종은 "정사 가운데 큰 것으로 양전보다 더 중요한 것이 없다. 어떻게 폐지하고 행하지 않을 수 있겠는가?"[267]며 다그쳤다. 하지만 조정 신료들은 우선 1,2년쯤 기다렸다가 풍년이 든 다음에 거행하자고 하였다.[268] 결국 숙종은 재위 45년에 양전청을 설치하고 다음해에 양전을 실시하였다.

숙종대 양전을 강하게 반대한 정치세력은 남인들이었다. 남인이 양전을 기피한 이유는 관계 진출이 막히고, 또 그들이 여러 차례의 당쟁에서 패퇴함으로써 일찍부터 양반 토호지주로 정착했기 때문이다. 이

266) 《숙종실록》 42년 1월 26일.
267) 《숙종실록》 43년 9월 22일.
268) 《숙종실록》 43년 11월 3일.

러한 남인의 권력이 비대해질 것을 우려한 숙종이 1680년(재위 6년) 경신환국으로 서인을 등용하였다. 하지만 남인들은 장희빈 세력을 이용하여 다시 정국을 장악하였다. 그러나 숙종 21년 이후 장희빈이 몰락하면서 그를 지지하던 남인세력 역시 서인에 의해 정계에서 멀어져 갔다. 반면 양전을 강행하려는 정치세력은 노론정권과 숙종이었다. 그 이유는 심각한 재정위기를 정권의 위기이자 국가의 위기로 인식한 결과였다. 이에 집권 노론과의 타협점에서 경자양전이 시행되었다. 지주제가 발달하면서 토지소유권 분쟁이 빈발하고 양안이 소유권 판단의 근거가 되었기 때문에, 지주들은 자신의 이름으로 흑은 노비명을 빌어서라도 양안에 등재되어야 할 필요를 느낀 탓이다. 그러나 집권 노론은 송나라 때 왕안석이 실시한 방전법(方田法)과 같은 철저한 양전보다는 느슨한 양전 방식을 선택하였다.[269] 지주들의 양전 반발을 의식하고 있었기 때문이다.

이처럼 숙종은 재정위기를 양전을 통해서 해결하려 했다. 수입은 고정되고 지출은 증가 되는 구조 속에서 지속적인 재정 고갈이 발생하였다. 이에 조정은 비총법의 실시, 경상도와 황해도의 대동법 확대 시행, 군제 개편 등 다양한 대책을 실시하였다. 그러나 이러한 대책들이 성과를 거두지 못하자 결수 확충을 위한 양전이 적극적으로 추진되었다. 더구나 비총법 실시와 대동법 확대 시행으로 토지 파악이 절실하였던 것이다. 결과적으로 경자양전으로 수세결이 늘어났으므로 일정한 성과를 거두

269) 오인택, "경자양안 연구의 현황과 과제", 〈한국문화〉 51, 2010, 133–150쪽.

었다. 하지만 이후 얼마 되지 않아 수세결은 감소하여 지속적인 대책은 되지 못하였다.[270] 또한 경자양안을 작성하면서 상민층의 소유지는 제대로 경작되지 않아도 가경전으로 등재되고, 나아가 진전마저 가경전으로 등재하는 경우가 비일비재했다. 반면 양반들의 소유지는 적지 않은 가경전이 양안에서 누락되었을 뿐만 아니라 상당수의 가경전이 진전으로 등재되었다.[271]이이가 왜 양전을 실시하지 않는 게 더 낫다고 했는지 알 수 있다. 그래도 숙종 46년(1720)의 경자양전으로 농경지는 140만결로 늘어 정상적인 궤도에 올랐다.[272] 인조 12년 갑술양전으로 파악한 99만결보다 전국 8도의 전답이 거의 40% 이상 늘어난 것이다. 이 중 삼남지방은 97만결로 갑술양전보다 7.6만여결이나 늘어 약 8% 정도 증가했다.

하지만 경자양전 이후 전정 문란이 심화되었는데도 조선말 광무양전(1898~1904년)까지 거의 170년 동안 양전은 더 이상 실시되지 못하였다. 이에 정약용은, "오늘날 남쪽의 토지는 모두가 숙종 경자년에 타량한 것이다. 올해 기묘년(1819)까지는 100년이나 되는데 토지의 결수는 날로 줄어들었으니 양전이 가장 급선무이다."[273]라고 하였다. 전세보다 3배나 무거운 대동법이 양전 없이 실시되었다는 것은 나라의 조세정책이 전무하다는 것을 보여준 것이다.

---

270) 오인택, 앞의 논문, 133-150쪽.
271) 김건태, "경자양전 시기 가경전과 진전 파악 실태 : 경상도 용궁현 사례", 〈역사와 현실〉 36, 한국역사연구회. 2000.
272) 〈신편한국사〉 1 한국사의 전개 Ⅲ.한국사의 시대적 특성 4. 조선 3)조선 중기의 사회와 문화
273) 《목민심서》 권1 제6부 호전 육조1 제1장 전정(田政).

조선후기 개혁과 대통합을 실현한 군주라고 평가받고 있는 정조도 단 한 번의 양전도 실시하지 못했다. 정조의 개혁목표 중 첫 번째는 민생과 직접 관련된 민산(民産)이었다. 민산은 백성의 경제 기반을 튼튼히 하는 정책이다. 경제적으로 어려워진 백성들의 산업(논밭)을 늘리겠다는 의지이다. 그래서 정조는 "백성의 살림살이를 세우는 데에는 반드시 토지의 경계로부터 시작된다."라고 하였다. 한마디로 양전의 중요성을 강조한 것이다. 때문에 정조는 집권 초기에 양전을 여러 차례 실시하려 했다. 하지만 조정의 반대로 양전은 실시되지 못했으며 시간이 흐르면서 점차 그 의지도 꺾였다. 정조는 재위 2년에 선포한 「경장대고(更張大誥)」에서 양전의 필요성을 다음과 같이 강조하였다.

「우리 동방(東邦, 나라)은 땅덩이가 협소한데다가 산과 계곡이 대부분이어서 정전(井田)을 실시하기 어렵고, 호우들이 모두 제 것으로 만들고 있기에 조종조의 융성한 시절부터 균전이나 양전의 의논은 정지되고 시행되지 못했다. 이는 풍습이 된 이 세속을 고치기도 어렵고 뭇사람이 시끄럽게 이야기하기 때문이었을 것이다.」[274]

그러나 정조의 이러한 개혁 의지는 공염불에 불과하였다. 정조는 집권한지 15년이 넘어서면서 어느 정도 강화된 왕권으로 정치적 결단을 발휘할 수 있었지만 양전은 실시되지 못했다. 물론 집권 중반기 이후

---

274) 《정조실록》 2년 6월 4일.

조정의 일부 신료들은 양전 시행을 여전히 주장했었다. 정조 18년에 전 전적(성균관의 정6품) 현재묵은 "관서(평안도)의 양전은 이미 햇수가 오래 되어 경계의 구별이 없어졌습니다. 지금 다시 측량을 하게 되면 간사하고 교활한 향리들이 속임수를 쓸 수 없습니다. 위로는 토지대장에서 토지가 누락되는 실수가 없고 아래로는 이중으로 조세를 바치는 억울함이 없을 것입니다. 양전을 다시 하는 데 있어서 조금이라도 늦추어서는 안 됩니다."[275]라고 하였다. 그리고 영남 위유사(慰諭使)[276] 이익운은, "양전은 나라의 큰 정사입니다. 백성들이 억울하게 조세를 징수당하는 것과 상세가 줄어드는 것이 모두 경계가 바르지 못한 데서 말미암은 것입니다. 20년마다 한 번씩 다시 양전하는 법은 바로 옛사람의 원대한 방책이었습니다. 그런데 어느 도를 막론하고 경자년(1720) 이후로 지금까지 옛 것을 따르기만 하여 전제(田制)의 문란함과 조세 수입이 크게 줄어든 것이 곳곳마다 다 그러한데, 영남 지방은 더욱 심합니다."[277]라고, 양전의 시행을 강하게 주장하였다. 그러나 다른 조정 대신들의 반대로 양전은 꿈도 꾸지 못했다.

결국 정조는 집권하지 20년 이후 양전을 완전히 포기했다. 초기의 조세개혁 의지를 완전히 접은 것이다. 정조는 "국가의 경비는 오로지 전제에 달려 있는 법인데, 지금은 9등급의 제도가 명확하지 않아서 전

---

275) 《정조실록》 18년 7월 23일.
276) 조선시대에 지방에 천재지변 또는 병란과 민란이 일어났을 때 지방 사정을 살피고, 백성을 위무하기 위해 파견하던 관리
277) 《정조실록》 18년 12월 30일.

결이 모두 최하등급인 실정이다. 경들은 이전에도 양전해야 한다는 말을 했었지만 나는 곤란하다고 생각한다. 대개 어진정치란 반드시 토지 경계를 바로잡는 것으로부터 시작되는 것인데, 이런 마음을 가지고 있는 자는 거의 없고 우선 백성들에게 거두어서 나라의 경비를 풍족하게 하려는 데에 마음을 쓰고 있으니, '차라리 도둑질하는 신하를 두는 것이 낫다.'[278]는 말이 참으로 옳다. 양전한다 하더라도 미처 양전도 하기 전에 백성들이 유언비어에 크게 동요하게 될 것이다."[279] 라고 하였다. 오죽하면 도둑질하는 신하를 두는 것이 낫다고 했겠는 가! 정조는 양전할 수 있는 적임자를 얻을 수 없기 때문에 양전을 할 수 없다는 핑계를 대며, 백성들의 소요에 미리 겁을 내었다. 여기서 '9 등급의 제도'란 폐지된 연분9등법과 시행되고 있는 전분6등법을 뒤섞여 전분9등제로 시행된 것이다. 대전(大典)의 세법도 모르는 무지한 조정에서 나온 것이다.

그런데도 정조는 "좌상이 일찍이 말하기를 '양전이 비록 좋기는 하나, 위(국가)에 손해되는 정사를 행하면 백성들이 다행으로 여기겠지만, 백성에 손해되는 정사를 행하면 백성들이 모두 억울함을 호소할 것이다." 하였는데, 그 말이 과연 좋은 말이다."[280]라고 하였다. 양전하지 않아 백성들이 조세를 적게 부담하기 때문에 백성에게 유익하다는 옹색한 변명

---

278) 《대학(大學)》 장구(章句) 10장(十章)에 "차라리 임금의 재물을 훔치는 신하를 둘지언정 백성에게서 긁어모으는 신하는 두지 않는다.[與其有聚斂之臣 寧有盜臣]" 하였다.
279) 20년 9월 29일.
280) 《정조실록》 22년 4월 8일.

을 하였다. 나라의 세금이 부족하여 가난한 백성들에게 백징 등으로 재정을 충당하면서도 그 백성들의 고통을 눈감아 버린 것이다.

그러니 정조 24년에 사헌부 지평(정5품) 이경신은 "능선이 계곡으로 계곡이 능선으로 변하고, 물바다가 뭍으로 뭍이 물바다로 변하여, 양전에서 제외된 것이 옥토인 것도 있고 양전을 이미 받은 것인데 전지 형태조차 없는 것도 있습니다. 놀고 있는 땅이 있는데도 백성들이 개간하지 않는 것은 실지로는 없는 전지까지도 조세가 부과될까를 염려해서이고, 비옥한 땅을 경작하고 있으면서도 돈 한 닢 바치지 않는 자도 있는데, 그것은 간교한 아전들의 붓끝 농간으로 그리 된 것입니다."라고 하면서, "신이 직접 보고 들은 것만 말하더라도 읍에는 비치된 양안이 없고 결수도 일정한 총수가 없이 연분에 따라 저들 멋대로 올렸다 내렸다 한 곳이 황해도 토산(兎山)이고, 사람이 대대로 살고 있다고 하여 전지는 없어졌는데도 결수는 남아 계속 세금을 내고 있는 곳이 전라도 전주입니다. 누락된 전결이 있으면 문서로 농간을 부려 아전들이 다 횡령하고, 호소할 곳 없는 백성들은 없는 땅의 세금을 계속 바치는 것입니다. 남쪽이건 북쪽이건 바닷가나 산골이나 그렇지 않은 곳이 없습니다. 은택이 아래까지 미치지 못하고 원성이 위에 알려지지 않아 민생은 야윌 대로 야위고 국용은 바닥이 날 대로 났는데 그 모두가 이상과 같은 폐단 때문입니다."이라고 하였다.

은결과 백징이 일상화된 현실을 정확히 지적한 것이다. 이처럼 정조대에는 양전 시행문제가 심각하게 거론되었지만 대토지 소유자와 이서 등 기득권 세력의 반대로 엄두를 내지 못하였다.[281] 결국 백성들의 조세부담은 비총제 운영구조에서 힘없는 농민에게 전가되어 빈궁민의 몰락을 촉진하고 있었다. 전세보다 3배나 더 무거운 대동법을 시행하면서도 정조를 비롯한 조선 정부는 가장 기본인 양전도 실시하지 않았다. 그러니 대동세는 멍에가 되어 백성들의 삶을 피폐시키면서 죽음의 나락으로 내몰았다.

5. 부자는 탈세하고 빈자는 백징 당하는 묵정밭

조선의 농정에서 중요한 일 중의 하나는 농지의 진전(陳田, 묵정밭)을 막고 진황된 농지를 경작지로 개간하는 것이었다. 진전은 자연 재해로 인해 발생하기도 하고, 조세 압박 때문에 농민들이 경작을 포기함으로써 생겨나기도 했다. 그런데 진전의 처리문제는 간단한 일이 아니었다. 특히 진전에서의 징세 여부는 늘 논란의 대상이 되었다. 그것은 국가재정은 물론 민생문제와 직결되었기 때문이었다. 위정자간에 진전의 발생 원인이나 그 처리방향에 대해 인식 차이가 존재하고, 진전 징세와 타농(惰農, 게으른 농사꾼) 방지를 둘러싸고 심각한 대립이 벌어질 정도로, 진전 수세문제는 조선의 농정과 수세정책에서 매우 중요했다. 이에 세종은 최종 공법에서 다음과 같이 진전을 과세하도록 하였다. 그것은

---

281) 《비변사등록》 정조 16년 6월 30일.

타농을 경계하여 유휴토지를 없애려는 목적이었다.

「정전(正田, 해마다 경작하는 논밭) 내의 묵정밭은 다 해마다 경작할 수 있는 토지인데, 사람들이 혹은 토지를 많이 가지고서 해걸이로 묵히기도 하고, 혹은 농사를 게을리 해서 경작하지 아니하기도 하여, 토지가 묵는 것이 많으니 심히 옳지 못합니다. 이러한 농지는 일부 묵은 것이나 전부 묵은 것임을 막론하고 다 조세를 받을 것입니다.」[282]

정전은 해마다 경작하는 논밭인데 그 정전이 진전된 경우에는 무조건 과세하도록 한 것이다. 이는 해마다 경작하는 상경전인 논밭에서는 타농이나 토지의 지나친 광점으로 진황이 발생해서는 안 된다는 원칙에서 나온 것으로, 진전에 수세하면 타농을 경계하고 개간을 유도할 수 있다는 명분이 크게 작용한 것이다. 산업 기반인 농지를 보호하기 위한 조치였다. 이러한 원칙과 명분 때문에 진전 과세를 '권농하는 의(義)가 나라를 부강하게 하는 방법'[283]이라고 여겼다. 오늘날 우리나라의 농지법에서도 농지는 자기의 농업경영에 이용하거나 이용할 자가 아니면 소유하지 못하게 하거나,[284] 소유 농지를 자연재해 · 농지개량 · 질병 등 정당한 사유 없이 자기의 농업경영에 이용하지 아니한 경우 그 사유가 발생한 날

---

282) 《세종실록》 26년 11월 13일.
283) 《세조실록》 14년 6월 14일.
284) 〈농지법〉 제6조 제1항.

부터 1년 이내에 해당 농지를 처분하도록 강제하고 있다.[285] 또한 자치단체의 장으로 하여금 유휴농지에 대하여 그 농지의 소유권자나 임차권자를 대신하여 농작물을 경작할 자를 직권으로 지정하거나 유휴농지를 경작하려는 자의 신청을 받아 대리경작자를 지정할 수 있도록 하고 있다.[286] 이는 농지를 보다 효율적으로 이용하고 관리하여, 농민의 경영 안정과 농업생산성 향상을 바탕으로 농업 경쟁력 강화와 국민경제의 균형 있는 발전을 위해서이다. 진전 과세의 목적과 비슷한 개념이다.

그러나 진전 과세는 농민을 고통스럽게 한다는 차원에서 반대가 많았다. 문종 즉위년에 좌찬성 김종서 등은 "절반 이상이 재상된 전지와 여러 사람이 모두 아는 바의 질병이 있는 사람이 경작하는 논밭 전체가 묵은 것은 모두 면세하도록 하소서."[287] 하였다. 또한 세조 4년에 평산 도호부사 정차공은 고의로 진황한 자를 제외하고, 척박하여 쓰지 못하는 논밭의 세금을 면세할 것을 다음과 같이 주장하였다.

「우리나라는 토지가 협소하여 전지가 없는 백성이 10분의 3에 가깝고, 전지가 있는 자가 연고가 있어서 경작할 수 없으면 인리와 족친이 아울러 경작하여 나누는 것이 민간의 상사입니다. 만약 기름진 땅이 있다면 어찌 진황할 이치가 있겠습니까? 초목이 무성하고 모래와 돌이 많아 경작하지

---

285) 《농지법》 제10조 제1항.
286) 《농지법》 제20조 제1항.
287) 《문종실록》 즉위년 9월 21일.

못하여도 세를 거두니, 백성들의 원망이 이에서 깊어집니다. 청컨대 이제 부터는 많은 토지를 넓게 점유하고서도 타인에게 주기를 즐기지 않아 고의로 진황한 자를 제외하고, 척박하여 쓰지 못하는 전지를 진황한 자는 복사전(모래가 밀려 덮인 땅) 의 예를 따라 전주로 하여금 수령에게 문서로 고하게 하고, 〈수령이〉 몸소 살펴서 관찰사에게 보고하여 세를 거두지 말게 함으로써 백성의 원망을 풀게 하소서.」

결국 진전 과세의 논란은 《경국대전》에, "전체적으로 재해를 입은 토지와 묵정밭(진전)은 조세를 면제한다"고 규정되면서 논란은 일단락되었다. 전체가 묵은 논밭은 세금을 면세하기로 한 것이다. 하지만 진전 면세의 규정은 현실에서는 잘 지켜지지 못했다. 중종 11년 지평 윤지형이 "남원 한 고을의 일을 살펴보면 다른 곳도 이와 비슷하여 도망한 호가 많습니다. 그런데 묵정밭 또한 많은데 그 논밭의 세를 다 일족에게 거두므로 현존하는 백성도 지탱할 수 없습니다."[288]라고 한 말에서, 이를 확인할 수 있다. 진전의 인징에 따른 백성의 고통이다.

더구나 대동법과 영정법이 시행되면서 진전 과세는 더욱 급증하였다. 숙종 4년에 사헌부는 "호전의 수세조에 '모든 진전은 면세한다.'고 하였으니, 대개 조종이 법을 제정한 뜻은 먹지 못하는 진전으로써 우리 백성에게 해독을 끼칠 수는 없다고 생각함이었습니다. 요즈음 듣건대 여러 도에서는 단지 신해년(1672, 숙종 3)의 진전만 면세하고,

---

288) 《중종실록》 11년 5월 12일.

그 전후에 황폐하여 이미 풀밭인 〈진전에〉 모조리 징세하는 것은 조종이 백성을 생각하는 정사가 아니니, 청컨대 한결같이 법전에 의하여 면세하여 백성의 곤란함을 펴게 하소서."[289] 하였다. 여기에 비총법이 시행되면서 진전에 대한 백징의 횡포는 더 심해졌다. 영조 9년 부평 부사 김상성은 "진전의 세는 실로 백징의 원망을 듣고 있습니다."라고 하였으며, 영조 21년 부제학 원경하는 "호남의 큰 폐단으로는 전정보다 더한 것이 없는데, 전정이 문란하게 된 것은 오로지 은결은 토호들이 많이 차지하기 때문이니, 이러므로 백성들이 백징의 폐단을 감당하지 못하는 것입니다."라고 하였다. 그러니 영조 때 농암 유수원 (1694~1755)은 저술한 《우서(迂書)》에서 진전의 폐단을 다음과 같이 지적하였다.

> 「온 나라의 전토를 해마다 진전인지 기전(起田, 농사짓는 논밭)인지 살핀다는 것은 매우 복잡한 일이다. 문서가 번잡하므로 관속들이 농간을 부려 경작되고 있는 땅을 진전이라 하기도 하며, 호강한 무리들과 관리의 일족들 및 간활한 백성들이 서로 한통속이 되어 국가를 속여도, 세액에 기준이 없으니 세입이 항상 줄어들고 있는 것이다. 그 통탄스러움을 이루 다 말할 수 있으랴.」[290]

---

289) 《숙종실록》 4년 1월 16일.
290) 《우서》 제6권 전정(田政)을 논의함.

이러한 진전에 대한 백지징세는 빈농민을 몰락시키는 주된 요인이 되었다. 진전은 자연재해뿐 아니라 종자와 농우 및 노동력 등이 부족한 빈농이 경작에 실패하여 발생하기도 했다. 또한 토질이 척박하고 생산여건이 불리한 상황에서 조세부담을 견디지 못한 빈농이 경작을 포기하여 생기기도 했다. 더구나 축력과 노동력이 부족한 빈농이 집약농업에 절대적으로 필요한 시비를 소홀히 하여 진폐되는 경우도 많았다. 자연재해 이외의 원인으로 발생한 진전은 빈농의 토지가 대부분이었다. 그러나 정부는 진전 면세에 따른 세입감축을 우려하고, 또 타농을 방지하기 위해 면세하지 않았다. 심지어 사고·질병·사망·유리한 경우나 종자가 없어 파종을 못한 토지도 면세를 받지 못했다.

빈농들은 조세를 납부하기 위해 논밭을 팔기도 했고 부담을 견디지 못해 유리하기도 했다. 특히 진전의 백징은 가난한 농민이 유리 및 도산하게 하는 결정적 요인이었다. 이것은 전국적 현상이었고 고질적인 폐단이었다. 물론 때때로 이러한 폐단에 대해 정부는 나름 금지 명령을 내렸지만 별다른 효과는 없었다. 지주들은 수령, 이서들과 결탁하여 은결·누결과 진전을 만들어 수세 대상에서 빠져나갔다. 이들이 내야할 조세부담은 총액제 운영구조에서 나머지 농민에게 전가되어 빈궁한 농민의 몰락을 촉진하였다. 이러한 폐해를 제거하고 국가의 세수 확보를 위해 양전의 필요성이 제기되었다. 앞에서 살펴본 것처럼 정조대에도 양전 문제가 심각하게 거론되었지만 대토지 소유자와 이서 등 기득권 세력의 반대로 엄두를 내지 못하였다. 당시 정부의 통치

력이 기득권 세력을 통제할 수 없을 정도로 약화된 것이다.[291]

따라서 진전 과세는 조선후기에 더욱 문란해져 조세 폐단의 근원이 되었다. 진전 과세 때문에 농민들이 경작하지 못하는 묵정밭은 지주층에 의해 토지의 집적 수단으로 이용되어 절수되고 탈점되었으며, 타농의 법을 적용하여 세금을 인근 백성들에게 분담시켜 징수하는 인징의 폐단이 발생하였다. 이러한 진전의 백징이 계속된 원인은 양전을 제대로 하지 못했기 때문이다. 양전은 결부제에 의거하여 토지의 경계·등급·진폐·소유권자 등을 조사하는 전통적인 토지조사 방식으로서, 이를 통해 작성된 양안은 전결세 징수의 기초 대장이었다. 그러나 조선 정부 차원에서 시행된 전국적 규모의 양전은 숙종대 경자양전(1720)을 끝으로 19세기말까지 한 번도 시행되지 않았다. 그 결과 자호(字號, 토지의 번호)와 지번이 뒤섞이고 전품이 서로 바뀌었으며, 부호들은 이를 틈타 토지를 겸병하였다. 경작지와 진전의 구분이 불가능해지고, 양안상에 등록되지 않은 은결이 구조적으로 생겨났는가 하면, 이서층에 의한 남징·백징·누세·탈세가 만연하였다. 궁방전·아문둔전을 비롯한 각종 면세전의 확대는 수세결수의 감축을 초래했을 뿐만 아니라, 양안에 의한 전결세 징수를 더욱 혼란케 하였다.[292]

순조 30년(1830) 충청도 암행어사 홍원모는 "본도에 양전한 지 이미 백년이 넘었고, 아전들의 농간이 날로 늘어나 나라의 전결이 점차 축

---

291) 《국사관론총》 제72집 19세기 전반 유민에 관한 연구(정형지) Ⅱ.유민발생 배경
292) 《신편 한국사》 32 조선 후기의 정치 Ⅳ.부세제도의 문란과 삼정개혁 3.부세제도 개선의 한계 2) 전정이정책과 정책의 추진 (1)전정의 구조적 문제와 이정책 수립.

소되고 있습니다. 호족의 기경전을 진전이라고 하거나 교활한 서리가 연줄을 대고 거짓으로 집어넣거나 고을의 수령이 관청의 봉급을 마련하는 경우를 제외하면, 실제 면탈에 해당하는 묵은 재결은 대개 거의 없습니다. 양전하든 진전을 조사하든 제때에 강구하여 시행해야 하는 일입니다."[293] 하였다.

〈표 6-1〉은 용궁현의 「용궁양안」을 통하여 신분별 진전의 소유 현황을 분석한 것이다. 경상도의 산간지역에 위치한 용궁현의 진전 비율은 비교적 높은 편이다. 면단위로 살펴본 진전비율은 남하 18%, 내상 16%, 북상 21%, 신상 12%, 신하 14%이고 읍내가 16%였다. 진전비율이 낮게는 14%에서 높게는 21%까지 차등을 보이고 있다. 그러나 문제는 단순히 진전비율이 높다는 데 있지 않았다.

표 6-1 용궁현 각 면의 신분별 진전 소유 현황 (단위 : 결-부-속)

	남하		내상		북상		북하	
	필지	면적	필지	면적	필지	면적	필지	면적
양반	509	19-69-7(32)	287	10-66-1(19)	696	33-14-8(39)	817	34-75-8(58)
중인	27	1-17-4(2)	193	7-08-2(12)	153	7-01-7(8)	93	3-46-5(6)
평민	370	16-83-7(27)	613	23-49-4(41)	429	17-07-1(20)	241	11-75-2(20)
천인	134	5-84-1(9)	116	5-32-9(9)	162	7-61-0(9)	102	5-23-7(9)
기타	25	0-88-2(1)	24	1-12-1(2)	29	1-13-7(1)	56	2-08-5(3)
무주	273	18-08-6(29)	120	9-60-9(17)	254	19-77-1(23)	34	2-14-6(4)
합계	1338	62-51-7(100)	1353	56-95-6(100)	1723	85-75-4(100)	1343	59-44-3(100)

293) 《비변사등록》 순조 30년 2월 1일.

	신상		신하		읍내		합계	
	필지	면적	필지	면적	필지	면적	필지	면적
양반	200	12–71–6(27)	77	9–99–6(31)	331	16–91–7(24)	2917	137–89–3(33)
중인	41	1–79–2(4)	59	3–65–2(12)	237	10–18–6(15)	803	34–36–8(8)
평민	496	25–03–7(54)	161	7–73–8(24)	175	8–68–4(12)	2485	110–61–3(27)
천인	49	2–50–0(5)	91	4–26–2(13)	214	8–97–1(13)	868	39–75–0(10)
기타	20	1–16–0(2)	15	1–08–0(3)	69	4–35–7(6)	238	11–82–2(3)
무주	22	3–53–1(8)	81	5–51–3(17)	266	21–46–9(30)	1050	80–12–5(19)
합계	828	46–73–6(100)	484	32–24–1(100)	1292	70–58–4(100)	8361	414–57–1(100)

비고 : 괄호 안의 숫자는 %임.
자료 : 김건태, 앞의 책,〈표 4-10〉참조

표를 보면 양반층은 4개 면(남하, 북상, 북하, 신하)에서 가장 많은 진전을 소유했다. 나머지 2개 면(내상, 신상)에서는 평민층이 더 많은 진전을 소유했다. 읍내에서도 소유자를 모르는 무주를 빼면 양반이 가장 많이 진전을 가지고 있었다. 대체로 양반층의 소유전답이 많은 곳에서 진전비율이 높다는 데 심각성이 있다. 양반층이 상민층이나 노비에 비해 진전을 더 많이 소유하고 있는 것이다.

왜 이런 현상이 일어났을까? 경자양전을 앞두고 정부는 한편으로 출세실결수를 증가시키고, 다른 한편으로 양반들의 저항을 줄일 수 있는 방안을 강구할 수밖에 없었다. 양반들이 적지 않은 가경전을 양안에서 누락시키고, 나아가 상당수의 기경전을 진전으로 등재하는 것을 어느 정도 묵인할 수밖에 없었던 원인이 바로 여기에 있었다. 이렇게 함으로써 양반들의 커다란 저항 없이 경자양전을 순조롭게 마칠 수 있었던 것이다.[294] 경자양안을 작성하면서 평민층의 소유지에 대해서는 제대로 경작되지 않아도 가경전으로 등재하고, 나아가 진전마저 가경전으로 등재하는 경우가 비일비재했다. 반면 양반들의 소유지에 대해서는 적지 않은 가경전을 양안에서 누락시켰을 뿐만 아니라, 상당수의 가경전을 진전으로 등재하였다. 요컨대 용궁현 경자양안의 가경전과 진전의 분석에서 전정문란의 사례를 파악한 것이라 하겠다.[295] 이러한 상황속에서 결세 중 가장 무거운 대동세가 진전과세의 주된 세금이 되었으며, 백징의 주된 요인이 되었다.

---

294) 김건태, 《조선시대 양반가의 농업경영》 제4장 영세 지주들 1. 용궁지역의 풍경 2) 개간전과 진전의 실상
295) 김건태, "갑술 · 경자양전의 성격 : 칠곡 석전 광주기씨가 전답안을 중심으로-"《역사와현실》, 한국역사연구회. 1999.

제7장
———

삼정문란의 뇌관이
된 대동법

조선을 망친 대동법

「선혜청을 설립하고서는 1년에 봄가을 두 차례 쌀로 거두는 외에 과외의 부역이 있더라도 백성들에게서 더 징수하지 않았으므로, 경기 지방의 잔약한 백성이 살아갈 수가 있었습니다. 그런데 요즈음 들어서는 나라의 기강이 해이해지고 염치가 씻은 듯이 없어져 수령들이 백성들에게서 〈또 다른 역을〉 징수하여 오로지 자신을 살찌우기만을 일삼고 있습니다. 이에 대동미를 거두어들이는 외에 교묘하게 명목을 붙여서 백성들에게서 거두어들이는 것이 아주 많아 못살겠다고 원망하는 소리가 지금보다 더 심한 때가 없습니다.」

《광해군일기》 9년 3월 20일.

「대동법 실시 초기에 나라에서 백성들에게 약속하기를 '모든 관아의 토색질은 일체 정지될 것이니 대동미 하나만 바치면 온 1년 동안 편히 누워 있을 수 있다.'라고 하였다. 그런데 근년에 와서 각 관아의 토색질은 날로 심하여 그 중에는 유치미에서 공제하는 자가 있는가 하면 직접 가서 구걸하는 자도 있다. 군현에서는 이를 빙자하여 민고(民庫)란 것을 만들어서 전세와 대동미 외에 또다시 전결에 대하여 불법적으로 침탈하는 전곡(錢穀)이 몇 배나 되며, 감한 것은 관원들의 주머니로 들어가며 그것마저 없는 데는 아전들이 간악한 짓을 하는 소굴로 되고 말았다. 그러나 조정에서는 보고도 시정하지 않으며 수령들이 임의로 올려서 백성들은 도탄에 빠졌으나 감히 반대하지 못한다.」

《경세유표》 제11권 지관수제 부공제도7 방부고(邦賦考).

1. 지방재정의 근원인 유치미 감소

대동법은 공물의 방납 폐단을 제거하기 위하여 광해군 즉위년(1608)에 경기도에 한하여 1년에 봄가을로 나누어 논밭 1결에 쌀 16말을 납부하도록 하는 선혜법으로 시작되었다. 이때 영의정 이원익은 "대동법이 백성을 편하게 하는 제일의 정사입니다." 하면서, "쌀 16말에는 공물과 진상 및 본색(本色, 본래의 세금)·아록(衙祿, 수령에게 딸린 아전들에게 주던 녹봉)·경쇄마(京刷馬) 등의 잡역이 모두 그 안에 들어가 포함되어 있습니다."고 하였다.[296] 대동세에는 공물뿐 아니라 진상은 물론 지방관아의 운영에 필요한 비용까지 그 속에 모두 포함되도록 한 것이다. 따라서 대동세로 거둔 세액 중 지방재정을 위해 남겨둔 쌀을 유치미라고 했는데, 유치미에는 다음과 같이 여러 잡역 등이 통합되어 지급되었다.

「크고 작은 고을을 막론하고 〈유치미를〉 1결당 쌀 5말씩 받아들이면, 본읍(本邑)의 수요와 각영의 비용과 각종 진상하는 방물을 모아 이 5말로 충당하여 지출하고도 10,000석이 남습니다. 이렇게 하면 서울로 상납하는 9말 외에 지방에서 받아들이는 것은 단지 5말 뿐으로, 모든 역(役)이 그 속에 포함되어 다시 소란스럽게 징수할 필요가 없으니, 일이 매우 편리하게 됩니다.」[297]

---

296) 《연려실기술》 별집 제11권 정교전고(政敎典故) 공물과 대동미 진상을 붙임.
297) 《인조실록》 2년 12월 17일.

대동세 중 5말은 지방재정의 몫이었다. 이전에 각 고을에서 징수한 각종 잡역 대신에 대동세의 일부를 교부한 것이다. 이는 대동법이 시행되기 시작한 17세기부터 중앙재정뿐만 아니라 지방재정도 급속도로 악화되어 가고 있었기 때문이다.[298] 본래 조선왕조에서는 지방관아의 운영을 위해 관둔전이라는 명목의 토지를 지급하였다. 관둔전은 농민의 사역이 금지되고 관노비나 진수군을 이용해 경작하는 것이 원칙이었다. 그런데 양란으로 말미암아 경작자의 태반이 도망가고, 관둔전 자체도 위치와 크기를 알 수 없을 정도로 황폐되어 버렸다.[299] 게다가 전란 직후 야기된 절수(折受)[300]의 남발과 기강 해이 등으로 인해, 토지제도의 문란 과정에서 궁방을 비롯한 국가권력과 밀착된 지배층에 의해 관둔전의 상당수가 점탈되어 갔다.[301] 뿐만 아니라 지방 관원의 녹봉을 위해 지급되었던 소정의 아록전, 공수전(公須田)[302]도 지급되지 않는 경우가 많았다.[303] 이에 지방관아는 심각한 재정난에 직면했으며, 정부는 잡다한 명목으로 농민으로부터 잡세를 징수하였지만 실효를 거둘 수는 없었다.[304]

따라서 조선정부는 대동법을 시행하여 현물공납제의 모순을 극복하

298) 이경식, "17세기 농지 개간과 지주제의 전개", 〈한국사연구〉 9, 1973.
299) 《선조실록》 37년 12월 5일.
300) 국가로부터 일종의 토지 소유권 증명서인 입안(立案)을 발급받거나 전조(田租)의 수조권을 지급받는 행위
301) 《승정원일기》 인조 16년 5월 5일.
302) 공수전은 지방관청에서 빈객의 접대와 기타의 잡종경비인 용지(用紙)·유밀(油蜜)·포진(鋪陳)·약재(藥材)·등유(燈油)·시거탄(柴炬炭 : 땔나무·숯·횃불) 등의 재원으로 지급된 토지.
303) 원영환, "조선후기 둔전고" 〈류홍렬박사 회갑기념논총〉, 1971, .281쪽.
304) 이경식, 앞의 논문, 104쪽.

고 지방 군현에서 무분별하게 징수하던 과외 별역(別役)을 근절하기 위한 포괄적인 재정 개혁을 세웠다. 그 결과 대동법의 실시로 17세기 지방재정의 운영 구조는 대폭 개편되었다. 정부는 대동법을 실시하면서 지방 군현의 주된 수입원이었던 아록전과 공수전을 과세지로 설정하고, 무분별한 과외 잡역의 수탈을 차단하였다.

대동법의 시행 초기 충청도와 전라도의 「대동사목」에 따르면 백성들에게 거둔 대동미(포)는 크게 두 부분으로 나뉘었다. 즉 공물의 마련을 위한 상납미와 각 군현의 관수 및 잡역의 충당을 위한 유치미로 구분되었다. 이들 액수는 당초 각 도별 종래의 부담 물종과 그 수량에 따라 환산되고 편성되었다. 대동법에 따라 지방재정의 거의 전부를 차지한 유치미는 주로 지방 경비와 상납물의 운송비로 사용되었다. 이 유치미는 종전에 각 도 및 군현에서 녹봉·요역·잡세로 민호와 전결에서 개별적으로 징수하여 사용하던 일체 경비와 계속 납부해야하는 진상물의 구입비, 그리고 상납미를 비롯한 제반 공납물의 운송비(선마가 등)에 사용하도록 하였다. 다음 〈표 7-1〉은 대동법 시행 초기 각 도의 「대동사목」 등에 나타난 상납미와 유치미의 비중을 분석한 것이다.

표 7-1 대동법 시행 초기 도별 징수액과 유치미 (단위 : 석)

지역	징수액	상납미	유치미	비고
경기도(1664)	45,316	30,000(66%)	15,316(34%)	
충청도(1654)	83,164	48,280(58%)	34,884(42%)	유치미에 선마가 3,962석이 포함됨
전라도(1663)	147,134	61,218(42%)	85,916(58%)	

지역	징수액	상납미	유치미	비고
경상도(1678)	137,452	53,507(39%)	83,945(61%)	
합계	413,066	193,005(47%)	220,061(53%)	

표를 보면 각 도별로 유치미의 비중에 차이가 있는 것을 확인할 수 있다. 경기도의 경우 유치미의 비중이 가장 적은 곳으로 전체 대동미 징수액 45,316석 중 유치미는 15,316석으로 34%를 차지했다.[305] 그 다음 충청도는 대동미 징수액 83,164석 중 유치미는 30,922석으로 42%였으며,[306] 전라도는 대동미 징수액 147,134석 중 유치미가 85,916석으로 58%였다.[307] 경상도는 유치미가 가장 많은 곳으로 대동미 징수액 137,452석 중 61%인 83,945석이었다. 전체적으로 보면 서울에서 거리가 먼 지역일수록 유치미가 많은 것을 볼 수 있다. 이처럼 대동법 시행 초기에는 대동세 중 유치미가 평균 53%를 차지하여 상납미보다 약간 많았으며, 각 도에서는 대동세의 거의 정반 정도를 상납하고 절반 정도를 각 관아에서 사용했다고 볼 수 있다.

「선혜청절목」에 있는 황해도를 제외한 5도에서 징수한 대동세 총액을 살펴보면 17세기 전반에는 대략 427,000석이었다.[308] 황해도의 것을 포함한다면 좀 더 증가될 것이다. 43만여 석의 대동세 수입은 인조 18년(1640) 당시 10만 석도 안되는 전세 수입과 비교하면 엄청난 것으

---

305) 《현종개수실록》 5년 1월 16일.
306) 《호서대동절목》 7, 9조(효종 5년)
307) 《전남도대동사목》 9, 11조 (현종 4년)
308) 최완기, "17세기 세의임운활동의 일면", 〈명지사론〉 창간호, 1983, 149쪽.

로, 탕진된 국가재정을 보강하는데 크게 이바지할 수 있었던 것이다. 대동법에 의해 막대한 재원을 확보하게 된 정부는 대동세로써 관아 또는 왕실에 소요되는 물자를 조달할 수 있을 뿐만 아니라 극심한 재정 궁핍을 극복할 수 있게 되었다. 또한 관둔전·아록전·공수전 등의 재원을 상실하여 재정이 극도로 궁핍해진 각 지방관아도, 초기에는 대동세 수입의 절반 이상의 유치미를 획급 받음으로써 재정난을 타개할 뿐만 아니라 상당한 잉여도 갖게 되었다.

문제는 시간이 흐르면서 지방의 유치미가 지속적으로 감소한 것이다. 대동세 징수액은 풍흉에 따라 다소 차이가 있지만 조선후기에는 거의 비슷하여 영조 45년(1769)에 거둔 대동세는 〈표 7-2〉와 같다.[309] 대동세로 받은 베와 돈을 쌀로 환산한 총액은 426,597석으로 그 중 상납미는 74%인 315,207석이며, 유치미는 26%인 111,390석이었다. 대동법 시행 초기보다 유치미의 비율이 거의 절반정도 떨어진 것이다. 중앙정부에 보낸 상납미가 급증한 것이다.

표 7-2　　대동법의 도별 징수액과 유치미

지역	구분	쌀(석)	콩(석)	베(필)	돈(량)	계(쌀)
경기	상납분	22,482				22,482 (77%)
	유치분	5,235				5,235 (23%)
	계	27,717				27,717 (100%)

309) 〈국사관논총〉 제12집 대동법 실시의 영향(최완기) Ⅲ.대동법 시행의 본원적 의도 1.국가재정위기의 극복

지역	구분	쌀(석)	콩(석)	베(필)	돈(량)	계(쌀)
충청	상납분	48,643	4,651 (2,325)	19,018 (7,607)	35,200 (7,040)	65,615 (76%)
	유치분	20,205				20,205 (24%)
	계	68,848	4,651 (2,325)	19,018 (7,607)	35,200 (7,040)	85,820 (100%)
전라	상납분	69,848	5,700 (3,800)	38,602 (20,588)	77,000 (20,533)	114,769 (77%)
	유치분	35,039				35,039 (23%)
	계	104,887	5,700 (3,800)	38,602 (20,588)	77,000 (20,533)	149,800 (100%)
경상	상납분	33,749	1,277 (745)	70,501 (32,900)	134,800 (31,453)	98,847 (81%)
	유치분	23,044				23,044 (19%)
	계	56,793	1,277 (745)	70,501 (32,900)	134,800 (31,453)	121,891 (100%)
강원	상납분	1,120	205 (68)	7,400 (2,467)	16,000 (2,667)	6,322 (33%)
	유치분	3,978			52,557 (8,760)	12,738 (67%)
	계	5,098	205 (68)	7,400 (2,467)	68,557 (11,427)	19,060 (100%)
황해	상납분	4,450			12,250 (2,722)	7,172 (32%)
	유치분	15,129				15,129 (68%)
	계	19,579			12,250 (2,722)	22,301 (100%)
총계	상납분	180,292	11,833 (6,938)	135,521 (63,562)	275,250 (64,415)	315,207 (74%)
	유치분	102,630			52,557 (8,760)	111,390 (26%)
	계	282,922	11,833 (6,938)	135,521 (63,562)	327,807 (73,175)	426,597 (100%)

자료 : 김옥근, 〈조선왕조재정사연구Ⅰ〉, 일조각, 1995, 〈표 5-3〉 참조

이 표에서 확연히 알 수 있는 것은 강원도와 황해도를 제외한 4도의 유치미 비율이 초기보다 거의 절반 이하로 떨어진 것이다. 경기도의 유치미 비율은 23%, 충청도는 24%, 전라도 23%, 경상도 19%로 평균 22%밖에 안 되었다. 초기의 53%의 절반에도 미치지 못한 것이다. 이는 왕실과 각 관사에 대동세를 획급하는 선혜청의 지출이 증가했기 때문이다.

다음 〈표 7-3〉은 숙종대와 영조대의 선혜청 지출액을 비교 분석한 것이다. 표를 보면 평년(중년)의 경우 선혜청의 지출이 숙종 때보다 영

조 때 1년에 52,233석이나 늘어났다. 수확량이 제일 적은 하년의 경우에는 68,670석이 증가하여 영조 때에 42%가 늘어났다. 반면 상년의 경우에는 불과 7%만 증가하였다. 하년일수록 증가율이 큰 이유는 선혜청의 지출액이 거의 일정하게 고정되었기 때문이다.

표 7-3	선혜청 1년 지출		(단위 : 쌀, 석)
	숙종대(1674 ~ 1720)	영조대(1724 ~ 1776)	증감
상년	255,675	274,542	18,867
중년	199,797	252,030	52,233
하년	162,816	231,486	68,670

자료 : 오일주, "조선후기 재정구조의 변동과 환곡의 부세화", 〈역사와실학〉 3, 1992. 〈표 8〉 참조

18세기에는 대동세의 수입이 줄어도 선혜청의 지출은 감소하지 않고 오히려 늘었다. 선혜청의 지출이 증대되는 원인은 크게 세 가지로 분석할 수 있다. 첫째 공물의 분수(分數)를 재감(裁減, 헤아려서 가볍게 덜어 줌)하는 조치와 복구 과정에서 선혜청의 원공수가 늘어났고, 둘째 공물가에 관서와 역원의 급료와 잡비를 포함시킴으로써 원 공물가가 초기 대동사목을 작성하던 때보다 증가하였으며, 셋째 선혜청이 호조를 비롯한 다른 아문에 재원을 수시로 이전하여 주었던 점이 원인이었다. 그런데도 불구하고 선혜청은 상납미 위주의 예산 편성 방식을 여전히 고수하고 있었다. 이에 유치미의 배분 비율이 더욱 낮게 책정될 수밖에 없었다. 대동세의 상납미의 증가는 유치미의 감소를 뜻한다. 〈표 7-4〉는 1678년부터 1864년까지 경상도의 대동세 상납미와 유치

미를 분석한 것이다. 경상도에 대동법이 시행된 후부터는 지속적으로
유치미가 현저히 줄어들었고, 풍흉에 관계없이 거의 고정되어 있는
것을 알 수 있다.

표 7-4	경상도 대동세의 상납 및 유치미 분석				
연도	합계	상납	유치미		비고
1678	137,452	53,507	83,945	61%	대동사목(대동법 시행 해)
1726	180,667	79,167	101,500	56%	비변사등록 영조 2년 4월 3일
1735	183,040	84,678	98,362	54%	영남청사례
1763	154,160	104,808	49,352	32%	상동
1769	151,498	93,967	57,531	38%	증보문헌비고
1792	119,440	72,808	46,632	39%	영남사례청
1824	149,356	101,724	45,238	30%	상동
1857	136,526	82,000	54,526	40%	상동
1864	144,762	82,785	61,977	43%	육전조례(고종 1년)

자료 : 오일주, 앞의 논문, 〈표 8〉 〈표 9〉 참조

영남대동법이 처음 시행될 때 대동세의 유치미 비율은 61%였다. 이
비율은 경자양전(1720년) 직후인 18세기 초반까지 유지되었던 것으로
보인다. 그러나 영조대 이후 유치미의 비율은 점차 감소하여 영조 11년
(1735)에는 54%로 하락하였다. 여기서 무엇보다 주목되는 것은 영조
11년(1735)과 영조 39년(1763) 사이에 줄어든 유치미의 비율이다. 이
기간 동안 유치미의 비율이 무려 12%나 떨어졌다. 순조 24년(1824)의
경우 유치미 45,238석 가운데 관수미 29,346석과 선가 8,484석을 제외
하면 지방 경비도 부족했으며, 그 부족분을 환곡 13,914석 등으로 메
웠다. 이처럼 18세기 중반 이후에는 유치미 부족이 일상화 되어, 경상

도에 있어서는 매년 획급된 것이 보통 50,000석에 불과하였다. 지방재 정에서 부족한 18,000여석은 상진모곡(常賑耗穀)[310] 등으로 마련하고 있었다.[311] 결국 유치미의 부족은 환곡이 조세로 변질된 원인이 되었 으며, 지방재정에 심각한 위기를 초래하였다.

이처럼 유치미가 감소한 이유는 출세실결이 줄어든 것 뿐만 아니라 은결·여결이 균역법의 실시로 균역청에 이속되어 버렸기 때문이다. 영 조 27년(1751)에 설시된 균역법은 양역의 부담을 줄이기 위해 군포 2필 을 1필로 감하였다. 그러나 이 시기의 군포는 해당 군·아문의 중요한 중 앙의 재정수입원이었기 때문에, 감필에 따르는 재정 손실에 대한 대 책이 필요하였다. 균역법(1751년)에서는 이를 위해 결작(1결당 쌀 2말 또는 5전)과 선무군관포을 신설하고, 은결·여결 및 해세(海稅)의 수입을 중앙에 상납하게 하였다. 영조 28년 당시 함경도를 제외한 7도에서 확 보된 은여결은 총 22,767결이었다. 이를 대동세로 계산하면 약 18,000여 석이 된다.

그 결과 중앙에서는 대동세의 수입 감소를 지방 유치분의 감축으로 해결하였다. 이에 지방에서는 그 부족을 보충하기 위하여 새로운 재 원을 마련하지 않을 수 없었다. 지방 유치분의 감소를 각 관아에서는 환곡의 수입으로 대체하였다. 결국 선혜청의 재정 변화, 즉 상납의 증가

---

310) 모곡이란 관아의 곡식을 농민에게 대여하고 이를 회수할 때에 감모 보충용으로 1할의 이식으로 받는 곡식.
311) 《영남청사례》 외관회감(外官會減) 저치(儲置).

와 유치미의 감소는 환곡의 조세화를 촉진하였다.[312] 대동법에 의한 상납미의 지속적인 증액이 삼정문란의 단초가 된 것이다. 중앙 재정 우선에서 벗어날 수 없는 상황에서 대동법으로 지방재정까지 흡수하려는 무리한 정책은 결국 용두사미가 되어 더 큰 혼란을 부추긴 것이다.

2. 대동세에 포함된 잡역의 부활

대동법이 선혜법으로 경기도에 처음 시행될 때에는 1년에 1결당 쌀 16말 내면 공물과 진상, 본 고을의 아록과 경쇄마 및 잡역이 모두 그 가운데 포함되었다. 경기도의 1년 공부 및 온갖 응역(應役)의 대가를 절감해 계산하고 도내 결수를 헤아려 쌀로 거두도록 한 것이다.[313] 하지만 시행 초기부터 대동미와는 별도로 다음과 같이 중복하여 공부를 징수하는 문제가 발생하였다. 경기도에 대동법이 실시된 지 10년이 지난 때이다.

「선혜청을 설립하고서는 1년에 봄가을 두 차례 쌀로 거두는 외에 과외의 부역이 있더라도 백성들에게서 더 징수하지 않았으므로, 경기 지방의 잔약한 백성들이 살아갈 수가 있었습니다. 그런데 요즘 들어서는 나라의

---

312) 오일주. "조선후기 재정구조의 변동과 환곡의 조세화", 〈역사와실학〉 3, 1992, 71-75쪽.
313) 《광해군일기》 1년 2월 28일.

기강이 해이해지고 염치가 씻은 듯이 없어져 수령들이 백성들에게서 〈또 다른 역을〉 징수하여 오로지 자신을 살찌우기만을 일삼고 있습니다. 이에 대동미를 거두어들이는 외에 교묘하게 명목을 붙여서 백성들에게서 거두어들이는 것이 아주 많아 못살겠다고 원망하는 소리가 지금보다 더 심한 때가 없습니다.」[314]

현물 공납제에서 발생한 여러 폐단들이 대동법 시행으로 제도적 정비를 거치게 되었지만 완전한 것은 아니었다. 여전히 대동법에 포함되지 않았던 제역들이 존재했기 때문이다. 「대동사목」은 관수와 관련해서 꿩은 8결에서, 땔나무와·빙정(氷丁) 등은 구례대로 민결에서 거두도록 허용했다. 이처럼 대동법 시행 후에도 일부는 명시적으로 가렴이 허용되었고, 일부는 지방관아 자체에서 조달하도록 함으로써 암묵적으로 약간의 가렴을 허용했다.[315]

인조 2년(1624)에 강원도를 비롯한 충청도와 전라도에 일시적으로 대동법이 실시된 후 암행어사가 파견되었다.[316] 이때 전라도에 파견된 장유는 복명서에서 「대동사목」에 따른 쌀과 베를 징수하는 것 이외에 여전히 본색, 즉 현물로 상납해야하는 품목들이 많다고 지적하였다. 그런데 정부가 정한 그 현물 상납품의 절가(折價, 가격책정)가 시가보다 낮아서 가징(加徵)의 염려가 있었다. 여기서 현물로 납부한다는 것은

314) 《광해군일기》 9년 3월 20일.
315) 이정철, "대동미·포의 구성", 〈한국사학보〉 19, 2005, 33–59쪽.
316) 《인조실록》 2년 1월 6일.

방납의 위험이 계속되었다는 것을 뜻했다. 장유는 대동법을 실시한 목적이 방납을 막는 것인데, 현물로 상납하는 물품이 여전히 많은 것이 잘못되었음을 지적했다. 그는 최소한의 품목을 제외하고 나머지를 모두 법대로 쌀과 베로 수납할 것을 주청하였다.[317]

효종 8년(1657) 사헌부에서는 "〈1651년〉 호서에 대동법을 실시한 뒤로 규정 밖의 요역은 털끝만큼이라도 백성에게 시켜서는 안 됩니다. 그런데 근래에 법을 벗어난 일들이 차츰 많아지고 있으니 발견되는 대로 엄중히 다스리지 않을 수 없습니다. 그 중에서 더욱 심하게 드러난 일은 병영에서 장수와 병졸들에게 음식을 주어 위로한답시고, 생선이 잡히는 연해의 여러 고을에서 장사를 하고 있는 상인들로부터 징수해, 다시 판 생선들이 본 가격보다 6~7배나 더 비쌉니다. 더구나 파견된 사람의 포악한 침해는 끝이 없어 포구에 머물면서 마음대로 징수하고서 지급한 값조차 운반하는 데 든 돈이라고 핑계를 대고 도로 빼앗아 간다고 합니다. 해마다 봄가을로 관례처럼 행하고 있는데 사실은 그냥 빼앗아가는 것입니다. 한번 이 일을 겪고 나면 피폐하고 잔약한 어민들이 지탱해 내지 못해 뿔뿔이 흩어진 수가 반이 넘는데, 병영에서는 잘못된 관습을 답습하여 약탈을 자행하는 짓이 참으로 더 없이 놀랍습니다."[318]라고 하였다.

뿐만 아니라 경기도에 대동법이 실시된 지 40여년이 지난 현종 7년

---

317) 이정철, "인조 초 삼도대동법 논의와 경과", 〈한국사연구〉 121, 2003, 117-142쪽.
318) 《효종실록》 8년 8월 18일.

(1666)에는 다음과 같이 수령들이 법에 정한 이외 각종 명목의 잡세를 부과하였다.

「경기에 대동법을 세운 뒤에 과외로 침탈하는 일이 없게 했는데, 근래 수령들이 법령을 준행하지 않고 있습니다. 그리하여 연호(烟戶, 가족공동체를 중심으로 국가영역 내의 백성을 편성한 단위)라고 일컫기도 하고, 무역을 칭탁하기도 하는 등 교묘하게 명목을 만들어 민간에 해를 끼치고 있습니다. 그리고 객사의 사신 행차가 있을 때 부마가(夫馬價, 마부와 말의 품삯)의 숫자를 감하여 지급하는 등 백성을 병들게 하는 폐단이 점점 만연되고 있습니다.」[319]

그 때는 경기도에 대동법이 처음 시행된 이후 강원도와 충청도 및 전라도에까지 대동법이 시행되고 있었지만, 각 고을에서는 법에 벗어난 잡역을 여전히 징수하고 있었다. 이에 유형원(1622~1673)은 "대동법의 조목에 따르면 여러 잡역들은 모두 대동미에 포함시키고 있으나, 소위 호속미(虎贖米, 나라에 바칠 호피의 값으로 집집마다 징수한 쌀)라는 것은 전과 같이 민호로부터 따로 받아 낸다. 그런데 범을 잡는 것은 본래 백성을 위해서 피해를 덜려고 한 것이었는데, 지금에는 각 고을에다 호피를 2~3장씩 나누어 배정하고 해마다 정기적으로 호피를 납부하게 하여 집집마다에 그 대가를 받는다. 비록 각 읍에서 혹 범을 잡아 바치

---

319)《현종실록》 7년 1월 12일.

더라도 상급 기관에서는 항상 조그만 흠집을 잡아서 고의적으로 퇴박하고 반드시 그 대가를 받아 내고 있다. 이것은 백성에게 해가 되는 것을 없앤다고 하면서 도리어 백성을 해롭게 하는 것이니 법의 본의가 과연 어디 있는까?"[320)라고 비난하였다.

그래서 성호 이익(1681~1763)은 "대동법이 반드시 미법(美法)이라고만 할 수 없다"고 하였다. 그 이유는 대동세 외에 지방관아들이 잡역을 사사로이 징수하는 등의 문제가 여전히 있었기 때문이다. 그는 "각 고을 수령이 대동세 외에 잡역을 받는데 그 수효가 더욱 많아지기만 하니 이른바 대동이라는 뜻이 어디에 있는가?"라고 비판하였다. 18세기 전후하여 당시 지방 군현의 읍 규모에 따라 별도의 잡역미를 징수하였는데, 징수액에 있어서 결당 4~7말의 편차를 보이고 있다. 그런데 문제는 전결이 적은 군현의 백성이 더 많은 잡역미를 부담하고 있었다. 이익은 '균세(均稅)'라는 원칙에서 군현별 차등적인 잡역미의 징수는 부당하다고 생각하고, 차라리 풍·흉을 막론하고 1결당 20말을 거두어 각종 재정 수요에 충당하는 것이 낫다고 주장하였다. 잡역을 줄이기 위해서 대동세를 인상해야 한다는 말이다.

또한 이익은 "오늘날 시행되고 있는 대동법은 상공(常貢)인데도 읍에서 바치는 명색은 오히려 많아졌다. 교활한 아전이 농간을 부려 거두어들이는 것이 한이 없으니, 비록 조세를 덜어 주었다고 하나 잡세는 도리어 무거워졌으니 이 때문에 백성이 더욱 곤궁해진 것이다"라

---

320) 《반계수록》 권지3 전제후록 상. 경상비(經費).

고 비판하면서, 민고 설치를 통해 잡역 문제를 해결해야 한다고 하였다.[321] 이익은 대동법에 다수의 호역이 포함되지 못했다는 것도 한계점으로 지적했다. 「대동사목」에 따라 기존 결세에 분정되었던 잡역은 유치미의 지급대상이 되었지만, 호(戶)를 대상으로 수취되던 호역이나 인신을 매개로 하던 신역은 유치미의 지급대상에서 제외되었기 때문이다.[322] 따라서 대동법 시행 이후에도 호역과 신역은 여전히 독립적인 과외 별역으로 온존하여 백성의 부담이 되었다. 이러한 제도상의 미비로 인하여 대동법 실시 이후 지방에서는 호역이 증가하는 사태가 발생했다.

숙종 6년(1680) 대사헌 이민서는, "전세는 토지에서 나오고 연호(煙戶, 호역)는 호에서 내는 역인데, 호가 크든지 작든지 쇠잔하든지 풍성하든지를 따지지 않고 다같이 역을 내는 것은 당초 대동사목이 이미 너무 구차스럽고 간략해서입니다. 지금 경기도로 말하면 결역은 대동세와 전세에 불과하나 연호의 역은 여러 갑절이나 되어, 많은 것은 1년에 벼로 50말에 이른다고 하니 과외 잡역이 얼마나 무거운 지를 이것에 의거해 알 수 있습니다. 호남은 더욱 심한데 토호의 집 주변에 솔거하는 호가 비록 많더라도 단지 1호의 역만 부담하는 데 비해, 환과고독은 매우 잔약한데도 똑같이 1호의 역을 내게 되니, 역의 균등하지

321) 문광균, "순암 안정복의 잡역 운영론과 그 실제 – 충청도 목천현감 재임 시기(1776~1779)를 중심으로" 〈성호학보〉 18, 2016, 107-152쪽.
322) 김덕진, 〈조선후기 지방재정과 잡역세〉, 국학자료원, 1999. 9-26쪽.

못함이 심한 편입니다."[323)라고 하였다. 호역으로 인한 피해가 대동법 시행 전의 방납 때만큼 발생한 것이다. 사태가 여의치 않자 숙종 7년 (1681)에 경상도 관찰사 이익은 호역을 「대동사목」에 추가하는 방안을 제시하였다.[324) 이에 대하여 숙종은 각도 관찰사에게 「대동사목」에 포함되지 않은 '연호출역지수(烟戶出役之數)'를 보고하라고 지시하였다. 그러나 호역 변통은 이루어지지 못했고 결국 이는 향후 지방재정 운영의 걸림돌로 남게 되었다.[325) 이익은 《성호사설》에서 다음과 같이 대동법 시행 이후에도 법에 정한 이외에 부가되는 잡역이 많음을 지적하였다.

「대동세 이외에 각도 각읍의 사사로운 각종의 잡역이 더욱 많아져서 백성이 또 견디지 못할 지경이다. (중략) 그렇지만 사방의 시물(時物)의 공납은 본래 있게 마련이라 무릇 잔치가 있으면 거두고, 상을 당하면 거두고, 외국 사신이 오면 거두고, 조빙(朝聘)[326)이 있으면 거둔다. 그러니 각 관사가 본을 따라 일만 있으면 거두고, 관찰사가 본을 따라 일만 있으면 거둔다. 거둘 적에는 반드시 각읍에 책임 지우고, 읍은 백성에게 책임 지워서, 그 자질구레한 것은 이루 다 기록할 수조차 없다.」[327)

---

323) 《숙종실록》 6년 6월 11일.
324) 《승정원일기》 숙종 7년 4월 12일.
325) 문광균, 앞의 논문, 107~152쪽.
326) 신하가 조정에 나아가 임금을 만나는 일과 나라와 나라 사이에 서로 사신을 보내는 일.
327) 《성호사설》 제9권 인사문 대동(大同).

숙종 때에는 균역법이 시행되기 전이므로 각 고을에서는 은결과 여결을 가지고 있었으며, 유치미가 급격히 감소되지 않은 때였는데도 이러한 현상이 일어난 것이다. 더구나 대동세로 납부한 면포에 방납과 같은 폐단이 일어났다. 숙종 7년(1681)에 송시열은 "국가에서 전후로 백성에게 신의을 잃은 것이 많은데, 그 가운데에서도 대동포를 거두어들이는 것이 제일 심합니다. 당초에 대동법을 창설할 때 고 상신 김육이 규례로 정하기를, '쌀은 먹을 수 있는 것이면 그만이고, 면포는 가늘기가 6승(升)이고 길이가 35척이다.' 하고, 견본 포(布)를 각 고을에 내려 보냈는데, 뒤에 와서 점차 옛 제도를 잃게 되었습니다. 쌀은 옥같이 흰 쌀을 거두기에 이르렀는데, 옥같이 흰쌀 이외에 더 희게 할 수가 없기 때문에 쌀의 폐단은 한계가 있게 되었지만, 면포에 있어서는 해마다 증가시켜 가늘기가 8승에까지 이르렀고 길이는 45척에까지 이르렀으니, 백성에게 신의를 잃은 것이 이보다 클 수가 없습니다. 이 때문에 소민들이 서로 말하기를, '장차 반드시 10승에다 50척이 되고야 말 것이다.' 하니, 이는 진실로 탄식과 원한의 말입니다." 하였다.[328]

대동법의 본의는 살아지고 온갖 폐단이 예전처럼 일어났는데도 정부는 손 놓고 뒷짐만 지고 있었다. 시행할 수 없는 법을 만들어 혼란만 키운 꼴이다. 그래서 다산 정약용은 "대전(大典, 대전통편)에 의하면 논밭 1결에 전세는 4말이요, 대동세는 12말이라 하였다. 세(稅)는 경하고 부(賦)가 중한 것은 군자의 취할 일이 아니니, 이것이 법을 고치는

---

328) 《숙종실록》 7년 1월 13일.

초기에 잘 완비하지 못한 결함이다."라고 하면서, 다음과 같이 대동법 시행으로 사라지지 않은 공물의 폐단을 비난하였다.

「대동법 실시 초기에 나라에서 백성들에게 약속하기를 '모든 관아의 토색질은 일체 정지될 것이니 대동미 하나만 바치면 온 1년 동안 편히 누워 있을 수 있다.'라고 하였다. 그런데 근년에 와서 각 관아의 토색질은 날로 심하여 그 중에는 유치미에서 공제하는 자가 있는가 하면 직접 가서 구걸하는 자도 있다. 군현에서는 이를 빙자하여 민고(民庫)란 것을 만들어서 전세와 대동미 외에 또다시 전결에 대하여 불법적으로 침탈하는 전곡(錢穀)이 몇 배나 되며, 감한 것은 관원들의 주머니로 들어가며 그것마저 없는 데는 아전들이 간악한 짓을 하는 소굴로 되고 말았다. 그러나 조정에서는 보고도 시정하지 않으며 수령들이 임의로 올려서 백성들은 도탄에 빠졌으나 감히 반대하지 못한다.」[329]

부족한 지방재원을 마련하기 위해 민고라는 또 다른 수탈 제도가 만들어진 것이다. 그래서 정약용은 "전부(田賦, 결세) 외에 가장 큰 부담은 민고이다. 혹은 토지에 부과하고 혹은 가호(家戶)에 부과하는데 비용이 날로 많아져 백성들은 살 수가 없게 되었다."라고 하면서, "민고란 것은 향리들이 제멋대로 그 준례를 만들었고 수령들이 제멋대로 그 법을 만들었으니, 천지가 생긴 이래로 이런 일이 있었던가? 팔도에 모두

---

329) 《경세유표》 제11권 지관수제 부공제도7 방부고(邦賦考).

민고가 있으나 그 법식은 도마다 각기 다르고, 고을마다 모두 민고가 있으나 그 규례도 고을마다 각기 다르다."[330)]고, 그 폐해를 지적하였다.

대동법으로 사라져야 할 부역이 다시 부활한 것이다. 대동법이 법대로 집행되지 못한 것이다. 오죽했으면 정약용은 다음과 같이 대동법을 폐지하고 과거의 공물제도를 그대로 시행하는 것이 좋다고 하였다.

「대동법이란 방납의 추세에 대응하여 그 뿌리를 뽑아 버림으로써 백성들을 구제하는 것이다. 그러나 법이 아무리 잘 고쳐졌다 하더라도 그것만으로 기강이 바로잡히고 호세 귀족들이 억제되는 것은 아니다. 또 토공의 법에 있어서 군현에서는 민호에서 거두고, 관찰사는 각 군현에서 수합하여 이것을 모두 호조에 바치고, 호조에서는 받아서 각 관아에 나누어 주었더라면 폐단이 이 지경에까지 이르지 않았을 것이다. 관찰사들은 그 부하를 단속하여 그들이 임의로 퇴척하지 못하도록만 한다면, 〈예전의〉 토공제도를 그대로 두더라도 무방할 것이다.」

대동법이 백성들의 고통을 덜어주기 위해 시행된 것이지만, 제정 당시부터 법을 어기며 여러 가지 잡역이 징수되는 폐단을 안고 있었던 것이다.

---

330) 《목민심서》 권3 제6부 호전 육조2 제5장 평부(平賦 上).

3. 논밭에 늘어만 가는 부가세

18세기 이래 결세에는 전세와 대동세, 삼수미 및 결작 등을 비롯해 크고 작은 각종 부가세가 40여 종에 이르렀다. 대동법 시행 후 전답 1결에서 세금으로 징수하는 쌀은 대략 24말인데, 이는 전세·대동미·삼수미·결작과 잡비 등을 합산한 것이다.[331] 하지만 이러한 법적인 결세 외에도 농민이 부담한 부가세는 더 많고 다양하였다. 부가세는 말 그대로 전세나 대동세 등 정세 외에 부가적으로 징수하는 세금을 말하는데, 결세의 수납으로부터 상납까지 소요되는 각종 수수료, 하역료, 운송료 등 잡다한 경비에 충당하기 위하여 부과한 세금이다. 이 부가세 중에는 법전에 규정되어 공식적으로 징수된 것도 있었지만 지방관아에서 일방적으로 징수하는 것도 많았다. 영조 때 편찬된《속대전》〈호전〉의 수세조에는 〈표 7-5〉와 같이 전세를 징수할 때 발생한 부가세로 가승미, 곡상미, 창역가미, 이가미, 창작지미, 호조작지미, 공인역가미의 7종을 법으로 규정하고 있다. 하지만 지방관아에서는 이러한 법적인 부가세 이외에 각종 과외잡세나 무명잡세 등이 추가로 징수되어 농민생활을 어렵게 하였다.

---

331)《경세유표》제8권 지관수제 전제(田制)10

표 7-5 《속대전》 호전의 수세조에 규정된 전세의 부가세

유형	세율(1석당)	비고
가승미(加升米)	3되	부패와 건조로 유실될 세곡을 미리 보충
곡상미(斛上米)	3되	쥐나 새가 먹어서 축나는 세곡을 미리 보충
인정미(人情米)	2되	창고 관리와 출납 관리의 수고 위로비
이가미(二價米)	7홉5작	배에 싣고 내리는데 매 석당 인부 2명이 필요하다는 전제하에 그 노임 구실로 매 석당 3승 추가 징수
창역가(倉役價)	6되	세곡 창고 출입 때의 수수료, 창고 관리인의 보수
호조작지가(戶曹作紙價)	1.25말	호조에 내는 납세 수수료(인지대)
창작지가(倉作紙價)	5되	경창(京倉)에 입고시킬 때의 수수료
공인역가(貢人役價)	1되	공물 수납 대행자(貢主人)의 보수
합계	**3말 3되**	

가승미와 곡상미는 세곡의 손실을 보충하기 위한 것이며, 창역가미는 창고에 출입할 때의 수수료이고, 이가미는 선박에 싣고 내릴 때 인부에게 지급하는 것이다. 그리고 창작지미는 경창(京倉)에 입고시킬 때의 수수료이고, 공인역가미는 호조 및 경창에 전속된 공인의 품삯을 지급하기 위한 것이다. 이들 부가세는 시대가 내려올수록 그 종류와 세액이 늘어나 전세보다 더 많이 부과되는 경우도 있었다. 더욱이 지방관아에서는 자체로 여러 가지 명목의 부가세를 징수하기도 하였는데, 그 세목에서는 협잡과 횡령이 성행하여 큰 폐해가 되었다. 표에 따르면 전세 쌀 1석당 약 20%인 3말 3되의 부가세를 납부하였으니, 1결에 약 1말 정도의 쌀을 부가세로 납부한 것이다. 1결당 전세 4말을 징수하는데 1말의 수수료가 추가로 징수된 것이다.

원칙적으로 《속대전》의 부가세는 전세에만 적용되었지만, 대동세와

삼수미 등에도 부분적으로 적용되었다. 예를 들어 삼수미에는 가승미가 없고 곡상미만 적용되었으며, 대동세는 곡상·가승미를 징수하지 않았다. 하지만 대동세의 공석가(空石價, 세곡을 담는 가마닛 값으로 징수한 1석당 2되)와 잉미(剩米, 1석당 3되)처럼 법전에는 없지만 항식으로 정해져 징수되는 사례도 적지 않았다. 또한 군현에서 대동세를 상납할 때 선혜청에 인정미를 바쳤으며, 공인들이 왕실과 정부 각사에 공물을 진배할 때에도 인정미와 작지가를 별도로 납부하였다.

정조 18년(1794)에 간행된 《부역실총》에는 강원도와 함경도를 제외한 전국 6도의 상납에 대한 자료가 있는데, 그때 징수한 부가세를 쌀로 환산하면 약 130,000여 석으로 전세의 쌀과 콩을 합친 12만석보다도 많다. 호조의 전세는 약 123,000여석이 서울로 상납되었으며, 이를 위해 약 33,000여석이 부가세로 징수되어 전세의 26.8%나 되었다. 대동세는 약 265,000여석이 징수되었고, 총 18%에 해당하는 약 47,000여석이 부가세로 징수되었다. 여기서 대동세의 부가세가 상대적으로 적은 데에는 나름의 이유가 있다. 대동미에는 곡상·가승미 등의 잡비가 별도로 부과되지 않았다. 또한 대동세에는 이미 부과한 결당 12말 안에 작지·역가 등도 포함되어 있었다. 게다가 서울로 미포를 운송하기 위한 선마가도 모두 징수한 대동세의 원수내에서 지출하도록 규정하였기 때문에 운송비를 추가로 징수하던 전세와는 차이가 있었다.[332]

〈표 7-6〉은 대동법 시행 이후 부가세 처리방식의 변화를 요약한 것이다.

---

332) 임성수, "18세기 후반 전결세 징수와 중간비용 운영", 〈한국사학보〉 64, 2016, 169~220쪽.

표 7-6	대동법 시행 이후 부가세 처리방식의 변화		
부가세 항목			**대동법 시행 이후 징수방식**
운송비	선마가		대동저치미(여미) 지급
	태가		*경기는 별도 수취
수수료·잡비	호조의 작지·역가, 기인작지, 사복시 작지가 중앙각사의 작지·역가		대동상납미 지급 공인부담
	인정(대동세 상납시) 인정(각사에 공물 납품 시)		군현부담 공인부담
	잉미(1석 3되) 공석가미(1석 2되)		군현부담 공인부담
	대동부가미(1석당 1말) 부가가급미(1석당 8되)		군현부담
	대동간색미(1석당 1되)		군현부담
	대동기선감리양미		군현부담
	가납미/채전(가승전)		공인부담
기타	과외별역	지방군현	대동저치미(여미) 지급
		중앙각사	공인부담

자료 : 최주희, "대동법 시행 이후 중간비용의 처리양상과 과외별역(科外別役)의 문제", 〈대동문화연구〉 92, 2015, 95~128쪽 참조

위 표를 보면 조선전기 현물 공납제 하에서 군현의 공리(貢吏)가 중앙 각사에 현물을 수송하여 바칠 때 발생하는 선마가·태가(駄價, 세곡의 운반 비용)는 대동법 시행 이후 대동세 속에 흡수되었다. 여기에 불시에 동원되는 과외 별역도 대동저치미(여미)에서 지출하게 되었다. 다만 대동세를 선혜청에 상납할 때, 그리고 조달상인이 각사에 현물을 진배할 때 추가로 바치는 인정과 작지는 조선전기와 마찬가지로 유지되었다. 또한《경세유표》에서 정약용이 말한 강진현의 사례이기는 하지만 19세기 들어 지방 군현에서 대동세를 상납할 때 대동부가미(세곡을 조창으로 운반하는 데 드는 비용), 대동간색미(검사용으로 뺀 곡식을 보충하기 위

한 곡식), 대동기선감리양미와 같은 부가세가 징수되고 있었다. 한편 선혜청이 신설되면서 청사 내 하급원의 급료와 행정비용을 마련하기 위해 공잉미가 새로이 창설되었다.[333]

그래도 대동세의 경우 운송비와 같은 대부분의 비용을 원세 내에서 지급하게 하여 추가 징수를 최소화하고, 백성에게는 '백일조(百一條)'라 불릴 만큼 낮은 수준의 부가세를 부과하였다.[334] 하지만 대동법이 실시되었음에도 불구하고 잡역 문제가 여전하자 지방 군현과 도 차원에서 이를 해결할 대안을 모색하기 시작하였다. 더구나 유치미의 부족으로 정상적인 지방재정의 운영이 어려워지자 지방 군현은 민고를 설치하였다. 민고는 지방 관아에서 지방민과 협의 아래 잡역 운영상의 편의를 도모하기 위하여 마련한 기구이다. 민고는 법제상 설치된 기구가 아니었으므로 군현마다 획일적이지 않고 개별적으로 운영되었다. 민고의 지출 항목들은 예전에 노역 동원으로 해결했거나 각 통치 및 재무 기구들의 자체 활동으로 수행했던 것을 정식으로 새롭게 공식화한 것들이다. 향리를 중심으로 한 기존 사무 담당자들의 자의적이고 불법적인 문제 때문에 민간에 운영을 맡겼다.

그러나 정약용은 대동법으로 인해 발생했던 민고의 폐단을 비난하였다. 여러 관아의 요구가 증가하면서 군현에 민고를 설치하고 전세와 대동미 외에 전결에 따라 돈과 곡식을 불법으로 거두었다. 그 가운

---

333) 최주희, 앞의 논문, 95-128쪽
334) 임성수, 앞의 논문, 169-220쪽.

데 회감(會減)하는 것은 관아 몫으로 돌리고 회감하지 않는 것은 아전이 차지하였는데, 조정에서는 알면서도 개정하지 못하였고 수령은 마음대로 양을 늘렸기에 백성들이 어려움에 빠졌다는 것이다.[335] 정약용은 민고가 군현의 아전들이 서리와 더불어 사적으로 만들고 수령이 이에 따르는 형식이었음을 지적하였다. 그는 이를 아전이 임금의 권한을 훔친 것이라 평하며, 운영하더라도 반드시 관 주도의 제도를 세워 운영해야 한다고 보았다. 이를 위해서는 8도에 있는 여러 고을의 「민고절목」을 모두 거두어서 정부에서 삭제할 것과 금지할 것을 수정하여 시행 절목을 만들어서 반포해야 한다고 주장하였다.[336]

이처럼 부가세가 늘어날 수밖에 없었던 보다 근본적인 이유는 대동법에서 찾아야 할 것이다. 선혜청에서 현물 대신 대동세를 일괄 수취하게 됨으로써 중앙 각사에서는 공물을 추가 징수할 수 있는 여지가 대폭 차단되었다. 더구나 유치미가 줄어든 상황에서 한정된 재원을 가지고 지방관아의 재정을 유지하기란 쉽지 않았기 때문이다.

4. 세금 때문에 몰락하고 떠도는 유민

조선시대 유민은 조세 부담에 대한 저항이자 회피하는 수단이 있었

---

335) 《경세유표》 권11, 지관수제 부공제7.
336) 신진혜, "정약용의 고대 부공제 고증과 그 의미 : 《경세유표》〈지관수제〉 부공제를 중심으로", 〈성호학보〉 18, 2016, 153–203쪽

다. 유민은 자신들의 근거지에서 살 수 없게 되었을 때 그곳을 자의적으로 이탈하여 다른 곳으로 옮겨가는 농민들이었다. 이러한 유민은 전근대 사회에 있어 일반적 현상이라 할 수 있었으나, 그 발생 배경을 살펴보면 각 시기 마다 그 나름의 특성을 갖고 있다. 조선전기의 경우에 유민은 주로 자연재해와 수령의 학정, 사신접대의 폐, 축성역·부방(赴防, 다른 지방의 군대가 서북 변경을 방어하기 위하여 파견 근무를 하던 일) 등으로 인해 발생하였으며, 일정 기간이 지나면 이 유민들은 다시 농촌으로 귀속되었다. 조정에서는 이러한 농민들의 유민 현상을 개선하기 위하여 국지적으로나마 나름대로 대책을 마련하였다.

하지만 정부의 조세 수입이 토지에 집중되는 구조로 바뀌어 가면서 자연재해가 국가의 조세수입과 담세자(농민)의 유리에 미치는 영향은 더욱 증대되었다. 백성들은 가뭄을 비롯한 자연재해에 거의 무방비 상태로 노출되어 있었으며, 재해는 기근으로 연결되어 백성들의 생활을 파탄시켰다. 빈번하게 찾아드는 수·한재 뿐 아니라 적기에 비가 오지 않아 농사를 망치는 등 재해가 농민 생활에 미치는 영향은 엄청났다. 재해가 들면 목숨의 부지조차 어려운 기민들은 빗발치는 세금 독촉을 견디지 못해 정처없이 먹을 것을 찾아 떠났다. 더욱이 19세기 초에는 수재의 경우 평균 6년에 1번 꼴로, 기근은 평균 3.6년에 1번 꼴로 일어났으니 재해와 조세부담으로 농촌을 떠나는 농민이 많아 마을이 텅 비었다는 말이 지나친 과장이라고 할 수 없었다.[337]

---

337) 〈국사관논총〉 제72집 19세기 전반 유민에 관한 연구(정형지) II. 유민발생 배경.

하지만 조선후기 유민 발생의 배경에는 가혹한 세금이 주된 요인으로 작용하고 있었다. 다음 사료는 17세기 중엽의 것으로 농민들이 흉년과 같은 자연재해 보다 국가의 조세부담을 감당할 수 없어 유리하게 되었음을 알 수 있다. 대동법이 시행된 경기도와 시행되지 않은 황해도와 평안도에서 일어난 일이다.

「흉년을 맞아 흩어지는 백성은 비단 입에 풀칠이 급할 뿐만 아니라, 태반은 조세의 징수가 괴로워서 그 전택(田宅)을 버리고 길로 나서는 것입니다. 미리 신역과 공물(대동세)을 감하여 침탈할 의사가 없음을 보이면 사람의 마음은 고향을 등지는 일을 어렵게 여겨 비록 풀과 나무잎을 씹을지라도 참으면서 굳이 그대로 있으려 합니다. 그러나 조세를 다그쳐 강징하는 해에 있어서는 이것이 굶주리는 육체적인 고통보다도 심합니다.」[338]

18세기에 접어들면서 조세체계가 전세의 비총제, 군역세의 이정제(里定制, 징발할 군정의 수효를 각 마을에 배정하는 것), 환곡의 이환(里還, 마을 단위로 부과된 환곡을 공동으로 부담)·결환(結還, 토지 단위로 부과된 환곡) 등과 같이 공동납부의 형태로 운영되고, 중앙재정 및 지방의 재정수요가 늘어남에 따라 각종 불법적인 수세 관행이 파행적으로 진행되었다. 수령은 증대된 지배력을 바탕으로 각종 비리를 자행하였으며, 수령과 결탁한 이향과 심지어 면이임들까지도 각종 수탈을 공공연하게 자행

---

338) 《비변사등록》 효종 1년 7월 29일.

하였다. 따라서 18세기에 있어 농민들의 유망은 이전과는 다른 양상으로 전개되었는데, 이 시기 유망현상의 가장 큰 특징은 유민의 수가 이전 시기에 비해 크게 증가했다는 점과 유민들의 일부가 토지에 되돌아오지 않고 완전히 유리되어갔다는 점이다.

　조선정부는 17세기 초 영정법을 실시하여 전세의 세액을 고정시켰고, 18세기에는 비총법을 실시하여 전결세를 지역별로 할당함으로써 조세수입을 확보하고자 했다. 그런데 비총법은 정확한 재해 상황을 알지 못한 상태에서 급재결을 정하였기 때문에 예상 급재가 부족한 경우가 많았다. 또 각 군현에서 급재를 분급할 때에 소농민은 제외되기 쉬워 이들은 백징을 당하는 경우가 많았다.[339] 영조는 재위 3년 유민을 달래기 위해 자신이 즉위하면서부터 징수하지 못한 묵은 전라도의 대동세와 신포(身布)를 견감시키라 명하였다. 이에 호남 어사 이광덕이 과천에서 언문으로 방을 붙이고 유민들을 효유하여 고향으로 돌아가게 하였는데, 유민들은 끝내 고향으로 돌아가려 하지 않았다. 유민들은 "어찌 고향을 그리워하는 마음이 없겠습니까만, 돌아간들 무엇을 먹고 살 수가 있겠습니까? 또 들리는 바에 의하면 퇴봉(退捧, 봉납하는 때를 뒤로 물림)한 요역가(徭役價)를 이제 징수하려 한다고 하니, 고향으로 돌아가고 싶지만 갈 수가 없습니다." 하였다.[340] 여기서 요역가는 잡역으로 별도로 징수된 것이다.

339) 《목민심서》 2권 호전 육조 세법.
340) 《영조실록》 3년 9월 2일.

백성을 위한 정치를 행하였다고 한 정조 때에도 유민이 많이 발생한 이유는 흉년 등 다른 요인도 있었겠지만 바로 백징 때문이었다. 다음 기사는 정조 3년의 기사로 황무지가 된 속전(續田)[341]에 정전(正田)처럼 세금을 징수한 것이다.

「고을의 폐단 가운데에서 가장 심한 것은 속전(續田)이 없는 고을 같지 못합니다. 대개 원전(原田, 양안을 고칠 때 원장(元帳)에 기록된 전지)은 등제가 한번 정해진 뒤에는 비록 재해를 당하더라도 본디 면제를 허락하는 규례가 없으므로 백징하는 폐단을 면하지 못합니다. 강속(降續, 토질이 나빠져서 본래의 전등(田等)을 내리고도 또 휴경하게 된 경우)으로 말하면 그 일구거나 묵힌 것의 실제 소득에 따라 늘리고 줄이는 방도가 있으나, 이천 등 시골에 있는 고을은 다 원전이어서 본디 강속하지 않으므로, 백징하는 폐단이 다른 고을보다 더욱 많습니다.」[342]

이처럼 조선시대 조세의 폐단이라 할 수 있는 백징은 대동법이 시행되면서 더욱 기승을 부렸다. 정부의 노력에도 불구하고 영세소작농으로 몰락한 농민들의 생활은 가난에 쪼들렸다. 더구나 흉년이 되면 각지에 굶주린 사람이 늘어나고 아사자가 속출하였다. 자연히 농민들은 고향을 버리고 다른 곳으로 유망하는 유민이 되었다. 그 결과 한 면의

---

341) 원전(元田) 이외의 전답으로서 토질이 척박(瘠薄)하여 매년 경작하지 못하고 혹은 경작하기도 하고 혹은 묵히기도 하는 전지(田地).
342) 《정조실록》 3년 8월 6일.

가구 수가 10호도 안 되는 곳도 생기게 되었다. 때로는 산속으로 들어가서 화전민이 되었다. 일정한 주소를 가지지 않고 여기저기로 옮겨가며 임시로 개간지에서 농사를 지었다. 수확은 적었고 생활은 가난하였다. 다만 관리들의 압박을 벗어날 수 있다는 것을 낙으로 삼는 형편이었다.

18세기 중엽에 이르러 양역문제가 균역법의 실시로 종결되면서 대부분의 조세가 전세화 되었으며, 국가의 재정은 전정·군정·환곡이라는 이른바 삼정에 의존하게 되었다. 결국 철종 말년에 삼남 일대에서 민란이 일어났던 근본 원인은 다름 아닌 이 삼정의 문란이었다. 이 때 삼정문란에 대해서 정부로서도 이를 시인할 수밖에 없었던 것이며, 철종 말년에는 '삼정이정청(三政釐正廳)'을 설치하여 그 시정을 꾀하기도 하였다. 그러나 정부는 그 실효를 거두지 못하고 이정청을 혁파하였으며, 삼정은 다시금 구례대로 실시할 수밖에 없었다.

삼정문란이 가속화되는 19세기에 이르면 농민 유리의 결정적 원인이 삼정문란에 의한 가혹한 조세 수탈에 있음이 드러난다.[343] 정부의 조세 수탈이 농민의 몰락을 촉진하는 요인이었다.[344] 뿐만 아니라 세금이 무거운 대동법을 시행하면서 밭에 급재를 주지 않는 것 또한 소빈농의 유리를 촉진하는 요소이기도 했다. 밭은 일년에 두번 농사짓는다는 이유로 원래 급재하는 규정이 없었다. 비록 십년간 농사를 짓

---

343) 《순조신록》 14년 2월 26일.
344) 《천일록(千一錄)》 곡부(穀簿) 하.

지 않아 진폐되었어도 개량하지 않는 한 예전의 주인이 세금을 내야 했다. 한 농민이 혹 유망하게 되면 인·족징을 거두고, 이웃·친족이 없으면 동리에 부담이 넘겨졌기 때문에 이웃과 동리의 패망과 유망이 연쇄적으로 발생하였다.[345]

5. 대동법의 폐단을 예견한 배기의 상소

지금까지 앞에서 살펴본 대동법의 모든 폐단은 전라도 산군에 대동법이 시행되면서부터 예견되었다. 효종 4년에 전라도 진사 배기(裵紀, 1613~?) 등이 상소를 올려, "국가가 대동법을 시행한 것은 백성들의 부역을 균등하게 하고, 국가 용도를 풍족하게 하기 위해서인데, 호남에 대동법을 시행할 수 없는 이유가 셋이 있고, 감당할 수 없는 〈폐단이〉 다섯 있습니다."[346]라고 하며, 조목조목 그 사항을 열거하였다. 배기란 인물에 대해서는 잘 알려져 있지 않지만, 효종 3년(1652)에 진사시에 합격한 그는 대동법 상소 이외에 담양에 있는 유희춘(1513~ 1577)의 서원에 사액을 청하는 상소를 올린 자이다. 유희춘은 선조가 왕위에 오르기 전 스승이었는데, 선조는 항상 "내가 공부를 하게 된 것은 희춘에게 힘입은 바가 크다."라고 말할 정도의 인물이었다. 유희춘은

---

345) 〈국사관논총〉 제72집 19세기 전반 유민에 관한 연구(정형지) Ⅱ. 유민발생 배경.
346) 《현종개수실록》 4년 10월 8일.

학문과 정치하는 도리 등에 투철한 소견과 해박한 지식을 지닌 학자로, 이조참판을 지내다가 사직하고 낙향한 16세기 호남사림을 대표한 자이다.

다음은 배기가 말한 호남에 대동법을 시행할 수 없는 3가지 이유이다.

첫째, "정유년(1597) 난리 이후 계묘년(1603)에 처음으로 전지를 양전하였는데, 그때는 전쟁에서 총 맞지 않고 살아남은 백성들이 산간 숲속에서 목숨을 부지하려고 하였기 때문에 산군이 먼저 개간되고 연해지대는 황폐되어 있었습니다. 그런데 양전관이 나라 경비를 채우려는 뜻에서 이미 개간된 땅은 높은 등급을 매기고, 황폐된 곳을 불쌍히 여기는 뜻에서 연해 지대는 헐하게 매겼습니다. 연해 지대는 땅이 커도 결은 가벼웠고, 산읍은 땅이 작아도 결은 무거웠습니다. 그런데 갑술양전(인조 12, 1634) 때도 구 양안을 그대로 두고 고치지 않아 결국 높은 것은 더 높아지고 낮은 것은 더 낮아졌습니다. 그리하여 산군과 해안의 전안이 그렇게 엉뚱한 차이가 나고 있는데도, 지금 와서 결수에 따라 같은 세율로 징수를 하면 산군이 해안보다 몇 갑절이나 더 무거울 것이니 이것이 대동법을 시행할 수 없는 이유입니다." 하였다. 배기 등은 전라도의 산군과 해읍의 논밭 상태를 정확하고 상세히 알고 있었다. 그들은 해읍과 산간 지역의 양전이 잘못된 이유를 구체적으로 언급하였다. 여기서 가장 중요한 내용은 "결수에 따라 '같은 세율'로 징수를 하면 산군이 해안보다 '몇 갑절'이나 더 무거울 것이다."

라고 한 부분이다. 산군의 경우 밭이 대다수이고 해읍은 논이 더 많은 상태에서, 논밭 구별 없이 결수에 따라 대동세를 똑같이 쌀로 징수할 경우 산군의 부담이 몇 배나 많게 된다는 뜻이라고 본다. 어느 누구도 논밭의 결수에 따라 똑같은 세금을 거두는 것이 부당하다고 한 사람은 없었다. 마냥 백성을 위한다고 입버릇처럼 말한 조정 대신들도 논밭의 세금이 똑같은 문제를 언급한 사람은 없었다. 오직 유생 배기만이 이 문제를 가장 중요시했기 때문에, 맨 먼저 대동법을 시행할 수 없는 이유로 언급한 것이다.

둘째, "당초 대동미를 베로 환산할 때 쌀 6말 5되를 베 1필로 환산하였고 그 베도 〈5승〉 35척을 기준으로 하였던 것인데, 그 후 베의 품질을 점점 높여 6승, 7승 포가 되었고 길이도 39척까지 되었습니다. 공물[베]을 받는 장사꾼들은 그 품질을 반드시 더 높이려고 하고, 해당 아문에서는 감히 그들 청을 거절하지 못했던 것입니다. 백성들에게 그렇게 신의를 잃었는데 예로부터 백성을 잃고서 나라를 보전한 자는 없었습니다." 하였다. 산군에서 대동세로 쌀 대신 납부하는 베의 규격과 품질이 날로 높아져 방납의 폐해처럼 백성을 고통스럽게 했다는 뜻이다. 이 문제는 앞에서 살펴본 것처럼 산군의 또다른 폐단이었다.

셋째, "지금 호서는 1결에 10말 호남은 1결에 13말의 대동세를 내니, 이렇게 균등하지 못하게 거리가 가까운 곳은 도리어 가볍고 먼 곳이 도리어 무겁습니다. 각읍의 잉여미(유치미)도 경비를 제외하고 남아 있는 것이 수 만석으로 계산할 정도인데도, 꼭 더 많은 잉여미를 두려고 하고 있습니다."하였다. 배기 등은 전라도가 충청도보다 대동세로 1결당 3말이나 더 많은 것은 불공평하다고 하였다. 물론 조정은 전라도의 경우 쌀 생산량이 많고 한양까지 운반하는 거리가 멀어 운송비가 많이 들기 때문에 충청도보다 3말 더 징수한 것이지만, 배기 등의 입장에서는 충분히 불공평하다고 할 수 있었다. 또한 배기 등은 각 고을에서 대동세로 거두어 비축한 잉여미가 지나치게 많다고 지적하였다. 그 당시 전라도의 실결이 169,771결이니, 결당 13말을 계산하면 총 세수는 147,134석이었다. 그 중 상납하는 것이 61,280석이고 전라도에 쌓아두는 유치미가 85,916석인데, 이것으로써 지방의 비용에 대응하는 것이었다.[347] 계산해보면 실제 공물의 구입을 위해 사용된 대동미는 1결에 5.4말 정도로 13말의 절반도 안 된 것이다. 배기가 대동세에 유치미까지 징수할 필요는 없었다고 주장했는데, 본책 서두에서 이미 지적한 문제이다. 힘과 능력도 없는 조정이 지나치게 욕심을 부린 것이다.

그리고 다음은 배기 등이 말한 백성이 대동법을 감당할 수 없는 다섯 가지 폐단이다. 대동법이 시행되면서 실제로 발생한 문제들이다.

첫째, "쌀은 되와 말이 한정되어 있으나 베는 품질과 색상에 기준이 없기 때문에 고의적으로 백성을 어렵게 만들기가 쉽습니다. 간교한 사람들은 그것을 노려 값을 제멋대로 낮추고 높이며 먼 길의 운반비까지 백성들이 부담하게 되어, 1결당 내는 것이 많게는 25, 26말에 이

---

347) 《경세유표》 제11권 지관수제 부공제7.

르고 있습니다. 따라서 연해 지대의 경우 13말만 바치면 되는 것에 비하여 괴롭고 수월하기가 크게 다릅니다." 하였다. 산군의 편리를 위해서 베로 대동세를 납부하게 하였는데 오히려 이것이 백성들을 더 고통스럽게 한 것이다. 산군에 대동세를 베로 납부하게 하니 방납의 폐단이 부활한 것이다. 납품해야 할 베의 품질이 날로 높아져 실제로 내야할 대동세보다 거의 3~4배나 더 부담하게 되었다. 현종 4년에 전라도 산군에 대동법을 시행하면서, "연해읍은 쌀로 상납하고 산군은 베로 환산하여 상납하는데 쌀은 먹을 수 있는 쌀로 하고 베는 '5승포 35척 베'로 한다."[348]고 정하였다. 하지만 이 규정이 법대로 시행되지 못한 것이다. 그래서 영조는《속대전》〈호전〉의 요부조에 "쌀은 바로 밥해 먹을 수 있는 것을 말하고, 면포는 정5승을 말한다."고 법으로 정했으며, 정조는《대전통편》의 같은 조문에 "길이 35척, 넓이 7촌을 표준으로 한다."고 규정하였다. 하지만 이러한 폐단은 거의 조선말까지 지속되었다.

둘째, "베로 환산하는 수치가 읍마다 달라 혹 1, 2결에 1필인 경우도 있고, 혹은 4, 5결에 1필이기도 하며 심지어 7, 8결에 1필인 경우도 있어 전지 결수의 다소에 관계없이 들쭉날쭉 합니다."하였다. 왜 이와 같은 폐단이 발생하는지에 대해서는 구체적인 언급이 없어서 자세히는 알 수 없다. 법은 1결에 2필을 징수하도록 정했지만 실제로 그렇지 못한 것이다. 아마도 양전이 실시되지 못해 은결과 누결 등 때문에 이

---

348) 《현종실록》 4년 3월 12일.

와 같은 폐단이 발생했다고 본다.

셋째, "지난 세월에 공물이 비록 번다하고 무겁기는 하였으나 상납하는 물건들은 대부분 토산품을 그대로 납품하였기 때문에, 쌀이나 베를 허비하지 않고도 그때그때 구하여 바칠 수가 있었습니다. 그러나 지금은 지극히 흔해빠진 토산물까지도 모두 서울 시장의 높은 값으로 따져 조금씩 거두어들여 수만 냥을 만드는데, 그 많은 명목의 쌀과 베를 일시에 모두 징수하고 있습니다." 하였다. 대동법을 시행한 이유가 임토작공(任土作貢)이 아닌 것의 방납 폐단을 없애기 위해서였다. 그러나 지역에서 나는 토산물까지 획일적으로 비싼 공물가로 책정하여 대동세의 높은 세율로 거두니, 오히려 세금 부담이 더 커져 백성을 고통스럽게 했다는 주장이다. 대동법을 제정하면서 충분히 고려했어야 할 문제였다.

넷째, "〈과거〉 남쪽 지대의 산군들은 1년 세금으로 으레 전세[콩]로 절반을 내고, 절반은 잡역(공물)으로 내었는데, 지금은 전세[콩]로 6말(하중년) 남짓을 내고 그 외에 대동세[쌀] 13말을 전세 이외에 더 내야 합니다. 게다가 또 그 절반은 베로 환산하여 비용이 3배나 더 듭니다. 봄여름이면 전세와 함께 〈대동세를〉 독촉하고, 가을겨울이면 거두는 환곡과 함께 〈대동세를〉 징수하는 바람에 수족을 놀릴 수도 없고 숨도 제대로 쉬기 어렵습니다." 하였다. 대동세의 세액이 지나치게 무겁다는 폐단이다. 산군의 경우 대동법 시행 전에는 1결당 콩으로 12말 정도만 납부하면 되었는데, 대동법이 실시되면서는 콩 6말과 쌀 13말로 세액이 급증했으며, 산군의 경우 반드시 베로만 납부하게 하니 그 비용이 3배나 더 들었다는 주장이다.

다섯째, "대동법이 처음 연해읍에 시행될 때는 좋은 법이라고들 하더니 날이 갈수록 점점 폐단이 생겨, 백성들의 전결에서 나올 수 없는 잡역을 민호에다 책임지우기 때문에 대호는 대호대로 귀한 쌀을 탕진하고, 소호는 소호대로 잡역에 시달립니다." 하였다. 대동세는 원칙적으로 모든 잡역을 그 안에 포함되도록 했지만, 여전히 호역이 부과되고 있었다는 주장이다. 이 폐단에 대해서는 앞에서 자세히 다루었다. 시간이 흐를수록 이러한 현상은 더 심해져 급기야 조선말에는 대동세로도 부족하여 민고(民庫)까지 설치하게 되었다. 충청도에 대동법이 시행된 지 12년, 전라도 해읍에 실시된지 5년 밖에 안 되었는데 이러한 폐단이 발생한 것이다.

이상 배기 등이 상소에서 언급한 "대동법을 시행할 수 없는 세 가지 이유와 감당할 수 없는 다섯 가지 폐단"은, 대동법이 시행되는 동안 내내 문제가 되어 가난한 백성을 더 참혹하게 만들었다. 그 폐단들이 결국 조선을 망치는 주된 요인이 되었다고 본다. 이 책에서 언급한 대동법의 폐단은 대동법 시행초에 이미 배기 등이 부당함을 지적한 것들이다.

그래서 배기 등은 "옛 법을 따르고 가혹한 정사를 제거하면 그뿐이지 왜 꼭 새로운 법, 특이한 정사를 별도로 만들 것이야 뭐 있겠습니까? 바라건대 담당 신하에게 명하여 산군의 대동법을 정파하여, 수십 고을의 백성들로 하여금 도탄 속에서 벗어날 수 있게 하소서." 하며, 대동법의 폐지를 주청하였다.

이에 대해 사관(史官)은 "관찰사 김시진과 민유중 등은 이해득실을 자세히 살펴보지도 않고 조정 취지만 받들어 편리하다 칭하고는 드디어 산군까지도 시행하였다. 대동법이 원래는 부득이하여 만들어진 법으로 각도에 따라 편리한 곳도 있고 불편한 곳도 있는데다 법이 오래되자 폐단이 생겨 백성들 중에 감당하지 못하는 자들이 있었다. 게다가 또 대동 본역(本役) 외에 집집마다 잡역까지 있어 사람 머리수대로 쓸어 모아가고도 모자랐던 것이다. 그리고 공평하지 못한 폐단으로는 대호는 남정이 수십 명인데도 하나로 계산하고 잔호는 홀아비·과부·독신 생활자도 역시 하나로 계산하였다. 그 폐단이 그러한데도 세상에서는 '가장 좋은 법'이라 하면서 변통할 줄을 몰랐으니, 배기 등의 상소가 꽤 상세하게 지적한 것이었으나 그것이 시행되리라고 어떻게 기대하겠는가?"[349]이라고 평하였다. 사초를 쓴 사관은 배기 등의 상소가 합리적이고 타당성이 있다고 평가한 것이다. 사관은 조정의 정책 결정자들이 대동법을 '가장 좋은 법'이라고 자화자찬 하면서 폐해를 개선하려 하지 않은 것을 비난한 것이다.

그래서일까《현종실록》에는 배기의 상소 내용을 단지, "전남도 진사 배기 등이 경대동(京大同)을 호남에 옮겨 시행할 경우 세 가지 행해서는 안 될 점이 있고, 다섯 가지 감당할 수 없는 폐단이 생긴다고 하면

---

349)《현종개수실록》4년 10월 8일.

서 조목별로 나열하여 소장을 진달하였는데, 묘당이 아뢰기를, '유생들이 올린 하나의 소 때문에 섣불리 의논할 수는 없습니다. 본도 관찰사로 하여금 민정을 수집하여 그 편부를 아뢴 뒤에 품처토록 해야 할 것입니다.'라고 짧게 기록하였다. 하지만 《현종개수실록》에서는 이처럼 자세히 배기 등의 상소 내용 전부를 실었다.

두 달 후 영의정 정태화는, "지난번 호남 유생 배기 등이 상소한 데 따라 대동법의 편부를 본도 관찰사에게 문의하여 민정이 어떠한지를 살펴보려 했었습니다. 지금 조귀석의 계본을 보건대 〈전라도〉 정읍·구례·용담(龍潭, 진안) 3개 읍 외에는 모두 불편하게 여기고 있다 하였습니다." 하며, "산군에서 대동법을 불편하게 여기는 것에는 또한 이유가 있습니다. 대체로 산군의 쌀은 선혜청에서 가져다 쓸 수가 없기 때문에 포목으로 바꿔서 바치게 하는데, 포목으로 바꿀 즈음에 손해 보는 것이 적지 않습니다. 대체로 6말 5되의 쌀을 가지고 포목 1필과 바꾸는데, 포목 값은 비싸고 쌀값은 싸기 때문에 부득이 더 주고 사는 형편이니, 그 폐해를 실로 감당하기 어렵습니다." 하였다. 배기 등이 주장한 폐단이 사실임이 확인된 것이다. 그때 판윤 허적도 "1필 값으로 쌀 15, 16말씩을 주는 경우도 있습니다."[350]고 하였다. 이에 현종은 "포목으로 바꿔 바치는 산군에는 쌀을 더 지급토록 하라."[351]고 명하여, 베 1필에 쌀 7말 5되로 환산하게 하였다.

---

350) 《현종실록》 4년 12월 26일.
351) 《현종실록》 4년 12월 26일.

| 참고문헌 |

법전 · 문집

《조선왕조실록》

《증보문헌비고》

《고려사》

《비변사등록》

《승정원일기》

《일성록》

《경국대전》

《속대전》

《대전통편》

《대전회통》

《전라도대동사목》

《경세유표》, 정약용.

《금화지비집》, 서유구.

《다산시문집》, 정약용.

《대학》

《목민심서》, 정약용.

《반계수록》, 유형원.

《병와집》, 이형상.

《서애선생문집》, 유성룡.

《성호사설》, 이익.

《여유당전서》, 정약용.

《연려실기술》, 이긍익.

《연암집》, 박지원.

《우서》, 유수원.

《율곡전서》, 이이.

《율곡선생전서》, 이이.

《창계집》, 임영.

《포저집》, 조익.

《화재집》, 황익재.

단행본

국사편찬위원회, 〈국사〉, 교육과학기술부, 2010.

김덕진, 〈조선후기 지방재정과 잡역세〉, 국학자료원.

김옥근, 〈조선왕조재정사연구Ⅰ〉, 일조각, 1995.

김용섭, 〈조선후기 농업사 연구Ⅱ〉, 일조각, 1971.

김용섭, 〈조선후기농학사연구〉, 지식산업사, 2009.

김용섭, 〈한국근대농업사연구〉, 일조각, 1988.

김용섭, 〈조선후기농업사연구1〉, 일조각, 1970.

박시형, 〈조선 토지제도사(중)〉, 신서원, 1994.

오기수, 〈세종 공법〉, 조율, 2016.

주진오 등, 〈한국사〉, 천재교육, 2014.

홍대용, 〈의산문답 : 개혁을 꿈꾼 홍대용의 고뇌〉, 꿈이있는세상, 2006.

논문

김건태, "갑술·경자양전의 성격 : 칠곡 석전 광주기씨가 전답안을 중심으로-"
　　　　〈역사와현실〉, 한국역사연구회. 1999.

김건태, "경자양전 시기 가경전과 진전 파악 실태 : 경상도 용궁현 사례",
　　　　〈역사와 현실〉 36, 한국역사연구회. 2000.

김성우, "17세기의 위기와 숙종대 사회상", 〈역사와현실〉 25, 역사비평사, 1997.

김성우, "15,16세기 사족층의 고향 인식과 거주지 선택 전략", 〈역사학보〉 198, 2008.

김성우, "전쟁과 번영 :17세기 조선을 바라보는 또 다른 관점", 〈역사비평〉 107, 역사비평사, 2014.

김영심, "오늘날 세법적 관점에서 본 대동법의 재해석" 〈법학연구〉 23, 연세대학교 법학연구원, 2013.

김옥근, "조선시대 소작제와 농장", 〈경제사학〉 3, 경제사학회, 1979.

김용섭, "양안의 연구(상)-조선후기의 농가경제-", 〈사학연구〉 7, 1960.

김용섭, "조선후기 신분구성의 변동과 농지소유", 〈동방학지〉 82, 1993.

김재호, "조선후기 중앙재정의 운영:《육전조례》의 분석을 중심으로", 〈경제사학〉 2007.

문광균, "순암 안정복의 잡역 운영론과 그 실제 -충청도 목천현감 재임 시기 (1776~1779)를 중심으로" 〈성호학보〉 18, 2016.

박도식, "율곡 이이의 공납제 개혁안 연구" 〈율곡학연구〉, 2008.

방기중, "17 · 18세기 전반 금납조세의 성립과 전개" 〈동방학지〉 45, 1984.

변주승, "18세기 유민의 실태와 그 성격", 〈전주사학〉 3, 전주대학교 역사문화연구소 1995.

송양섭, "반계 유형원의 왕실재정 개혁구상", 〈역사와 담론〉 65, 2013.

신진혜, "정약용의 고대 부공제 고증과 그 의미:《경세유표》〈지관수제〉 부공제를 중심으로", 〈성호학보〉 18, 2016.

오기수, "조선시대 양대 조세개혁인 공법(貢法)과 대동법의 비교", 〈세무학연구〉 제31권 제2호, 한국세무학회, 2014.

오인택, "경자양안 연구의 현황과 과제", 〈한국문화〉 51, 2010.

오일주. "조선후기 재정구조의 변동과 환곡의 조세화", 〈역사와실학〉 3, 1992.

원영환, "조선후기 둔전고" 〈유홍렬박사 회갑기념논총〉, 1971.

이경식, "17세기 농지 개간과 지주제의 전개", 〈한국사연구〉 9, 1973.

이세영, "18.9세기 양반토호의 지주경영", 〈한국문학〉 6, 1985.

이정수 · 김희호, "조선후기 경상도 지역 양반층의 토지소유규모와 지가의 변동" 〈역사와 경계〉 제77집, 부산경남사학회, 2010.

이정수·김희호. "조선후기 양반층의 토지소유규모 변화", 〈지방사와 지방문화〉, 역사문화학회, 2010.

이정수 · 김희호 · 혜안, "조선후기 토지소유계층과 지가 변동" 〈역사와 경계〉 80, 부산경남사학회, 2011.

이정철, "인조 초 삼도대동법 논의와 경과", 〈한국사연구〉 121, 2003.

이정철, "대동미 · 포의 구성", 〈한국사학보〉 19, 2005.

임성수, "18세기 후반 전결세 징수와 중간비용 운영", 〈한국사학보〉 64, 2016.

임성수, "17~18세기 전반 은결 · 누결 · 여결의 존재 양태와 정부의 대응 변화", 〈역사학보〉 234, 2017.

정진영, "18세기 호적대장 '호(戸)'와 그 경제적 기반 -1714년 대구 조암방(組岩坊) 호적을 중심으로-" 〈역사와현실〉 39, 한국역사연구회, 2001.

조영준, 〈19세기 왕실재정의 운영실태와 변화양상〉, 박사학위논문, 서울대학교 대학원, 2008.

조영준, "조선후기 왕실재정의 구조와 규모", 〈한국문화〉 47, 2009.

최완기, "17세기 세의임운활동의 일면》, 〈명지사론〉 창간호, 1983.

최주희, "18세기 중반 定例類에 나타난 왕실공상의 범위와 성격" 〈장서각〉 27, 2012.

한영국, "호서에 실시된 대동법(하(하)" 「역사학보」 14, 1961.

한영국, "대동법의 실시" 〈한국사〉 13, 국사편찬위원회, 1978.

웹사이트 · 전자책

〈국사관론총〉 국사편찬위원회, http://db.history.go.kr

〈신편 한국사〉 국사편찬위원회, http://db.history.go.kr

〈한국사〉 국사편찬위원회, http://db.history.go.kr

강만길 외, 〈한국사〉, 한길사, http://www.krpia.co.kr

김건태, 〈조선시대 양반가의 농업경영〉, 역사비평사, 2008. http://www.krpia.co.kr

김성우, 〈조선중기 국가와 사족〉 역사비평사, 2001. http://www.krpia.co.kr

이정철, 〈대동법, 조선 최고의 개혁〉, 역사비평사, 2012. http://www.krpia.co.kr

이헌창, "오리 이원익과 대동법" http://orimemorial.org

한국고전종합DB, http://db.itkc.or.kr

조선을 망친 **대동법**

인 쇄	2019년 8월 28일 1판 1쇄
발 행	2019년 9월 1일
지 은 이	오기수
발 행 인	채연화
발 행 처	도서출판 보림에스앤피
	서울 중구수표로6길 22-1 (우)04554
	(충무로3가 56-7)
	전화 02-2263-4934
	팩스 02-2276-1641
	전자우편 wonil4934@hanmail.net
디자인 · 제작	(주)보림에스앤피

ISBN 978-89-98252-18-2(93910)   정가 20,000
※ 잘못된 책은 구입한 곳에서 교환하여 드립니다.